自 序

　　國家工業經濟發展之結果，則促進對國際貿易問題之加強研究，尤是島嶼經濟之國家，情形更為如是。近年於商學院系講授「國際貿易」課程，為求講授內容之適當扼要，乃撰寫講義，茲將數年所寫講義，再予刪增修正，爰成斯冊。

　　本書計分㈠貿易理論、㈡貿易政策、㈢國際滙兌、㈣貿易實務等四篇，凡二十七章，約四十萬言。編列之組合，力求層次分明；內容之敍述，力求精簡適要；資料之取材，則力求理論與事實兼籌並顧。

　　本書之取材，以 P. T. Ellsworth, C. P. Kindleberger, D. A. Snider 分別所著之「國際經濟學」與 P. V. Horn 所著之「國際貿易原理與實務」以及 G. R. Richter, A. W. Goodearl. R. G. Kelso and Others 所合著之「國際貿易手冊」等五書中取材較多，其他所參考之中英文書冊，均於各篇之後列載，用供參考。

　　筆者學識疏淺，其掛漏疏誤，自所難免，如蒙學者先進，惠賜指正，則至所企盼。

　　本書自初版問世後，現已先後八度易稿，每版均有增修內容，謹此附識。

李 厚 高

七十七年三月於中興新邨竹園

國立中央圖書館出版品預行編目資料

國際貿易論／ 李厚高著. -- 再修訂初
版. -- 臺北市：三民，民84
面：　　公分
參考書目：面
ISBN 957-14-0455-1 (平裝)

1.貿易

558　　　　　　　　　　　　84003269

© 國際貿易論

著作人　李厚高
發行人　劉振強
產著作財權人　三民書局股份有限公司
發行所　三民書局股份有限公司
　　　　地址／臺北市復興北路三八六號
　　　　郵撥／〇〇〇九九九八一五號
印刷所　三民書局股份有限公司
門市部　復北店／臺北市復興北路三八六號
　　　　重南店／臺北市重慶南路一段六十一號
初　　版　中華民國七十七年九月
再　　版　中華民國七十九年九月
再修訂初版　中華民國八十二年二月
再修訂初版　中華民國八十四年九月
編　號　S 55054
基本定價　陸元肆角
行政院新聞局登記證局版臺業字第〇二〇〇號

有著作權　不准侵害

ISBN 957-14-0455-1 (平裝)

國 際 貿 易 論

李 厚 高 著

學歷：國立中興大學畢業
　　　高等考試及格
　　　美國美利堅大學研究院研究
經歷：大專院校副教授、教授、系主任
　　　稅捐稽徵處長
　　　臺灣省稅務局局長
　　　臺灣省財政廳副廳長
　　　臺灣省財政廳廳長
現職：臺灣省政府秘書長

三 民 書 局 印 行

國際貿易論　目次

自　序

第一篇　國際貿易理論

第二篇　國際貿易政策

第三篇　國際滙兌

第四篇　國際貿易實務

第 一 篇
國 際 貿 易 理 論

第一章 國際貿易概述

第一節 國際貿易之意義

國與國間之商品勞務交易，以互濟有無，調節盈虛之往來，即謂之國際貿易(International Trade)，或稱對外貿易(Foreign Trade)。國際貿易與國內貿易之基本原則，並無如何之差異，國際貿易係為國內不同地區貿易之擴張。就經營貿易者之本身而言，不論所經營者係為國際貿易抑為國內貿易，其目的則均在利潤之追求。惟國際貿易係屬超越國境之貿易行為，由於各國之地理氣候、風俗習慣、政治法律、文字語言、通貨制度等，均與一國之內，有懸殊之差別，故國際貿易之經營，遠較國內貿易複雜困難，其所負之風險，亦較國內貿易為大。

個人主義貿易論者，認為國家與社會之組織，係為個別人民之結合，惟有個體乃為真實，其他均屬抽象。國際貿易乃不同國家分別個人之交易行為，並非國與國間之貿易，個別貿易經營之範圍，可由國內擴展至國外，雖有政治疆界之不同，貿易商人種族之有別，以及語言文字之差異，而在貿易上之理論，則完全一致。

全體主義貿易論者，認為全體之利益，應優先於個人，而國家與社

會之組織，亦有其獨立之生存與意志，且國家與社會係爲有機之組織，其個別國民之活動，必須配合有機之組織，方能發生作用，故國際貿易經營，應以全體國民經濟利益爲先，而不能任由個別自由活動。

個人主義與全體主義之持論，一爲側重貿易之自由，一爲側重貿易之保護與管制，兩者之立論觀點不同，實施則可依其國情而異。如一國之工業發展成熟，經濟實力雄厚，則可偏向前者之主張，否則，則應採納後者之原則。惟當前國際貿易之經營活動，雖仍以個別貿易經營者爲主體，從事其營利之目的，但個別利益之追求，應在國家之現行經濟體制下，有其適當之限制，受一國經濟政策之約束。個別之利益如與全體之國民經濟利益衝突，則應以全體國民經濟利益爲先。諸如一國對外貿易價值之出超或入超，對經營國際貿易之個別經營者而言，實無關痛癢，但在整個之國民經濟立場而言，則事關一國之國際收支平衡問題，關係極爲重要，故當前國家對國際貿易之措施，常係以整體國民經濟之需要與利益，爲其決定之方針，於個別利益與全體國民經濟利益衝突時，則不能不有適當之保護與管制。

第二節　國際貿易之發生

各國之貿易交往，以其所有，易其所無，其原因雖起源於經營貿易商人之求利，但利益之發生，係基於各國間比較生產成本之差異。國與國間是否可以發生貿易交往，首須計算其貨品之生產比較成本，而生產成本之比較，則須依據各國之生產因素與有關條件，故各國因生產因素之不同及有關條件上之區異，乃促成國際貿易發生之主要原因：

一、地理氣候之不同：各國因地理氣候之不同，其天然資源各異，因而所生產之產品種類，數量以及品質均有差別。天然資源，有時固然

可以人力改變，但有一定之限度，不能完全改變其原有之性質。所謂天然資源，係指生產因素中之土地，其中並包括農林、漁獵、畜牧、礦產、水力、交通等，此種天然資源在世界各國間之分佈情形不同，致生產成本有別，品質亦異，故為其促進國際貿易交流之重要因素。

　　二、**勞動因素之不同**：由於各國之種族不同，致人民在勞動生產因素方面之知識技能，亦有差異。勞動通常又分為㈠專業技術及管理上之勞動，㈡純技術性之勞動，㈢半技術性之勞動，㈣無技術性之勞動等。第一、二兩類之勞動，須有良好之教育與長時之訓練，故在比例上甚少。第三、四類之勞動，較為普遍。於不同之國家，因教育水準與開發情況之不同，致有不同勞動之類別，因而其產品之性質有別，優劣有異，致發生國際產品之互為交流。

　　三、**資本因素之不同**：資本非原始自然所給予之生產因素，而係經過生產後之生產因素。換言之，即資本之因素，係勞力與自然資源及前已存在之資本等因素所結合而產生。利潤之報酬，為誘致資本形成之主要因素，至資本利潤報酬之高低，常以投資之風險情形以為定。一般言之，在國民所得額高，儲蓄量豐之國家，其資本利潤之報酬，較國民所得額低與儲蓄量少之國家為低。由於各國資本豐嗇情形不同，而涉及各國生產設備良窳之差異，進而影響生產效率之高低與所產產品之優劣，因而發生其國際貿易之交流條件。

　　四、**社會秩序與自然秩序不同**：凡自然秩序良好，少自然災害之國家，常以發展農業為宜，而動亂頻仍，商業道德墮落之社會秩序不良國家，又不宜工商企業之發展，此種自然秩序與社會秩序之良窳與否，有時雖可以人為力量減少，但亦不能完全消滅，因此，各國之生產活動傾向，各有不同，其生產之產品亦異，致國際間須有產品之相互往來，以促進其國際之分工，貿易之交流。

五、各國國民經濟條件不同: 國際貿易之發生，係由於國與國間之經濟發展情況不同，物資供需之有盈虛，以售其有餘，補其不足，獲得經濟上之彼此互利，亦卽一國某項貨物有餘，則必引起輸出，某項貨物不足，則必發生輸入，是項輸出入之連續行為，卽為一國之國際貿易。至其輸出入商品之多寡，除生產之成本因素外，尚需依據物資之供需情形與消費之數量。各國之生產與消費情況，互不相同，而影響生產與消費之因素，亦極為複雜，而生產與消費之變動，又常左右一國之對外貿易。

至影響一國生產及消費之因素，通常為(一)人口之多寡及其增加率。(二)財富之豐嗇與國民所得之分配。(三)資源之多寡與工商企業之發展。(四)資本之厚薄與人民知識技能之優劣等。凡此所述因素，其直接影響所及者，為一國之生產與消費，間接影響所及者，則為一國對外輸出入之貿易總值。

第三節　國際貿易之演進

國際間之貿易，因時代環境之更變，而異其內容，於資本主義未臻發達與國民經濟觀念尚未建立以前，所謂國際貿易，僅係國與國間之商人所為孤立而偶然之小額商品交易；在工商企業發達與具有國民經濟利益之現代國際貿易，乃係有政策性與組織性之大量賡續交易。如以國際貿易之發展時序，予以分析，則國際貿易之演進簡史，概如下述：

古代各民族間之以物易物，可視為貿易之萌芽時期，自十六世紀至十八世紀之初，由於各國政府多實施中央集權與建立國家之統一，各國方開始發展對外貿易，謀取金銀，以增加國富，鞏固政權。但其時之範圍不廣，數量亦少，對國民經濟方面，尚未具有特殊之重要性。

　　自十八世紀至十九世紀末葉，爲工業發展時期，甚多國家，因生產膨脹，致有大宗工業品之輸出，同時由於農村人口，不斷向都市集中，致農業生產減少，須有糧食以及原料之輸入，不但國際貿易因而發展，而對國民經濟之重要性，亦爲增加。

　　自十九世紀末葉至世界第一次大戰，由於工商業發達之國家，業已工業化，世界交通運輸，亦逐臻迅速方便，各國在經濟上之互相依賴程度日漸加深，國際貿易對國民經濟，更趨重要，成爲整個經濟中不可缺少之一環。

　　自第一次世界大戰結束至第二次大戰發生之前，世界各國多從事戰爭物資之準備與儲蓄，以及防止經濟不景氣現象之發生，對國際貿易之輸出輸入，多採統制政策，力謀自給自足，致國際貿易之發展，較之第一次世界大戰以前，尚有萎縮之趨勢。

　　二次世界大戰以後之最初數年，多數國家由於生產力之破壞及戰後之經濟紊亂，致物價高漲，財政困難，僅有輸入，少有輸出，國際收支，均不能平衡，除少數未遭致戰爭破壞之國家，有商品物資輸出外，就世界之整個國際貿易而言，幾陷於停止之狀態。嗣以國際貨幣基金之建制與國際復興開發銀行之設立以及美國大量資金援外之實施，使戰後國家之經濟獲得復興，落後國家之經濟，逐漸開發，國際間之貿易，亦隨之擴張發達，尤其自一九六〇年代以來，各國之國際貿易，在質量方面，均有顯著之增長。

第四節　國際貿易與國內貿易之區異

　　國際貿易，因其爲超越國境經營之交易，其經營之困難、複雜以及風險，均與國內貿易有別。茲就困難、複雜、風險三方面之區異，分述

如后:

一、經營之困難區異

㈠國際貿易，因買者與賣者遠隔兩地，言語殊異，法律、習慣及社會傳統，亦有所不同，交易之開始，固感困難，而交易開始後，亦常易發生阻碍，國內貿易則無此情形。

㈡國際交易開始後，雙方均爲信用調查，並預訂交易協定，此項之信用調查，常感困難，且不易調查準確，非如國內交易之信用調查容易。

㈢國際貿易之買賣雙方，對其進出口市場之商情調查，均極爲注意，而此項調查之實現與正確性，亦非如國內商情調查之容易與可靠。

㈣國際交易之成立，全賴電函往返接洽，電文如有不明、錯誤或誤解之時，其交運貨物之品質、價格、數量、交貨日期等，均可能與原定條件不符，以致買賣雙方，易起糾紛。國內交易，賣方買方，均可當面洽定條件，不易發生此項性質之糾紛。

㈤國際電函來往，曠日費時，而良好之商業機會，稍縱卽逝，致國際貿易經營者，往往因時間之關係，失掉良好之機會。國內之貿易機會，則遠較國際貿易易於把握。

㈥國際貿易市場，常爲關稅壁壘所阻，使商品交流發生困難，此種人爲之措施，阻碍貿易發展之情形，係爲國內貿易所不發生之現象。

㈦在國內市場，具有條件優越之商品，但於國外市場銷售時，例須受他國產品之競爭與排斥，常感銷售不易。

二、經營之複雜區異

㈠各國之貨幣制度與度量衡之制度不同。在一國之內，貨幣與度量衡均有統一之制度與規定。

㈡各國商業上之商業經營習慣不同。在一國之內，亦許因地方之風習不同，商業經營習慣，亦略有差異，但究屬差異有限，不似國際商業習慣之情形。

㈢各國之海關制度與其他有關貿易法規不同。而在一國之內，則有統一之制度與規定可循。

㈣各國之外滙管理制度不同，滙兌計算複雜，且常有變動。在一國之內，單位貨幣價值相同，不能變動。

㈤國際貨物之運輸保險與報關提貨，其內容與規定，均極複雜，偶一不愼，易遭損失。國內交易，則不發生此種情形。

三、經營之風險區異

㈠國際貿易自訂定合約，以至運出貨物（進口方面重視事項）或取清貨價（出口方面重視事項），其間須經相當時間，此段時間之中，買賣雙方之財務狀況及經營之事業，可能發生變化，合約因之可能取消失效。國內貿易，則買賣雙方，可隨時注意其對方之情況。

㈡國際貿易之貨價最後能否清償（出口方面重視事項），運出貨物是否與合約或樣品絕對相符（進口方面重視事項），事前雖有儘量設法避免，但仍不能保證完全不發生風險。國內貿易，雖亦有此種風險，但遠較國際貿易易於控制。

㈢國際貿易買賣雙方之一方，必須以外滙計值，外滙滙率，受國際

借貸或其他關係之影響，常有調整或漲落之變動，因之除貨物之本身風險外，尚須負擔貨物本身以外之盈虧。國內貿易，則無此一風險之因素。

㈣國際市場貿易，亦有詐騙行為，交易前如未詳察信用，極易遭受損失。左述兩端乃為國際貿易進出口商所應注意，但為國內貿易所不易發生者。

1. 出口商應注意者：

(1)買方原無定貨誠意，目的僅在多索取不計價之樣品，並以之出售，獲取利益。

(2)買方已與賣方正式簽訂合約，惟於貨物運達後，因當地市價下落，或目的全在獲取非分利益，不問貨品優劣，尋端向賣方提出索賠。

2. 進口商應注意者：

(1)賣方鑒於當地市價上漲，現售可獲較厚利益，將原已訂售買方之貨物，擅自銷售，不予裝運。

(2)賣方以品質不良貨物裝運，並矇蔽銀行，騙取貨款。

在所述各點之困難中，大部份固為國際貿易之「先天性」困難，但如經營貿易者對於貨物與市場之特性，獲有充分認識與經驗，則並非不可克服。有關複雜性之情形，則純為技術問題，屬國際貿易業務之「靜態」部份；至風險性之部份，則為國際貿易業務之「動態」部份。不論係「動態」方面抑係「靜態」方面之問題，均有賴經營進出口貿易者之貿易知識嫻熟，注意調查分析，以解決複雜性之困難及避免風險性之發生。

第五節　國際貿易與國民經濟之關係

　　國際貿易係為研究國際經濟交易之科學，由於國際經濟係以國民經濟為單位，故不同國民經濟單位之個別進行經濟交易，即構成國際之經濟交易，此種之經濟交易，又使各不同國民經濟之間，發生各種不同之影響。國際經濟交易之內容，為商品、勞務之交易，單方之移轉，以及資本之交流等。由於各國之自然條件與人為條件不同，故各國之國民經濟，亦有各種不同之結構；又因各國國民經濟之經濟生活與經濟發展階次互有差異，所以各種不同結構之國民經濟，乃能同時並存於世界之上。但個別之國民經濟，雖係同時並存，但非孤立存在，而係與其他國民經濟之經濟單位，有各種經濟交易之關係存在。此種國民經濟間之相互經濟關係，即為國際經濟之交易，亦為國際貿易所研究之對象。

　　國內商品之交易與國際商品之交易，由於生產因素之移動難易不同，故前者係在自由競爭之情形下生產，後者係在非完全競爭之情形下生產。一國之內，生產因素移動比較自由，生產者相互競爭結果，使生產要素之價格，保持一定之均衡水準，因此，國內兩種不同之商品，如生產因素之質量相同，則可以為相等之交換。國際之間，由於生產因素移動不易，所以各國之生產因素價格，常有不同之水準，故兩種商品於不同國家生產，即生產因素之質量相同，亦不能為相等之交換。

　　國際貿易對一國國民經濟之重要性，亦因國民經濟結構條件之不同而有異。凡地大物博，經濟可以自給自足之國家，則國內市場之吞吐能力強大，國民經濟仰賴於國際貿易者甚微；反之，則倚賴於國際貿易者至重。一國國民經濟所依賴於國際貿易之程度，常可由對外輸出總額與生產之比率，予以推計，如輸出總額對生產之平均比率甚大，則依賴國

際貿易之程度甚深。設以 P 代表生產總額，C 代表消費總額，X 表示輸出總額，M 表示輸入總額，則 $C=P+M-X$。

依據上式所列，一國之生產總額加輸入總額減輸出總額，則等於其消費之總額。因此，如 X 之值大，則 C 必小，表示一國之生產供國內消費者少，對外輸出者多，亦卽依賴國際貿易輸出之程度甚重；如 X 之值小，則 C 必大，表示一國之生產供國內消費者多，對外輸出者少，亦卽國民經濟依賴國際貿易輸出之程度較微；如 P 較 C 爲小，則 M 必增大，而 M 之增大，則影響 X 之增大，亦卽當生產總額小於消費總額之時，則不能不增加輸入補充，而爲求輸出入之平衡，則又不能不謀輸出之增加；如 X 增大，則 P 亦隨之增加，因增加輸出，勢必引起生產之增加與擴張。

基上所述，一國之國民經濟，一方面與國際貿易之輸出有直接之關係，同時亦與輸入、消費、生產等有間接之關係，輸出可以換取輸入，以供應國內消費，提高國民生活水準，輸出愈多，輸入亦因而增大，生產亦隨之擴張，對國民經濟之利益，則爲就業充分之實現，資金加速之移轉，以及所得倍數之增加。

第六節　國際貿易與國民所得之關係

國際貿易於不同國家之國民經濟立場言之，目的在求國際經濟之分工互利，所以一國對外貿易輸出之增加，可使一國之國民所得增加。由於輸出所增加一國之國民所得，其中必有一部份用於消費，此部分之消費則成爲各供應消費者之所得，而供應消費者所得之所得中，又有部份再用於消費，如此循環進行，則國民所得增加之數額，必倍數大於原輸出所增加之國民所得，此種因輸出增加使國民所得增加之倍數，稱之爲

對外貿易乘數 (The Foreign Trade Multiplier)。

上述貿易乘數之理論，亦可以據凱因斯 (J. M. Keynes) 之投資乘數原理 (Multiplier Principle)詮述之。假設國家之國民所得 (Y)，其用途非消費(C)，卽為投資(I)。再假設消費為所得之簡單直線函數，亦卽 C＝a＋bY，且投資之增加為自發性，亦卽投資係為一固定增加數 (I_0)，則依乘數原理可計算投資之乘數效果:

$$Y=C+I, \text{ 而 } C=a+bY, \ I=I_0$$

將 $C=a+bY$ 與 $I=I_0$ 代入 $Y=C+I$

則 $Y=a+bY+I_0$

$$Y=\frac{1}{1-b}(a+I_0)$$

由方程式中得知，投資之乘數為1/1−b，其中 b 為邊際消費傾向，故國內之投資增加，則國民所得亦增加，且其國民所得增加之倍數，適為一減邊際消費傾向 (1−b) 之倒數。如其邊際消費傾向為 0.8，則投資每增加一元，國民所得則增加五倍。所以邊際消費傾向愈高，所得增加之倍數愈大。

據上分析情形，如對一國之輸出 (X) 因素加以考慮，其輸出亦為自發性，則凱因斯之乘數原理可以調整為:

$$Y=C+I+X$$

而 $C=a+bY, \ I=I_0, \ X=X_0$，將此帶入上式

則 $Y=a+bY+I_0+X_0$

$$Y=(a+I_0+X_0)/(1-b)$$

由方程式中得知，輸出之乘數效果與投資之乘數效果皆為一減邊際消費傾向之倒數，亦卽邊際消費傾向愈高，其輸出乘數之倍數愈大，國民所得增加之幅度亦愈大。

由上列之簡單方程式分析，可以清楚瞭解國際貿易與國民所得之關係。如以相同分析方式，擴大至政府部門之公共投資與輸入因素，以及租稅問題與利率對投資之影響等各項因素時，其所獲結果，除乘數效果有所差異以外，對所探討之國際貿易與國民所得關係，並不發生影響。

玆將政府部門與輸入因素加入，則整個方程式爲:

$$Y = C + I + G + X - M$$

假設 $C = a + bY$, $I = I_0$, $X = X_0$; $G = G_0$, $M = c + dY$

則 $Y = a + bY + I_0 + G_0 + X_0 - c - dY$

$$= a + I_0 + G_0 + X_0 - c + (b - d)Y$$

$$= (a - c + I_0 + G_0 + X_0)/1 - b + d$$

上式之乘數效果，已改變原有之 $1/1-b$ 爲 $1/1-b+d$，而 d 則爲邊際輸入傾向。假設邊際輸入傾向爲 0.2，而邊際消費傾向仍爲前述之 0.8，則整個投資與輸出之乘數效果調整爲 2.5 倍，與原有之 5 倍相差 1 倍。所以，輸入增加，則減少國民所得之增加，惟此僅係指輸入消費財而言，若輸入非消費財或基本生產原料，則仍可透過投資之乘數效果，增加國民所得，其綜合效果則須視輸入財貨所創造附加價值(value add)之大小而定。若附加價值所創造之乘數效果高於輸入之乘數效果，仍可提高國民所得。相同之情形，亦可將租稅與利率效果一併加入，以相一方式推演之。

第二章 重商主義貿易理論

第一節 重商主義 (Mercantilism) 之起源

自十六世紀至十八世紀中葉，爲歐洲國家之封建制度漸趨崩潰，國家集權主義崛興時期，各國均本於國民意識之強烈觀念，謀求國家之富強。對國內之經濟活動，則以政府權力，採施干預控制；對國內產業之發展，則予強力保護。蓋以其時爲資本主義之發軔時期，政府政策之重點，在於發展產業經濟，開拓海外殖民地，以力求國際貿易之有出超差額 (Favourable Balance of Trade)，是爲重商主義起源之時代背景。

迨至十八世紀中葉以後，方由英國之古典學派興起以代替，至重商主義之名稱，係代表此派學者與實行家之統稱，其名稱之來源，係由古典學派之亞當史密斯 (Adam Smith) 爲與後起之重農學派 (Physiocracy) 有所區異起見，故賦予之。後爲德國學者所援用，致成今日之通用名稱。

重商主義盛行於西歐國家，達二百餘年之久，尤以當時擁有海外廣大殖民地之英國、法國、西班牙、葡萄牙、荷蘭等國家，推行尤爲積

極。至擁戴此一主義之人物，則包括理論學者、政治家，以及工商企業經營者。在理論方面之學者，英國以孟恩 (T. Mun) 與孔南爾 (Cromwill) 為其代表；法國以孟克萊群 (A. D. Monchretien) 及柯柏特 (J. B. Colbert)為代表；政治家則有當時之英相畢棣 (W. Petty)，德國之菲烈大帝，以及蘇俄之彼得大帝。至於工商企業之經營者，由於政策重商之故，自亦樂於擁護。

法國重商主義學者孟克萊群，為一熱忱愛國之士，曾於一六一五年，出版《政經學》(*Economic Politique*) 獻與路易十三，其書之內容，分工業、商業、航海及法國生產事業應行之改進事項。

意國之塞拉 (Antonio Serra)，亦為重商主義學說之力倡者，認為金銀即是國富，曾於一六三一年發表＜礦業豐富國家能充實金銀＞之論說，以闡述其金銀對國家之重要性，以及國家獲得金銀之方法。

第二節　重商主義之政策

集權國家之統制，須有鉅額經費之支出，以鞏固其統制權力與維持國防治安。基於經費支出之需要，則須增加其收入，以增加其國家之財富。由於當時經濟貨幣制度尚未建立，貴金屬之金銀，即可代表法定之鑄幣，因此，增加一國之金銀儲蓄數量，即代表一國之財富增加，所以在國策方面，對內則謀求產業經濟之發展，對外則力求國際貿易之出超。茲就重商主義謀求國富之對內對外重點政策，舉述如下：

一、重商主義謀求國富之對內開發政策

(一)金銀代表國富：當時金銀代表貨幣資本，認為如有大量之金銀，即可用為國內各項產業發展之資金，故欲求國富，首須重

視金銀之聚積。

(二)開採國內資源: 凡國內之天然資源，諸如墾殖、灌溉、漁業、採鑛等，則予儘量開採，以期物盡其用，地盡其利，並增加生產事業所需之原料。

(三)發展國內工業: 增加一國之財富，認爲首須增加一國之工業生產，再以工業生產之成品，大量外銷，卽可使其他國家之大量金銀，移爲本國所有。

(四)發展國內交通: 交通爲發展國內生產事業輸運原料與成品之必需設備，同時亦爲發展國際貿易不可或少之工具，故須加強發展，用爲達成增加國富之目的。

(五)獎勵人口增加: 認爲人力係爲增加生產之重要因素，故獎勵人口增加，卽爲生產之增加，同時並實施低工資及僱用童工，以減低成本，增加外銷之競爭力量。

二、重商主義謀求國富之對外貿易政策

(一)獎勵對外貿易輸出，以爭取國際收支之出超。因爲惟有於國際貿易出超之條件下，方能使其他國家之大量金銀流入本國，增加本國之財富

(二)實施保護關稅政策，以禁止非必需品或奢侈品之輸入，但對工業生產所需之原料進口，則不加限制。因原料進口加工產製後，可以外銷獲利

(三)禁止原料與貴金屬輸出，認爲原料之出口，影響國內之生產，必須產製爲成品後，再行輸出；至貴金屬之金銀輸出，尤爲國家財富之損失，更宜嚴加禁止

(四)減免輸出產品之各項稅捐，以降低生產成本，達成鼓勵外銷目

的。同時並開拓海外殖民地，以供應生產所需之原料，銷售其
生產之成品。

(五)組織海外貿易公司，以發展並控制其海外殖民地之貿易。英國
東印度公司之組成，開公司組織之先河，亦爲嗣後世界各國發
展公司組織之張本。

第三節　重商主義之分析

重商主義認爲金銀代表財富，爲謀求國富，則須聚積金銀，而金銀
之來源，除有金銀之鑛源外，惟有於國際貿易方面，爭取出超之順勢，
方能獲得其他國家金銀之移入，因之人多批評重商主義爲拜金主義者。
重商主義雖有甚多遭致批評之點，但亦有其貢獻之處：

一、重商主義之貢獻

(一)國際貿易收支之差額理論，係由重商主義所首創。迄今於國際
貿易上之順差(Favourable Balance)與逆差(Unfavourable
Balance) 觀念，仍爲當前各國所重視。

(二)金銀爲國家之通貨基礎，乃爲重商主義所創定，使國際間之貿
易交流，因有共同之通貨制度，增加其貿易之發展與貿易交流
之範圍。

(三)國家主義之統制經濟政策，執行有計畫產業經濟之發展，資本
之聚積，資源之利用，對外貿易之開拓，仍爲當前世界甚多國
家所借鑑。

(四)重商主義在國際貿易上之獎勵輸出政策與管制輸入措施，爲當
前實施管制貿易之張本，且施行之積極與管制之嚴密，較之重

商主義時代，則有過之而無不及。

(五)重商主義為發展國際貿易所為金融機構之建制（Bank System）、 商事法庭（Commercial Court） 之設立，航海條例（Navigation Act）與穀物條例（Corn Law）之頒佈等，均為當前國際貿易發展之先導創制。

二、重商主義之缺點

(一)過份重視金銀：金銀固為當時之貨幣代表，但如其他國家金銀流入本國數量過多時，則本國之物價工資高漲，使生產成本增加，反有損其國際貿易上之輸出。

(二)觀念混淆不清：認為財富與貨幣，即為一物，因而極端重視貨幣之數量與儲蓄。須知生產所必需之要素，並非貨幣本身，而係可用貨幣交換之人力物力，故須先有人力物力，然後方能交換貨幣。同時貨幣尚須重視其流動價值，少量之貨幣，如能自由迅速流通，則較大量之儲蓄聚積，遠為有利。

(三)過份重視貿易出超：一國輸出之主要目的，在於獲得輸入，增加國民經濟之福利。 國際貿易能有出超， 固為一般國家所爭取，但如以國際貿易之有否出超，以決定其利弊，亦屬武斷之論， 因一國貿易出超入超之利弊， 應以一國之實際情況評定之。

(四)重視本國利益， 不顧他國利益： 認為其他國家之利益， 即為本國之損失，因有此一錯誤觀念之存在，故僅以本國之利益是圖。而國際貿易之基本原則，係為國與國間之有無相濟，彼此發生經濟上之互利，並無利人則損己，損己方利人之情形。

(五)重視國家利益，不顧民間利益：認為國家之經濟利益，即係國

民之經濟利益，此二者通常雖爲一致，但亦有相互對立之處，如財政關稅之征收，雖可增加政府財政收入，而對本國工業與消費羣衆，則爲蒙受其損。

重商主義自十八世紀中葉以後，爲古典學派之自由貿易理論所代替，但於第一次世界大戰結束以後，發生世界性之經濟不景氣現象，因而對國際分工互利之自由貿易理論，各國又發生搖動，認爲國際貿易應實施統制，以謀一國國民經濟之自給自足。同時認爲自由貿易最易引起國與國間之經濟波動，發生相互干擾之影響，不認爲由自由價格所構成之自由市場制度，可以解決各國經濟上所發生之問題。因此主張貿易統制，國民經濟自給自足，增加對外之輸出，減少由外之輸入，使國內有充分就業之機會，以避免經濟不景氣現象之發生。此一因主張統制貿易自給自足所生之對外貿易差額觀念，頗與重商主義主張相近，故有稱之爲新重商主義者 (New-Mercantilism)。實則一次世界大戰結束以後之統制貿易目的與重商主義有異。 重商主義之爭取貿易出超， 在於聚積金銀，增加國富；而一次世界大戰後之統制貿易主張，則在促進國內產業經濟發展，以謀自給自足，平衡國際收支，並使國內通貨價值穩定，維持本國通貨對外滙價之均衡。

第三章　重農主義貿易理論

第一節　重農主義 (Physiocracy) 之思想

　　重農學派之貿易學說，以法國之桂理 (F. Quesnay) 爲其代表，其發生係由於法國之柯柏特 (J. B. Colbert) 奉行重商主義，壓低工人生活，擴大工業製品之輸出，禁止農產品輸出，致穀類價格慘落，使農村陷於極度貧困，因而倡導以實現輸出農產品爲中心之自由貿易理論，極力反對重商主義之貿易限制政策。

　　重農主義者，認爲只有農業，方可產生純益收入，亦僅有農產生產，方能充分供應一國之消費。在思想上與我國「有土始有財，有財始有用」之觀念符合。人類之所以能維持經濟生活，物質文明之所以能繼續發展，亦係由於有農業之優越特性。重農主義者認爲商業及運輸，僅能移轉或流通其已完成生產物之所有權與位置，工業亦僅能結合原料及變更產品形態，實際上均不能生產任何眞正物質。因此，認爲增加國家之財富，只有依賴農業，而不可依賴商業，其觀念恰與重商主義相反。

　　桂理認爲農業係爲國家之一切財富根源，凡對農業不利者，即爲對國家之不利，商業工業均需要農業原料，故爲農業之一部份，而且商人

僅為全體國民中之少部份，而農民則佔全體國民之大多數，故諸凡措施，應以大多數之人民利益為利益。同時認為農業發展，則可增加國富，限制農產品輸出，則將使田園荒蕪，國家富源枯竭。

第二節　重農主義之主張

(一)認為農業為支持人類生活必需物資之惟一生產，故凡對農業有損之政策與措施，均應一律廢止。主張農產物自由輸出，以提高農產品價格，增加農村收入，擴大農業生產。

(二)主張國內外之商業自由經營，輸出剩餘物品，輸入必需物品。以其所有，易其所無，以調節國與國間之財物盈虛，保持其供需之平衡。

(三)國家對商業與經濟之活動，不宜有任何之限制與干預，應任其自由競爭，自然發展，凡不違反自然秩序 (Nature Order) 與正義原則之經營活動，必能獲得其應得之報酬。

(四)反對重商主義之貿易出超政策，認為獲得他國之多量金銀，對本國並無利益，如其他國家之金銀已盡，則本國之輸出不能繼續，同時本國金銀增多，則引起物價之上漲。

(五)反對重商主義對進口之徵收高額關稅，認為進口商品高額關稅，並不能由出口者負擔，往往為輸入國之消費者負擔。同時認為高額關稅，可使本國所需之外國商品斷絕，而使必需之物資缺乏。

第三節　重農主義之分析

重農主義之基本觀念，認為僅有農業，方能產生純益收入，故視農

業爲社會一切財富泉源之所自。而商業與工業，均不能產生任何實際物資，所以認爲商業對國家之貢獻，僅爲對已有之農業產品，加以移轉或流通而已，而工業對國家之貢獻，亦僅爲改變已有農業產品之形態而已。由此可知重農學派之生產觀念，僅側重於有形物資之生產，而未考慮物資效用之增加與效用之創造。

重農主義主張貿易自由之觀念，並非古典學派之以比較成本原則，實現國際分工互利之廣泛自由貿易理論，目的係在反對重商主義對商業經營之束縛與對農業產品輸出之限制，故在觀念上係極爲偏狹而極端。

重農主義認爲貨幣係爲虛浮之財富，而人類生活必需之各項物資，方爲眞實財富。國家如能保有豐裕之人類必需物資，自不虞貨幣之缺乏，而能夠產生人類生活必需之各項物資者，僅有農業。故在基本觀念上，惟單純農業是重，不考慮其他因素，實則生產應求量質並重，農業僅爲量之生產，而質之改進，則有賴於工業。且農業生產，有其生產之季節性，不能終年生產，而工業生產尚不受季節性之影響，終年均可生產。

就經濟發展之過程而言，凡農業經濟國家轉變爲工商社會經濟之轉變期中，農村經濟卽呈現相對萎縮之現象，不似工商經濟之成長迅速，殆爲產業經濟之發展過程中所不可避免。同時在產業經濟發展期中之國家，對工商事業發展之扶植，常較農業優先考慮，亦爲不可諱言之事實。

第四章　古典學派貿易理論

古典學派貿易理論，淵源於亞當史密斯 (Adam Smith) 之自由貿易理論，其主要觀點，認爲貿易交流，不可有人爲之控制，應任其自然發展。而個人對利益之追求，具有促進公益之效。由於世界各國自然資源與生產技術不同，故應以國際分工方式，分別從事各國具有絕對利益之產品 (Absolute Advantage of Production)，進行互爲交換，則各國均可獲得價廉物美之產品，從而產生分工互利，達成資源最適配置。李嘉圖 (D. Ricard) 繼而提出比較利益理論，對亞當史密斯之絕對利益理論加以補充。彌爾 (J. S. Mill)爲解釋國際商品之交換比率，再提出相互需要學說 (The Theory of Reciprocal Demand)，使古典學派理論學說，臻於完整。

第一節　亞當史密斯之絕對利益理論

亞當史密斯於 1776 年發表所著《國富論》中，提出「絕對利益理論」，認爲商品價值之高低，係決定於其所投入勞動量之大小。而國際貿易發生之原因，則係比較各國商品之絕對利益，亦卽個別商品之絕對成本比較，成本低者，表示具有絕對比較利益，可於國際間進行交

易。亞當史密斯之理論，係假定勞動為唯一生產因素，以勞動價值說解釋國際貿易發生之原因。茲以二個國家二種商品為例，說明之：

表一 絕對成本利益

商品＼國別	英 國	葡 萄 牙
酒	100 人	80 人
布	90 人	120 人

註：係指每單位產出所需勞工數

由表一得知，英國生產一單位之酒，需要投入勞工 100 人，而生產一單位之布，則需勞工90人。葡萄牙生產一單位之酒，需要投入勞工80人，生產一單位之布，則需要勞工120人。假定二國工人品質（Quality）完全相同，則商品價值之高低，可由投入勞動量之多少衡量之。投入量愈多者，生產成本愈高，商品價格亦愈高。根據表一分析可以發現：(一)酒之單位生產，由於葡萄牙僅需 80 個人工，所以生產成本低於英國；故酒之生產，葡萄牙具有絕對之利益。(二)布之生產，英國勞動量投入較少，僅需90個人工，故布之生產，較有絕對利益。基此，依據絕對利益原則，英國應致力於布之生產，葡萄牙則應專業生產酒，然後兩國互為交換。

依據絕對利益理論，兩國分工合作之結果，使全世界產酒量；較生產自給自足增加 0.5 單位（葡萄牙以200個工人生產 2.5 單位之酒），布則增加 0.1 單位（英國用 190 個工人生產 2.1 單位之布）。貿易交流結果，使產出水準增加。

第二節　李嘉圖之比較利益理論

一、比較成本利益

　　李嘉圖認為亞當史密斯之絕對成本利益理論，其先決條件，須彼此國家間之生產，具有絕對利益條件存在，否則，互利事實無從發生。例如，工業落後與工業先進國家，前者生產成本，均高於後者，此種情形，則非絕對成本利益說所能解釋。李嘉圖針對此一缺失，於1817年，所著之《政經及租稅原理》（*The Principle of Political Economy and Taxation*）一書中，提出比較成本利益法則（Law of Comparative Advantage），惟其立論仍以勞動價值說為基礎。茲以英、葡二個，分別生產一單位之布與酒為例說明：

表二　比較成本利益

商品 ＼ 國別	英　　國	葡　萄　牙
布	100 人	90人
酒	120 人	80人

　　英國生產一單位之布與酒與葡萄牙相較，均較葡萄牙所費勞工數為多，故布與酒之生產成本，葡萄牙均低於英國，惟葡萄牙不須二者均予生產，可擇其比較利益較大者之酒生產，以交換英國之布。英國雖為兩種商品之勞動成本，均較葡萄牙為高，但可擇其不利較小者之布生產，以交換葡萄牙之酒。李氏之生產成本比較學說，不但說明所有生產成

本，均較另一國家爲高或低之情形下，可進行貿易往來，且亦解決絕對
成本利益說不能解釋缺失。惟李嘉圖之比較成本理論，係基於下列各項
之假說：

　　(一)單位生產成本固定不變，生產因素僅有勞動一種。

　　(二)商品市場爲完全競爭之市場。

　　(三)兩國勞動品質相同，勞動在國內可自由移動，國際間則不能自
　　　　由移轉。

　　(四)國際間無任何人爲之貿易障礙存在。

　　(五)社會生產資源，已達充分就業狀態。

二、同等成本差異 (Equal Differences in Cost)

　　李嘉圖之比較成本觀點，認爲一國對二種商品之生產，除絕對利益
外，尚可依其比較成本差異之大小，決定兩國之貿易方向與型態。惟二
種商品之交換價格比率，國內均相同時，則不能發生貿易交流，此所謂
同等成本差異，亦卽無比較利益之存在。表三所示，葡國酒與布之生產
成本，均較英國爲廉,但葡國與英國布與酒之國內價格比率,均爲1.25比
１，是以兩國進行貿易，將無利益可言，因任何一國，均不能以1.25單
位以上之酒易取一單位之布,或以一單位以上之布,易取1.25單位之酒。

表三　同等成本差異

國別商品	英　　　國	葡　萄　牙
布	125	100
酒	100	80

三、貿易利得與貿易條件

在有比較利益之前提下，互爲貿易結果，對世界產出以及葡、英二國；均發生利益，就表二之生產之情形，分述如下：

(一)對世界之產出水準

就全世界產出水準言，在生產技術不變情況下，依據比較利益原則，完全專業化分工生產，英國生產二單位之布，僅須 200 人工，葡國生產二單位之酒；僅須 160 人工。因之，葡國可多出10個人工，英國多出20個人工，移轉其他產業生產。

其次，在兩國充分就業情況下，葡國 170 個人工，可產出 2.125 單位之酒，比貿易交流前之自給自足情況，世界酒之產量增加爲 0.125 單位。相同之情形，布之產量增加 0.2 單位。

(二)貿易利得之分配

專業分工生產之主要目的，在提高彼此國家之生產量，再依自由貿易原則，分別交換其所需之產品。故酒與布交換比率之高低，乃決定於貿易能否實現與貿易利益分配之條件。如表二英國國內之交換比率爲一單位之布可交換 0.833 單位之酒，葡萄牙國內之交換比率爲一單位之布可交換 1.125 單位之酒，若交換比率低於 0.833 單位，則英國寧願自己生產酒，而不願專業生產布以交換酒。反之，若交換比率高於 1.125 單位，則葡萄牙也不願意專業生產酒，以交換英國之布。所以，交換比率如高於或低於本國自給自足之交換比率時，各國當分別維持自給自足之生產，而不願從事貿易交流。至貿易條件之決定，則視兩國對產品相互需求程度之強度。茲將兩國產品交換條件之變動範圍定爲：

$$0.833 \text{ 單位之酒} \leq 1 \text{ 單位布可交換酒之比率} \leq 1.125 \text{ 單位之酒}$$

1.若一單位之布，交換酒之比率低於 0.833 單位，則英國不願從事

貿易，因為英國國內布與酒的交換比率為 0.833。如英國專業生
產布，其交換比率低於 0.833；則英國雖多產出 1.2 單位之布，
但無法交換獲得一單位之酒。

2. 如一單位之布，交換 0.833 單位之酒，則其交換條件恰與英國自
給自足之生產條件相同，亦即英國可獲得布與酒各一單位，而葡
萄牙則可獲得酒與布各 1.125 單位，其貿易利得，全由葡萄牙獲
得。

3. 如一單位之布，交換 1.125 單位之酒，則情形與上述完全相反，
葡萄牙仍維持貿易交流前之水準，酒與布各獲得一單位。其貿易
利益，則全由英國享有。

4. 如一單位之布，交換比率高於 1.125 單位之酒，則葡萄牙不願從
事國際貿易交流，因全部生產之酒，除自足之一單位外，其剩餘
之 1.125 單位，不能交換獲得一單位之布，低於自行生產之利
益。

5. 如布與酒之交易條件，介於 1.125 與 0.833 之間，則兩國均能獲
得貿易利益。因布與酒之交換獲得量，均高於國內生產自給自足
之單位。

第三節　彌爾之相互需要均等法則

比較利益理論，對國際分工進行貿易交流所獲之利益，僅能提出貿
易之全部利益與互利之範圍，而不能確定參與貿易國家之實際交換比率。
彌爾針對此點提出相互需要均等法則 (Law of Equation of Recip-
rocal Demand)，加以補充。

彌爾認為國際貿易之交換比率，即為國際間之貿易條件，如何決定

其貿易條件，係根據其貿易國家間彼此對商品需要程度之強弱而定。如表四所示，德國在一定之生產投入因素，可生產呢絨10碼，麻布20碼；英國可生產呢絨 10 碼，麻布 15 碼。於此種情況下，英國生產呢絨，具有比較利益，而德國生產麻布，較具比較利益。依比較利益原則，德國應專業生產麻布，英國專業生產呢絨。假設英國以呢絨10碼，交換德國麻布16碼，則兩國均可獲得貿易之交換利益。惟對英國而言，其利益較小。但交換比率對何國有較高之利益，彌爾認為係視兩國之相互需要程度之強弱，以為決定。假設於此交換比率下，英國對交換德國麻布16碼之需要強度為 900 倍，而德國對交換英國呢絨之需要強度為 1,100 倍，則將提高其交換麻布之數量， 使兩國之貿易交換利益， 轉趨對英國有利。

表四　彌爾相互需要均等法則

商品　國別	呢　　絨	麻　　布
德　　國	10碼	20碼
英　　國	10碼	15碼

假設交換比率提高變為10碼呢絨交換17碼麻布，則英國將增加呢絨供給，德國呢絨之供給量自亦相對增加，致呢絨之需要強度自然減少。相同情形，由於麻布相對價格降低，促使英國對德國之麻布需要增加，其需要之強度，由 900 倍增至 1,000 倍。而德國對呢絨之需要，則由原 1,100 倍，減至 1,000 倍。如此，英國與德國之相互需要一致，供需達到均衡，其貿易條件為10碼呢絨交換17碼麻布。

彌爾之相互需要均等法則，用之於李嘉圖之比較成本理論，就前列

表二之資料分析，英國與葡萄牙之酒與布交換比率，於一比一時達到相互需要均等。對英國而言，經貿易交換結果，除可保持貿易前擁有酒與布各一單位外，尚可增加0.2單位之布。對葡萄牙言，每交換一單位之布，可節省0.125單位之酒。此即分工專業生產，兩國所分別獲得之具體利益。

彌爾之相互需要均等法則，係將相互需求觀念，導入國際貿易交流條件，以對商品需要程度之強弱，分析貿易利得之分配與達成貿易交流之比率。

第四節　古典學派理論之研證

古典學派之貿易理論，係以勞動價值說為分析基礎，以勞動生產力之高低，決定各國生產之比較利益。而實際經濟社會之貿易交流，是否確為如此，則值得研討。經濟學者麥克道格（MacDougal），史騰（Stern）以及巴拉薩（Balassa）三位，曾先後就古典學派之比較利益理論，加以實證研究，分析是否有因勞動生產力之差異，引起價格之不同，而產生比較利益，從而決定貿易方向與型態。麥克道格首先於1937年，利用英美兩國之統計資料，分析兩國二十種製造業之勞動生產力與輸出（貿易）比率關係。就表五之資料所列，麥克道格將二十種製造業分為二類，第一類係英國之勞動生產力為美國二倍以上之產業，結果發現第一類商品中，美國之輸出比率大於英國，顯示美國對該類商品較具比較利益。而第二類商品，又為英國之輸出比率較高，亦即說明英國之比較利益較大。由此可知，勞動生產力與輸出比率，係為正比。因此，麥克道格認為比較成本理論之觀念，具有可靠性。

其次，史騰利用麥克道格研究實例將製造業亦分為二大類（如表六

表五　美英二國勞動生產力與輸出比例之比較

第一類: 美國之生產力高於英國生產力二倍以上之商品

（製造業名稱）	（美國輸出額／英國輸出額）
無線電收音機及眞空管	8
生鐵	5
汽車	4
玻璃容器	3.5
馬口鐵罐	3
機械	1.5
紙張	1.0

第二類: 英國之生產力高於美國生產力二倍以上之商品

（製造業名稱）	（英國輸出額／美國輸出額）
香煙	2
油地氈 (linaleum) 及油布	3
男用襪、衣領、內衣	3
皮鞋	3
焦煤	5
人造纖維織品	5
棉織品	9
人造纖維	11
水泥	11
啤酒	18
男用羊毛製品	23
人造奶油	32
毛織品與毛紗	250

資料來源: G. D. A. MacDougal: "British and American Exports: A Study Suggested by the Theory of Comparative Costs" *Economic Journal,* 61, December 1951.

所示）。以 1937 年及 1950 年之資料加以分析，發現 1937 年美國勞動生產力高於英國二倍以上之十二種製造業中，有七項之輸出額較英國爲

大。英國勞動生產力，高於美國二倍以上之十二種產業中，則全爲英國
輸出額較大。故符合古典比較成本貿易理論者，計有十九種，佔 79.16
％。而 1950 年之資料分析，美國生產力高於英國3.4倍以上之七種產
業中，有五種產業之輸出額較英國爲大，而英國生產力高於美國3.4倍
以上之十七種製造業中，有十五種之輸出額較美國爲大。共爲二十種，
佔 83.33％，較 1937 年爲高，亦符合古典學派之理論。

表六　美英二國勞動生產力與輸出比例之比較（1937,1950）

	製　造　業　數　目		
	合計	美國輸出額 大於 英國輸出額	美國輸出額 小於 英國輸出額
A、1937年（24種製造業） 　美國之勞動生產力高於英國勞動生 　產力二倍以上之製造業	12	7	5⁺
美國之勞動生產力低於英國勞動生 　產力二倍以下之製造業	12	0	12
B、1950年（24種製造業） 　美國之勞動生產力高於英國勞動生 　產力 3.4 倍以上之製造業	7	5	2⁺
美國之勞動生產力低於英國勞動生 　產力 3.4 倍以下之製造業	17	2⁺	15
C、1950年（39種製造業） 　美國之勞動生產力高於英國勞動生 　產力 3.4 倍以上之製造業	15	11	4⁺
美國之勞動生產力低於英國勞動生 　產力 3.4 倍以下之製造業	24	3⁺	21

資料來源：　1.新開陽一：《國際經濟論》，筑摩出版，1969年，第22表，38頁。
　　　　　　2.周宜魁：《國際貿易理論與政策》，1986年。

　　史騰再進一步將製造業擴至三十九種，其中輸出符合古典貿易理論
之比較利益者有三十二種，佔 82.05％，亦證明古典學派之比較利益理

論有所依據。此外，巴拉薩亦曾以戰後資料；分析 1950 年，英美二國
之貿易方向，亦獲得與上述之相似結論。

第五節　古典貿易理論之評析

　　古典學派之理論，對貿易學說之開展，具有啓發性功能，惟其理論
之基礎，多爲假設推定，示例簡單，故優缺互見，簡要分析如下：

一、貢獻方面

　　(一)闡明國際經濟分工之基本原理：說明分工則能互利，旣能調節
　　　　世界物資之供需，復可增加各國之所得，生產者可以提高生產
　　　　效率，改進生產技術，消費者可享受物美價廉之消費。

　　(二)闡明國際貿易發生之一般原因及其特質：說明國際貿易之交流，
　　　　除由各國自然資源與環境之不同，可分別從事絕對有利之生產
　　　　外，尚可根據生產成本之比較差異原則，分別生產其利益最大
　　　　或不利最小之產品，以相互進行貿易。

　　(三)闡明國際商品交換 比率成立之基本原理： 說明國際 貿易之發
　　　　生，係基於生產成本之絕對差異與生產成本之比較差異，而國
　　　　際間實際貿易之交換比率，則決定於國與國間對商品相互需要
　　　　程度之強弱以及彈性之大小。

　　(四)闡明黃金移動物價自動調整之功能：說明自由貿易條件之下，
　　　　國際貿易發生收支差額時，則因黃金之輸出入，使物價工資隨
　　　　之而自動升降，以調節對外貿易之輸出入數量，終於促進國際
　　　　收支之循環機動平衡。

二、缺點方面

(一)生產成本僅爲勞動生產成本，以勞動之時間計算。生產要素，
　　並非勞動一項，勞動生產因素，若不與其他生產因素結合，則
　　不能產生任何價值，且勞動有各種不同之類別等級，甚難有一
　　適當之標準，以計算其勞動之價值。

(二)一國國內之生產因素，假定完全可以自由移動，而國際間之生
　　產因素，則完全不能自由移動。實際上與現實情況不盡符合，
　　因國際經濟發展之結果，爲生產要素在國際間之移動性增高，
　　除土地勞動之生產因素，在國際間比較不易移動外，其資金原
　　料器材之生產因素，在國際間移動，並不困難，而土地與勞動
　　之生產因素，即在一國之內，亦非可以完全自由移動。以土地
　　而言，根本不能作空間之移動，勞動因有「非競爭組合」之關
　　係存在，亦轉業不易。

(三)僅考慮有形商品之貨物交易，對無形項目與資本之移動，則未
　　予置論，且對運輸費用亦未予考慮。實則當前之國際貿易，除
　　國際間有形商品之買賣外，尚有銀行、運輸、保險、旅行之
　　無形勞務交易，以及國際間長短期資金之外流內移，而運輸費
　　用，爲一重要成本因素，亦應有所考慮。

(四)貿易完全自由，無任何限制，並同時假定爲兩國使用相同之金
　　本位制度。當前世界之國家，在國際貿易方面，少有完全採
　　取自由放任政策者，尤是經濟開發落後國家，多係採用統制政
　　策，與自由貿易理想，適得其反。而金本位制度，各國已早經
　　放棄，故一國之國際收支不能平衡，亦不能因黃金之輸出入，
　　而發生自動調整之機能。

(五)外滙完全自由，無任何限制，對經濟循環之干擾不予考慮，並
　　假定經濟秩序爲經常趨向於穩定均衡。當前世界各國，少有完
　　全實施自由外滙者，尤是經濟開發落後國家，多實施外滙管
　　制，並無完全之自由外滙市場，故外滙滙率之高低，常不能因
　　貨品輸出入之增減，而有所調整變動。同時一國之對外貿易，
　　亦常因經濟循環之干擾，而影響對外貿易環境之變動，因一國
　　之經濟秩序，並非經常處於穩定均衡中。

第五章　社會機會成本貿易理論

第一節　生產無異曲線

社會機會成本貿易理論(Trade Theory of Social Opportunity Cost)，係根據比較生產成本理論而產生，一般稱之爲生產無異曲線（Indifference Curves of Production）或生產可能曲線(Possibility Curves of Production)，意指國家在其現有之生產資源，知識技能，以及就業情況之下，所能生產各種財貨之最大組合。卽爲將一種產品之生產因素移轉爲他種產品生產時，其所減少此一產品之產量，以及增加他種產品產量之相互代替比例，故又稱之爲生產代替成本(Substitution Cost)，換言之，卽一種產品成本之計算，須以他種產品之犧牲爲其衡量。亦卽多產某一單位產品之產量所須放棄另一種產品之價值，稱之爲該種產品之社會機會成本。由於自由貿易理論，以勞動價值解說商品價值之理論，其難符實際之情形，已爲不可諱言之事實，但商品之價值，究應根據何種因素計算其成本，經濟學者李昂替夫(W. W. Leontieff)首以無異曲線之生產代替成本，用爲分析之工具，德國學者哈栢萊（G. V. Haberler）亦以此代替成本理論，以說明其商品之價值，認爲

不同之地區或不同之國家，賦有不同之生產因素，其生產時之生產因素如何組合，係因產品不同而有異，卽爲相同之產品，以各國之生產條件各異，對於生產因素之配合比例，亦不相同。資本雄厚利率水準不高之國家，以利用機械生產爲省費，如勞力低廉，則可研究精巧手工業之發展。同時勞動之內容複雜，土地利用程度有別，天然資源豐嗇不同，生產設備供應各異，故其商品價值之衡計，自不能以某項單一因素爲準則。且部份之生產因素，僅能限於特定用途，不能自由移轉，或能移轉，其移轉後之效用，則大爲減低。哈氏基於所述觀點，曾就各種之不同情形，解說其生產代替成本之變動:

一、生產成本固定之情形

假定生產成本固定不變，一國生產小麥，每石需五日勞工，生產棉布，每疋需十日勞工，如圖一所表示之情形，則 WC 直線代表生產曲線，其線上之任何一點，表示小麥與棉布生產量之組合。全部之勞力，可用以專業生產棉布 OC，或專業生產小麥 OW，但如將生產小麥之因素，移爲生產棉布，則生產棉布一疋，須放棄兩石小麥產量，相同之情形，生產小麥一石，亦須放棄半疋棉布之產量。如麥布兩者均予生產，則可依其需要組合，生產小麥 OW′ 與棉布 OC′，亦可生產小麥 OW″

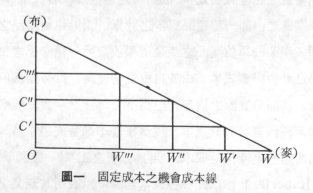

圖一　固定成本之機會成本線

與棉布 OC″，其小麥與棉布之交換，始終爲二比一。因爲如棉布因需要增加而漲價，則生產小麥因素，將移爲生產棉布，使小麥產量減少，棉布產量增加，終致兩者之價比回復至二比一之原有現狀而後已。如小麥因需要增加而漲價，則發生與上述相反之情形，惟最後仍爲回復至原有之價比，由此可知市場之需要變動，可以決定麥布生產因素之分配與生產之數量，其麥布之交換比例，可始終保持原有之比例，此項之交換比例，即爲兩種產品之相互代替比率，亦爲兩種產品之貿易比率。

二、生產成本遞增之情形

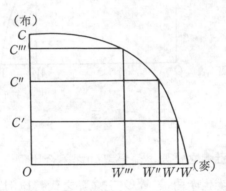

圖二　成本遞增之機會成本線

圖二設小麥與棉布之生產，均受生產成本遞增之限制，如圖二之生產曲線情形，可就麥布二者之中生產一種，可生產小麥，不生產棉布；亦可生產棉布，不生產小麥。如麥布二者同時生產，則當棉布生產OC′時，小麥則須減產 WW′，再如增加棉布與 OC′ 等量之 C′C″ 產量時，則須放棄小麥 W′W″ 之生產量，棉布之增產量並未提高，而放棄小麥之生產量則逐爲增加（WW′ 小於 W′W″），故自圖二中情形觀之，其棉布代替小麥之生產愈多，則棉布之生產成本愈高，亦即棉布雖爲等量生產之增加，而小麥之犧牲量則逐爲遞增。反之，如爲增加小麥

產量而減少棉布，則所需犧牲棉布之產量，亦係逐為增大，是以 WC 生產曲線，如為對 O 點呈凹形，其生產成本則為遞增，布麥兩者之交換比例，則因需要之變動而變動，亦卽布麥二者之代替比例，將隨需要之變動而變動。

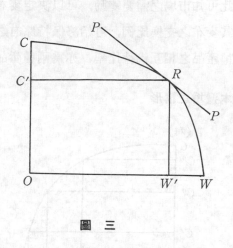

圖　三

但如布麥對社會之需要，係為既知之組合比例，則布麥兩者之貿易比率，卽等於布麥生產曲線 WC 上之點之代替比例。換言之，布麥兩者於市場上之貿易比率，等於兩者邊際生產成本之比例，如圖三所示，PP 表示 OC 縱軸與 OW 橫軸間之價格線，其斜度卽代表布麥之交換比例，凹形曲線 CW 表示布麥之生產成本，其生產比額，為曲線 CW 上正切於 PP 價格線之 R 點，亦卽棉布之生產量為 OC'，小麥之生產量為 OW'。如市場價格與生產成本不一致時，其為布價高漲，則布之產量增加，麥之產量減少，但麥之產量減少後，因其社會需要係為已知之組合，則價格因供需之關係，當又趨上升，而布之產量增加，價格當趨下降，故又將市場價格回復其原有之生產代替比例。

根據上述代替比例之分析，兩種產品相互代替之情形，可以代替曲

線表示之，其產品之貿易比率，仍係由生產成本所決定，但此項生產成本，並非單獨之勞力生產成本，而係產品之邊際生產成本，在既定數量某種產品之邊際生產貨幣成本，卽等於某種產品最後一單位所必須減少他種產品之數量，亦卽兩種產品於市場上之貿易比率，必等於此種情形下之生產成本比率，哈栢萊曾再就代替曲線之形狀，予以分析說明：

(一)兩種產品所包涵之共同生產因素愈多，易於互相移動代替，則曲線之形狀將愈爲平斜 (如圖一)，其兩種產品生產成本之固定程度愈大，而兩種產品之相對價格，將不因生產量變動而發生變動，卽有變動，亦極輕微。

(二)兩種產品之生產因素，具有特殊性質，不易互相移動代替，則代替曲線將爲曲折 (如圖二)，因此，當市場需要發生變動引起生產量發生變動時，其影響市場價格變動之幅度亦大。

(三)兩種產品之生產因素完全不能移動代替時，則代替曲線卽呈九十度之直角形 (如圖三) 之 W'RC'，卽減少甲產品之生產，亦不能增加乙產品之產量，於此種情形之下，如產品之市場需要發生變動，則引起產品相對價格之較大變動。

(四)生產代替曲線之形狀，就短期而言，其曲線常較曲折，因爲在短時之內，生產因素常不易及時調整適應；但就長期而言，則曲線較爲坦斜，因生產因素，常可根據市場需要變動，於長期中予以調整適應。

於現代之經濟社會中，各種產品之移轉代替，係以貨幣生產成本爲中介，亦卽在共同標準之通貨制度下，產品之代替曲線，卽爲各產品之分別貨幣生產成本曲線，其衡量之方法，係以各種產品之相對價格爲標準，亦卽以此種產品價格用爲其他產品價格之計算。如我國之甲商品二單位可易乙商品三單位，而在日本之甲商品二單位僅能易乙商品兩單位，

則我國對乙商品之生產, 係處於比較成本之有利地位, 於通商之各國間, 可據此原則, 分別致力於有比較利益之專業生產。

第二節　消費無異曲線

生產代替曲線所表示者為生產供給方面兩種產品之相互代替情況, 於邊際生產成本所決定之貿易比率下, 其相互代替之成本價值相等, 亦即價值上無差別, 故稱之為生產無異曲線。至一般所稱之無異曲線, 係指消費無異曲線 (Indifference Curves of Consumption) 而言, 此兩種無異曲線可共同表示供給與需要之一般均衡情況。國際貿易之條件, 係根據兩國之相互需要而決定, 而需要即為慾望之具體表示, 消費者對於物質財貨, 各有其不同之慾望, 如何取得物質財貨, 以滿足其消費慾望, 則涉及產品之生產與市場之價格, 如欲將物價、生產、消費等予以同時說明, 則有利用消費無異曲線之必要。消費無異曲線, 代表消費者對於兩種不同組合財貨之滿足水準, 於此消費無異曲線上之任何一點, 係表示兩種財貨之不同數量組合, 對於某一消費者而言, 具有相同之滿足感。 消費者可獲得三疋棉布與三石小麥, 或四疋棉布與二石小麥, 或在此數量下之其他組合, 惟一般消費者因受收入之限制, 如多購棉布, 則必減少小麥之需要, 而多購小麥則當捨棄定量之棉布, 就其滿足慾望而言, 其所減少之部份財貨, 常與其獲得之部份財貨相等。至消費者對兩種財貨之選擇, 自應考慮其價格之因素, 如兩種財貨可以互相代替, 則當甲物價下降時, 可多購甲物, 減少乙物之購買, 故在一定價格之下, 消費者對於兩種財貨之消費數量, 當為生產無異曲線與可能最高一級消費無異曲線相切之點 (如圖四)。

於圖四中所示生產與消費之均衡之點為 E 點, 此點則為一國麥布生

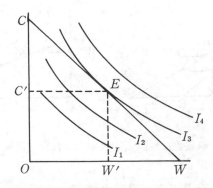

圖四　無差別曲線與固定成本生產代替曲線之國內均衡圖

產消費之適當組合，如在不與其他國家通商之孤立情形下，其生產成本當爲固定不變，生產組合爲 OC′ 與 OW′。就消費者而言，自願意選擇高水準 I_4 曲線消費，但事實上其國生產布麥之最大產量，止於 WC 之生產可能曲線，逾此則因生產能力有限，而無法獲得 I_4 曲線水準之消費，但如選擇 I_1 或 I_2 爲其均衡之點，則亦屬不智之舉，因其國生產布麥之能力，可以達成 I_3 曲線之消費水準之故。

當兩國相互通商以後，於生產成本固定不變之情形下，亦可根據上述之原則，說明兩國之共同均衡情形，如圖五，甲國代替曲線 WC 之斜率大於乙國 W_aC_b 之斜率，此卽表示甲國對於生產小麥有比較利益，而乙國生產棉布則有比較利益，甲國當專業生產麥，乙國當專業生產布，然後兩國互易，其貿易之比率，在甲乙兩國應爲相同，如 T 與 T′ 兩直線所示之情形。甲國可以多餘之麥WW′易取乙國多餘之布$C_bC′_b$，則兩國均達到 I 與 I′ 無差別曲線之高度消費滿足。甲國生產 OW 之麥，但僅消費OW′之麥，布之消費 OC′，適爲乙國多餘之布 $C_bC′_b$；乙國生產 OC_b 之布，但僅消費 $OC′_b$ 之布，麥之消費爲OW′，適與甲國多餘之麥 WW′ 相等，至 T 與 T′ 兩直線之斜率所代表貿易比

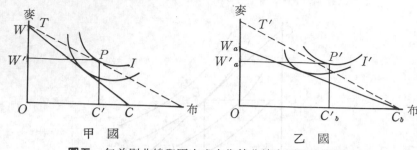

圖五　無差別曲線與固定成本代替曲線之兩國均衡圖

率之高低，則決定於兩國相互需要之情形。

　　於生產成本漸增之情形下，情況亦與上述情形相似，但因生產成本漸增關係，兩國將不能完全專業分工，僅能分別生產其產品之一部份。當甲乙兩國不通商時，其麥布之生產能量與消費需要以及分別均衡之情形為圖六 OWC 與 O'W'$_a$C'$_b$ 之情況。甲國在產麥方面享有比較之利益，乙國在產布方面享有比較之利益。但如兩國相互通商，則甲國將減少布而增加麥之生產。乙國將減少麥而增加布之生產。惟兩國並非完全分別致力於麥布之專業生產，甲國可生產 OW$_a$ 之麥或 OC$_2$ 之布，乙國可生產 O'W' 之麥或 O'C' 之布。如圖所示，甲國麥之消費為

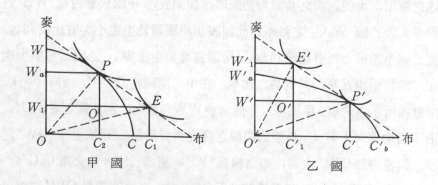

圖六　無差別曲線與漸增成本代替曲線兩國均衡圖

OW_1，布之消費爲OC_1，乙國麥之消費爲$O'W'_1$，布之消費爲 $O'C'_1$，故甲國可以生產超過消費之麥 （W_aW_1），補足乙國生產不足之麥量（W'_1W'）；乙國可以生產超過消費量之布 （C'_1C'），補充甲國生產不足之布（C_2C_1），其貿易之比率在兩國相同，且兩國分別對消費之滿足，均較通商以前提高，E 點與 E' 點均較未通商以前之地位升高，卽甲乙兩國均可達到一條較高無異曲線之消費，亦卽表示其社會總滿足程度之增加。

　　基上所述，則吾人可知當兩國生產要素不盡相同，卽生產代替曲線有別時，而國民之消費嗜好相同，亦卽無異曲線相同時，於兩國通商以後，可使兩國在生產方面更爲專業化，而各就有利之生產因素增加生產，且在消費方面可以達成均衡發展，不僅偏重於本國特產之消費。因爲專業生產經相互通商以後，對原缺乏之物質財貨，可根據其需要進口，則價格因而下降，使其易於獲得滿足之消費。

　　其次爲兩國之生產要素相同，卽生產代替曲線相同，而國民之消費嗜好不同，亦卽消費無異曲線不同，兩國亦可分別平均生產，進行貿易交流，而對彼此國家均互爲有利。例如美、加兩國，由於地理氣候相同，均生產米麥，但加國之人民性喜食米，而美國人民則偏嗜麵食，故米價於加國較麥價爲高，而麥價於美國又較加國爲貴，如兩國平均生產，各以所餘，易其不足，則可使價格降低，提高彼此國家之消費水準。

　　前此之分析，係爲固定成本與漸增成本之情形，如爲生產成本漸減或收益漸增，則各國將儘量致力於專業分工之生產，以獲得單位生產之最低成本，而達成最大收益之目的。成本漸減之生產代替曲線，應爲向原點 O 凸出之曲線，如圖七 WC 與 W'C' 之情形，甲乙兩國於未通商以前，其兩國分別在國內之生產與消費均衡之點，可由 E 及 E' 表示

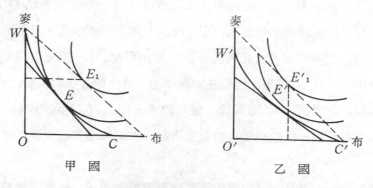

圖七　無差別曲線與漸減成本代替曲線兩國均衡圖

之。如兩國通商以後，生產者由於生產增加，成本可發生遞減之現象，故甲國麥之生產將沿生產曲線伸延至最大限度之 W 點，乙國布之生產將沿生產曲線至最大限度之 C′，然後兩國互為 WC 產品之交流，則可提高生活水準，彼此互利，使國民之消費，可以提高至生產無差別曲線之 E_1 及 E'_1 點之處。

　　綜上所述，當生產可能曲線與社會無異曲線相切時，表示此時二種產品之供需相等，達成一般均衡之條件。且社會無異曲線之斜率適等於生產可能曲線之切線斜率，亦說明產品消費之邊際代替率 (MRSwc)，等於生產之邊際轉換率(MRTwc)，且等於產品之相對價格 (Pw/Pc)，

第三節　社會機會成本貿易理論之分析

　　哈栢萊之社會機會成本貿易理論，對古典學派勞動價值說之弱點，有所彌補，同時在分析比較成本之觀點，亦有所不同。古典學派之比較方法，係以兩國間二種產品之成本差異互為比較，為其選擇生產與貿易方向之準則。而哈氏則以兩國間二種產品之相對成本差異，為其比較基

礎，兩者之差異，可由下列不等式瞭解之：

葡萄牙麥之成本／英國麥之成本＜葡萄牙布之成本／英國布之成本
（古典學派）

葡萄牙麥之成本／葡萄牙布之成本＜英國麥之成本／英國布之成本
（社會機會成本）

古典學派比較成本分析法則，須假定兩國工人品質相同，哈氏則無此前提條件，故不需考慮兩國社會文化背景之差別，所導致工人品質不一之問題，對生產因素之考慮，亦不僅勞動一種。

其次，社會機會成本理論，以經濟觀點而言，其減少某一產品之生產，並非犧牲某一產品，而係利用所減之數量，換取更大有利之數量，故依照比較利益大小，實施專業分工之結果，可使社會生產財貨之社會成本減爲最小。以此社會機會成本理論，說明其國際貿易現象，正如古典學派以生產成本比較差異，說明其國際貿易之情形相似。惟生產代替成本所指之成本，並非古典學派之勞動價值成本，而係包括各種因素之代替成本。根據生產成本比較差異之原則，以發展對外貿易，係爲各國按其有利之生產條件，對各種所需生產產品，作爲適當組合之分配，並儘量減少不利產品之生產。代替生產成本理論之解釋，謂某一產品增加一單位時，其生產因素係由其他產品之因素移轉而來，亦卽增加某一特種財貨之產量，係減少他種財貨產量所致。由此可知各種財貨之價格，係與其邊際貨幣成本相等，而邊際貨幣成本，又與其邊際生產因素之價格相同，故在自由競爭情形之下，生產因素可以自由移轉代替時，任何生產因素之單位，不論用之於何處，皆具有同一之價格，因於自由競爭情形之下，凡擁有生產因素者，隨時均在使生產因素之利用，獲得其最高之報酬故也。由此觀之，社會機會成本理論，以生產代替曲線所爲之解釋，係特別偏重價值，而對各種生產因素之供應彈性，則少予以考

慮。惟社會機會成本理論，將生產、消費、價格等問題，能合併討論，又非其他理論所可比擬。

第六章　現代貿易理論

古典學派之貿易理論，係以商品相對成本之差異，闡明國際貿易之發生原因。而何種因素導致生產成本差異，則僅以天然資源及氣候等因素說明之。及至 1919 年，瑞典經濟學家黑克斯（Heckscher）與歐林（Ohlin）二位提出國際貿易發生成本差異之原因，乃各國因素稟賦（Factor Endowment）之比率不同所致成。其所持之理論重點為：

(一)黑歐（H-O）理論，係假設各國皆僅擁有勞動（L）與資本（K）二種生產因素。但各國生產因素之比率（K/L）不同，資本資源比較豐富之國家，其利率水準較低，而工資之相對價格則較高，反之，勞動資源豐富之國家，其工資水準則較低。

(二)任何產品之生產，均需投入勞動與資本兩種因素，但不同種類之產品，所需之資本與勞動比率不同。如產品投入之勞動因素較多，稱之為勞動密集財（Labor Intensive Goods）。如產品所需資本較多，則稱之為資本密集財（Capital Intensive Goods）。

(三)勞動資源比較豐富之國家，其工資水準較低，生產勞動密集財之成本較低，其產品價格亦隨之降低，因而輸出勞動密集財。反之，如資本較豐富之國家，生產資本密集財具有比較利益，

其輸出則為資本密集財。

(四)假設兩國間之生產因素，完全不能移動，透過貿易自由交流後，不僅兩國之產品價格趨於一致，且可使兩國生產因素之絕對價格與相對價格，均為相同。一般稱之為生產因素價格均等定理。

黑歐之理論重點，側重於各國生產因素存量之比率不同，促使生產因素相對價格差異，從而產品之相對價格不一。因此，對黑歐理論分析，首須以等產量生產函數，研討其資本密集度與勞動相對價格間之關係，再以箱形圖導出生產可能曲線，探討其因素相對價格與產品相對價格之關係。最後，再分析其間之函數關係，進而說明其貿易發生之原因與方向。

第一節　生產函數 (Production Function)

生產函數，乃表示在一定技術水準下，生產因素投入量與商品產出量間之函數關係，亦即投入與產出之關係。古典學派之理論，認為各種產品之生產，勞動為唯一之投入因素，故其生產函數可以簡單之產出（Q）與勞動（L）表示為 $Q=f(L)$，其產出量之大小，完全取決於勞動量投入之多寡而定。黑歐理論，則假設所有產品之生產，均需資本與勞動二種生產因素，其函數關係則增加一資本（K）因素為：$Q=f(K,L)$。亦即產出為資本與勞動之函數。

二種投入生產因素之生產函數，可應用等產量曲線 (Iso-quant) 表示。等產量曲線，係表示在一定技術水準之下，生產一定產出之各種不同勞動與資本之組合軌跡。因此，生產相同之產出水準，其勞動與資本可以有多種之組合。如圖一所示，生產一單位之X財貨，其勞動與資

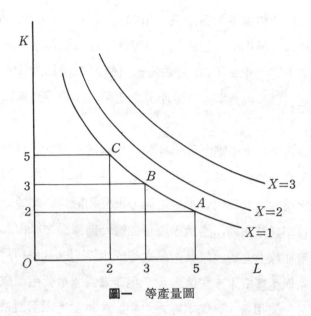

圖一　等產量圖

本之組合比率為二比五（C點）、三比三（B點），以及五比二（A點）等三種方式，如將各組合點連結，即為等產量曲線。在圖中有三條等產量曲線，分別表示不同之產出水準，曲線愈趨右上方，表示產出之水準愈高。

　　等產量曲線，若凸向原點，此乃表示生產因素間，可互相代替，而產出水準仍維持不變。亦即在產出量不變之情況下，增加勞動因素投入，則必須減少資本投入量，否則，生產量將隨同增加。例如圖一之C點至B點，勞動之投入量，由二單位增至三單位時，資本投入量，卻由五單位減少為三單位。如以微量變化之觀念予以說明，可以下式表示之。

$$-dK \cdot MPP_K = dL \cdot MPP_L \quad \cdots\cdots\cdots\cdots\cdots\cdots\cdots\cdots （一）$$

$$-dK/dL = MPP_L/MPP_K \quad \cdots\cdots\cdots\cdots\cdots\cdots\cdots （二）$$

　　式（一）表示資本投入減少量（dK）與引起產出減少之資本邊際生產

量（MPP_K）之乘數等於勞動投入增加量（dL）與引起產出增加之勞動邊際生產量（MPP_L）之乘數。而等式二邊符號爲一正一負，表示整個產出水準不變。而式（二）之右邊絕對值，爲勞動對資本之邊際技術代替率，適爲勞動與資本邊際生產力之比率，亦爲等產量曲線切線之斜率。

由圖一得知，生產點由 C 至 B 點，生產者一單位勞動可代替二單位資本，而由 B 至 A 點，則須二單位勞動代替一單位資本。因之，隨勞動量使用率之增加，其替代資本量之能力則愈趨降低，此卽一般所謂之邊際技術代替率遞減法則，亦爲等產量曲線凸向原點之緣由。

等產量曲線上之切線，爲產品之等成本線（Iso-cost），係表示在生產因素價格與生產成本不變情形下，生產者爲求最低生產成本所爲之勞動與資本分配使用量。等成本線之斜率，如以生產因素價格表示，則可由圖二說明。

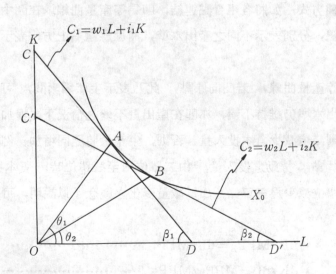

圖二 等產量曲線與等成本線

　　圖二之生產點A之等成本線爲 $\overline{CD}$，其函數可爲$C_1=w_1L+i_1K$，其中 w_1 與 i_1 表示工資與利率，L與K爲投入之勞動量與資本量。等成本線 $\overline{CD}$ 之斜率爲 $\tan\beta_1$，而 $\tan\beta_1$ 適爲 w_1/i_1 之比率。相同情形，在B點其等成本線爲$C_2=w_2L+i_2K$，其斜率爲 $\tan\beta_2$，等於 w_2/i_2 之比率。而前圖一中之A點與B點係勞動對資本之邊際技術代替率 (dK/dL)，亦可表示其資本密集度 (K/L=k)。故圖二中之A點或B點之經濟意義有二：一爲表示等產量曲線中之邊際技術代替率與資本密集度（以 θ 角之大小表示）。次爲表示等成本線之斜率，即以 β 角度之大小，表示其勞動生產因素相對價格之高低。圖中每一點有一相對應之 θ 與 β 角。就A點與B點比較，A點相對應之 θ_1 角，比B點之 θ_2 角爲大。表示A點之資本密集度較B點爲高。相同情形，A點相對應之 β_1 角，比B點之 β_2 角爲大，表示A點勞動生產因素之相對價格，較B點爲高。從而獲致之結論爲：勞動相對價格與資本密集度，具有正相關，圖三中之曲線 X_0 即爲例證。又圖中之A與B兩生產點，均表示最小生產成本之組合，故圖中 X_0 曲線係代表在各種不同之勞動相對價格下，使X財之生產成本爲最小之最適資本勞動比率。

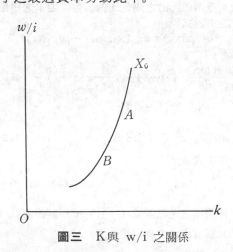

圖三　K與 w/i 之關係

　　一般對國際貿易之生產函數分析，常以一次齊次生產函數，作爲分析工具。因一次齊次生產函數，具有之特性爲：

1. 產出之變化比例與生產要素之變化比例相同，亦卽
   $aQ=f(aL, aK)$, $a>0$。

2. 得知一條等產量曲線之型態與位置，卽可得知整組之等產量曲線圖。

3. 在生產要素相對價格不變情形下，生產之擴張路徑（Expansive Path）爲一直線。

4. 生產要素之邊際生產力爲持續遞減性，故其等產量曲線仍凸向原點。

5. 在生產要素價格不變下，平均成本不變，且平均成本等於邊際成本。亦卽規模報酬不變。

6. 勞動與資本之平均產量以及邊際產量，均爲資本與勞動之比率函數。

7. 符合尤勒定理（Euler's Theorem），其所有生產要素邊際產量與投入量乘積之總合，適等於總產量❶。

---

❶ 依據一次齊次生產函數產出之變化比例與生產要素之變化比例相同之特性，其一般化形式之方程式爲：

$$f(ax_1, ax_2, \cdots\cdots, ax_n)=af(x_1, x_2, \cdots\cdots, x_n)$$

兩邊對 a 微分：

$$\frac{\partial f}{\partial(ax_1)} \cdot \frac{\partial(ax_1)}{\partial a} + \cdots\cdots + \frac{\partial f}{\partial(ax_n)} \cdot \frac{\partial(ax_n)}{\partial a} \equiv f(x_1, x_2, x_3, \cdots\cdots, x_n)$$

因爲 $\dfrac{\partial(ax_i)}{\partial a}=x_i$ 所以上式爲：

$$\frac{\partial f}{\partial(ax_1)} \cdot x_1 + \frac{\partial f}{\partial(ax_2)} \cdot x_2 + \cdots\cdots + \frac{\partial f}{\partial(ax_n)} \cdot x_n \equiv f(x_1, x_2, \cdots\cdots, x_n)$$

令 $a=1$ 則上式爲：

$$\frac{\partial f}{\partial x_1} \cdot x_1 + \frac{\partial f}{\partial x_2} \cdot x_2 + \cdots\cdots + \frac{\partial f}{\partial x_n} \cdot x_n \equiv f(x_1, x_2, \cdots\cdots, x_n)$$

因此，所有生產要素之邊際產量（$\dfrac{\partial f}{\partial x_i}$）乘以其投入量（$x_i$）之總合，適等於總產量，此卽有名之尤勒定理。

上述特性可以圖四表示之。就圖四中之生產點 D、B、E 分別表示相同因素相對價格之生產點，其中 E 點之產出水準，恰為 B 點之一倍，而 B 點又為 D 點之一倍，且其擴張線與等斜線皆為直線。又如在一定之資本使用量下，其產量之等比率增加，則必須動用更多之勞動量($L_3L_2 > L_2L_1$)，所以勞動之邊際產出，具有遞減特性。由此可知，如得知產量 Q_0 之型態，則可根據前述特性，劃出 Q_1 與 Q_2 之產出水準，且其 DB 與 BE 之距離，應為其產出之倍數，亦為生產因素等比例增加之倍數。

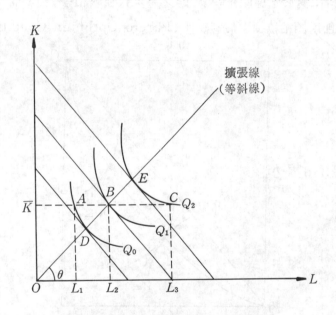

圖四 一次齊次生產函數等產量曲線圖

第二節 箱形圖與生產可能曲線

一、箱形圖之經濟意義與特性

1.箱形圖可用於消費與生產行為之分析，在用於消費行為分析時，

箱形圖之二個原點，代表兩位消費者，二邊則代表兩種產品。用於生產分析時，原點則代表兩種產品，二邊則代表兩種生產因素。

2 箱形圖，分析生產行為時兩邊之長度，代表一國之因素稟賦，其對角線之斜率，為一國之因素稟賦比率。

3.箱形圖分析消費行為時，兩位消費者之所有無異曲線相切點所形成之軌跡（見圖五），稱為契約曲線(Contract Curve)，契約曲線上之兩位消費者，對於兩種產品(X與Y)之邊際代替率相等。契約曲線之每一相切點，即所謂柏拉圖之最適條件 (Pareto Optimum Condition)❷。

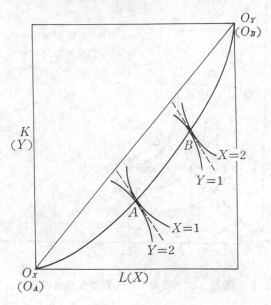

圖五 箱 形 圖

❷ 柏拉圖最適境界 (Pareto Optimum) 之定義為「無法再增加一人或多人之滿足，而不損害他人之利益」，換言之，要是有一人的滿足不減少，而另一人的滿足還可增加，表示還沒有達到柏拉圖最適境界。一般分析柏拉圖最適境界可從三個邊際條件來說明，亦即消費方面二種產品之邊際代替率相等，生產方面二種產品之邊際轉換率相等，以及產品配置方面，二種產品之間，其生產方面之邊際轉換率等於消費方面之邊際代替率。

4.箱形圖分析生產行為時，為圖中二條等產量曲線相切點，即為二種產品生產邊際技術之代替率相等，其各點所連成之曲線，稱之為效率軌跡 (Efficiency Locus)。

5.箱形圖之二邊如代表生產因素，則箱形圖內之任何一點，均代表兩種產品因素使用量之總和，且等於因素稟賦之數量。在完全競爭前提下，其生產點一定落在契約曲線上。運用箱形圖分析，除含有充分就業之作用外，亦可達成資源之最有效配置。

6.箱形圖可分析說明其因素密集度與因素相對價格間之彼此對應關係。就圖六中所設定 X 財為勞力密集財，Y 財為資本密集財，因為 α 角大於 θ 角，所以 Y 財之資本密集度較大，由契約曲線觀之，如生產點由 A 點向 B 點移動，X 財之資本密集度與勞動相對價格均逐漸提高，亦即 θ_2 大於 θ_1，β_2 大於 β_1。此表示從 A 點至 B 點，X 財之生產數量增加，

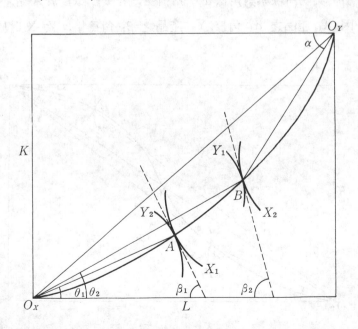

圖六　箱形圖分析

而 Y 財之生產量相對減少。由於 X 財爲勞動密集財，Y 財爲資本密集財，其增產 X 財，減產 Y 財之結果，則產生資本過剩，勞動不足之情形，使勞動之相對價格提高。由此可知，因素密集度與因素相對價格間，彼此具有一對一之正相關。

7.在一次齊次生產函數與生產因素相對價格不變情形下，契約曲線位置有三種可能情況：第一，契約曲線恰好等於箱形圖之對角線，表示兩種產品之生產函數相同。第二，契約曲線位於箱形圖對角線之左上方。第三，位於箱形圖之右下方。根據兩種產品生產之契約曲線位置,可以瞭解何種產品屬於勞動密集財或資本密集財（參閱圖六）。

8.在箱形圖分析中，如契約曲線與其對角線相交，則表示生產因素密集度之逆轉現象，亦卽原爲資本密集財之產品轉變爲勞動密集財。就圖七分析，契約曲線與對角線在C點相交，在C點以前於A點之生產組合時，因 X_1 產品之 α_1 角較 Y_1 產品之 β_1 角爲小，故 X 財於 A 點

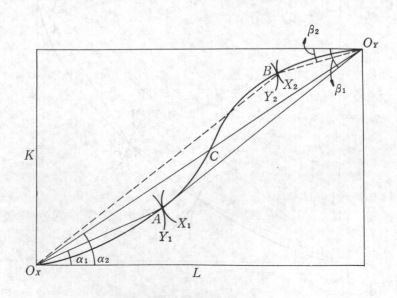

圖七　因素密集度逆轉之情形

時，其資本勞動比較小，所以 X 財為勞動密集財，Y 財為資本密集財。若生產組合調整為 B 點，則 X 財之因素密集度變為 α_2 角，而 Y 財則改為 β_2 角，因 α_2 角大於 β_2 角，故 X 財之資本勞動比較大，所以 X 財由勞動密集財變為資本密集財，Y 財則變為勞動密集財。

二、箱形圖與生產可能曲線

由箱形圖導出生產可能曲線之方法有二：其一，係運用箱形圖中契

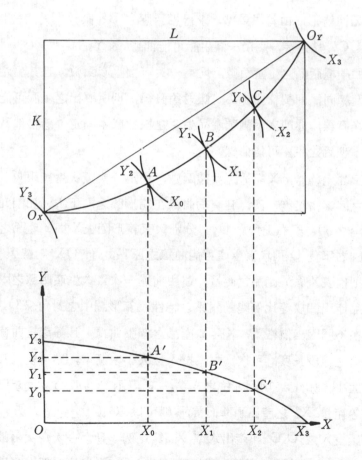

圖八　　生產可能曲線之導法

約曲線上兩種產品之等產量曲線之產量指標，直接導出生產可能曲線。
因爲箱形圖中契約曲線上任何一點之產品組合，係代表全社會因素稟賦
之充分與有效利用。 而生產可能曲線之定義， 則爲在一定之社會資源
下， 如何充分分配生產資源於兩種產品之組合。 故其與契約曲線上之產
品組合定義一致，因之契約曲線上每一產品組合點，一定可求得其對應
點。如圖八之契約曲線上A點，係表示 X_0 與 Y_2 之生產組合點，而此
組合在下圖上恰有一 A′ 點與之對應，其 X 與 Y 之產出亦適爲 X_0 與
Y_2。相同情形，由B與C點，求得相對應之 B′ 與 C′， 然後將 A′、
B′ 與 C′ 點連接，劃出一條生產可能曲線 X_3Y_3。

　　如兩種產品之生產函數，均爲一次齊次生產函數，且其生產因素之
密集度相同， 卽契約曲線爲一條對角直線，則所導出之生產可能曲線，
爲一條直線，亦卽表示兩種產品生產之機會成本固定。適常稱爲固定機
會成本理論之生產可能曲線。

　　又如兩種產品X與Y之生產函數，均爲一次齊次生產函數，但兩種
產品之因素密集度不同，且契約曲線在箱形圖之右下方（如圖九所示），
左下角之 O_x 與右上角之 O_Y，分別代表箱形圖上X與Y產品之原點座
標。圖右下角 O 則代表生產可能曲線之原點， 而 OX 射線與 OY 射
線， 則代表X與Y產品之產量。運用前述一次齊次生產函數之因素投入
與產品產出間成等比例變動關係之特性，箱形圖中之對角線 O_xO_Y，可
視爲在不同因素價格下， X與 Y 產品之擴張曲線。且等產量曲線與對角
線相交之線段長度，可作爲因素投入量大小之衡量，亦可視爲其產出水
準之大小。如此， 則圖九中之A點， 係表示 X_1 與 Y_2 之產出水準，
如以等產量 X_1 之產出水準而言， 則可以 O_xC 之距離表示之 。 （此
爲因素投入量 O_xC 與產出水準 X_1 等比例變動之一次齊次函數特性關
係）。 而 O_xC 之距離長度， 則可以 $\triangle O_xO_YO$ 等比定理之關係， 求得

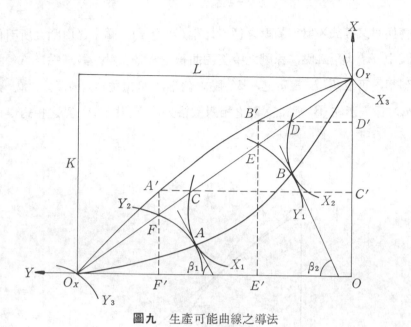

圖九　生產可能曲線之導法

$\dfrac{O_xC}{O_xO_Y} = \dfrac{OC'}{OO_Y}$ 之反映關係至 O_x 射線上，其中 OO_Y 係代表社會資源完

全專業生產X財時之最大產出量，亦卽箱形圖中 X_3 之產出水準，所以

O_xO_Y 等於 OO_Y 之產量，O_xC 等於 OC' 之產量。相同方法，求得A

點之等產量曲線 Y_2，在 OY 射線上之產出水準爲 OF'。基此，則契

約曲線上A點之X財與Y財之產出水準爲 X_1 與 Y_2，如以生產可能曲

線之座標圖表示，其產量則爲 OC' 與 OF'，而 OC' 與 OF' 在座標

圖上之反映點爲 A' 點。再以同法，可求得B點之對應點 B'，然後連

接 O_x、A'、B' 與 O_Y 各點，則可求出社會生產可能曲線爲 $O_xA'B'$

O_Y 曲線。

三、因素相對價格與產品相對價格之關係

社會生產可能曲線之斜率，代表X財與Y財之邊際轉換率，而邊際

轉換率又等於X財與Y財之價格比率(Px/Py)。圖十係由圖九所引伸，圖中 A′ B′ 二點，係圖九中契約曲線上ＡＢ二點之對應點。 A′ 點之斜率，可以角 θ_1 表示之， B′ 點之斜率， 可由角 θ_2 表示之。θ_2 大於 θ_1，係表示在 B′ 點，X財之相對價格大於 X 財在 A′ 點之相對價格。

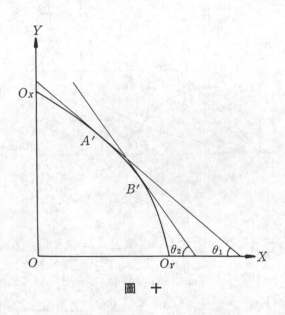

圖 十

此種關係，如與前述契約曲線上之 A 點與 B 點之勞動相對價格（w/i）相互對應，則可發現圖九中， A 點之 X 財為勞動密集財， 其等產量曲線之斜率為角 β_1，小於B點之 β_2。因此，勞動相對價格與X 財之相對價格，亦為一對一之正相關。

由於資源因素常係固定， 少有變動， 故增加X財之生產， 除非 X 財之相對價格提高， 否則生產廠商將不放棄原有 Y 財之生產。亦即放棄Y財之生產， 其減產部份， 應由X財吸收之， 惟X財為勞動密集財， Y 為資本密集財， X財增產， 則將發生勞動供不應求之現象， 而資本則有供過於求之情形， 勢必導致勞動之相對價格提高， 同時， X 財與Y財之資

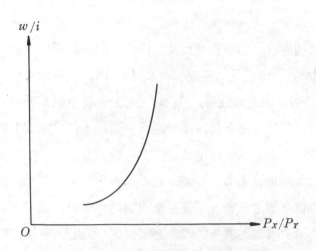

圖十一　勞動相對價格與商品相對價格之關係

本密集度亦隨之提高，如圖九，由A至B，X 財與Y財之資本密集度均變大。至勞動相對價格與X財相對價格之關係，可由圖十一瞭解之。

　　上述討論生產面之均衡關係時，可知生產之均衡過程中，各種關係均係同時決定，並非單方面或具有先後之因果關係。換言之，因素之相對價格、資本密集度以及產品之相對價格；並非先決定因素相對價格，再決定資本密集度以及產品相對價格，或先決定資本密集度，再決定生產因素與產品之相對價格。

第三節　黑克斯與歐林定理

一、黑克斯與歐林定理之基本前提

　　研討黑克斯與歐林定理前，先須瞭解其定理模型之基本前提，如其假設條件與其定理模型之基本前提不符，則所獲之結果不同。茲將其定理之基本前提條件分述如次：

(一)財貨市場與因素市場為完全競爭市場　黑歐（ H-O ）定理模型，係二個國家、二種產品以及二種生產因素之分析模型，且所有財貨與因素市場，　均假設為完全競爭市場，　因此生產因素可以達到最佳配置，　社會可達成充分就業。　其次，　在完全競爭與長期市場均衡之前提下，僅有正常經營之利潤，並無經濟利潤，所以生產成本適等於產品價格，如產品成本不同，則產品價格亦有所差異。

(二)二國兩種產品之生產函數為一次齊次生產函數　此一假設，係在排除規模報酬之影響。至其生產因素之生產力，則完全取決於因素之密集度，而由因素之價格與因素之密集度，決定其產品之單位成本。

(三)二國之生產因素完全同質　此一假設，係為排除二國生產因素生產力之差異，以闡明二國生產函數及生產因素稟賦之差異影響。

(四)二國之因素稟賦固定　每一國家之因素供給數量固定，且其實體存量可以衡量，以此條件，判定其國相對因素稟賦之優劣。

(五)二國同種產品之生產函數相同　如二國之因素稟賦不同，則導致因素相對價格之差別，使二國生產相同產品之因素密集度不同。而在一國之內，由於因素價格相同，致二種產品之因素密集度自然有別。

(六)無因素密集度之逆轉現象發生　產品之生產，係依據相對因素之使用比率，又由於假設二國之生產函數相同，所以二國相同產品之因素密集度歸類，並應相同。

(七)二國之需求型態相同　此一假設，係在排除需求因素對國際貿易之影響，亦即貿易之發生，僅考慮供給面之差異。

上述各項假設，為黑歐定理成立之前提要件，否則，即有不同之結論發生，此亦近代國際貿易研究者對黑歐定理研討之重心。

二、黑歐定理之證明

　　依據黑歐定理解釋，貿易發生原因，在於生產因素稟賦之差異，擁有較多資本國家，其資本因素價格較低，則出口資本密集財。反之，勞動量豐富國家，則出口勞動密集財。至資本充裕與勞動豐富標準如何？一般係在求證黑歐定理時，採價格定義法與實物定義法證明之。

（一）價格定義法：

　　就圖十二分析，X 係代表勞動密集財，甲乙二國對X與Y之生產函數相同，故等產量曲線相同。假設 AA′ 係爲甲國之勞動相對因素價格線，CC′ 爲乙國之勞動相對因素價格線，由於 AA′ 之斜率較 CC′ 爲陡，所以甲國之勞動相對價格(w/i) 比乙國爲高。亦卽依價格定義法，甲國爲資本充裕國家，乙國爲勞動豐富國家。爲證明甲國對 Y 財之生產，是否確較乙國有利，就圖十二而言，在甲國之相對價格斜率下，甲國生產一單位之 X 財，須費 OH 單位之資本，OL 單位之勞動，經以 AA′ 等成本線折算後，生產一單位之 X 財，共費 OA 單位之資本或

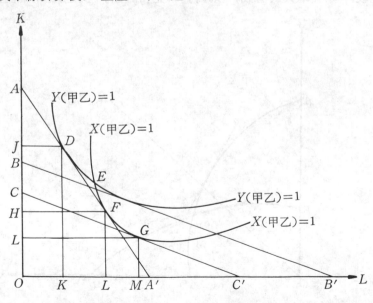

圖十二　價格定義法之 H-O 定理

OA′ 單位之勞動。相同情形，甲國生產一單位之Y財，共費 OA 單位資本或 OA′ 單位之勞動，是以甲國生產 X 與 Y 財之生產成本完全相同。

再以相同之分析方法，分析乙國在其 CC′ 之相對價格斜率下，乙國生產一單位X財之成本，共費 OC 單位資本或 OC′ 單位之勞動。生產一單位 Y 財之成本，共費 OB 單位之資本或 OB′ 單位之勞動。由此可見，在乙國生產一單位之X財較Y財為有利。

基上分析，顯示甲國對Y財具有比較利益，乙國對X財具有比較利益，亦證明甲國由於勞動相對價格較高，而資本則較為充裕，故生產Y財出口。反之，乙國由於勞動資源較為豐富，故生產X財出口。

(二)實物定義法：

以實物為標準，判斷生產因素之豐富條件，以資本勞動之比率加以比較，如資本大於勞動，則為資本充裕國家。反之，則為勞動豐富國

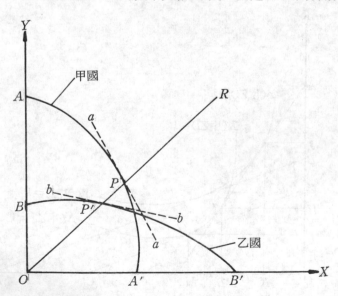

圖十三　實物定義法之 H-O 定理

家。　今假設甲國具有資本充裕條件，　故偏向於生產資本密集財，　此一
情形，若以生產可能曲線圖表示，如圖十三之 AA′ 為甲國生產可能曲
線。乙國之生產可能曲線則為 BB′，X 財為勞動密集財，Y 為資本密
集財。假設兩國生產二種產品之因素投入比率相同，亦卽沿 OR 射線，
生產二種產品，其需求型態相同。甲國在生產可能曲線 AA′ 上之P點
生產，其X財之相對價格比率為 aa 斜率。乙國在 BB′ 生產可能曲線
上之 P′ 點生產，其 X 財之相對價格比率為 bb，因甲國對X財之相對
價格比率較高，生產Y財較為有利。由此可知，甲國為資本充裕國家，
出口為 Y 財。乙國則生產勞動密集之X財出口。

　　實物定義法，未對需求因素加以考慮。　就事實而言，　勞動豐富國
家，並非一定出口勞動密集財，而必須先考慮需求因素對生產方面之影
響，然後再論及財貨之出口。就圖十四分析，AA′ 與 BB′ 分別表示甲
乙二國之生產可能曲線，甲國為資本充裕國家，Y 財為其資本密集財。

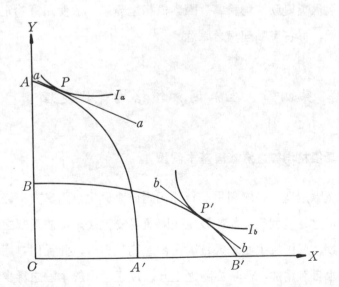

圖十四

如將需求因素加入考慮，I_a 表示甲國之社會無異曲線，I_b 表示乙國之社會無異曲線。由圖中可以發現甲國之生產與需求，皆偏向於Y財，乙國則偏向於X財。在封閉經濟情況下，由 X財相對價格線 aa 之斜率，小於 bb，可知 Y 財在甲國之價格較乙國相對昂貴，兩國如發生貿易交流，甲國將出口X財，乙國將出口Y財。換言之，卽資本充裕之甲國，係出口勞動密集財，而勞動豐富之乙國，係出口資本密集財。但如需求型態變動，黑歐定理之結論，亦隨之改變。因此，根據實物定義法求證黑歐定理，其前提必須假設需求條件爲相同。而價格定義法，則無此局限。

　　基上分析，以價格定義法求證黑歐定理，不需兩國之需求型態相同，但如因素密集度有逆轉現象，則屬例外。

　　實物定義法，僅在供給方面對因素存量之差異，加以考慮，並不計及需求方面之因素。而因素價格發生差異之原因衆多，諸如商品市場與因素市場之供需變動，均將導致因素價格之變動。故使用實物定義法求證較爲客觀，亦符黑歐理論之原意。

第四節　生產因素價格均等化定理

一、因素價格均等之意義與基本假設

　　依據黑歐定理，一國利用其資源相對低廉與生產因素充裕條件，卽可獲得生產之比較利益，而於發生國際貿易交流後，促使兩國之產品價格漸趨一致。又由於生產本國資源充裕之商品出口，此種出口商品之生產因素需求自然增加，價格亦隨之上升。反之，由於本國之稀少生產因素商品進口，此種進口商品之生產因素價格則下降。因而兩國間之二種

生產因素價格，趨於相等。此亦說明生產因素不易於國際間移動，但以生產因素生產為商品後，再代替移動交流，其效果相同。生產因素價格均等化之定理，乃由此而生。惟生產因素價格均等化定理之建立，仍須具有下列假設條件：

(一)僅係兩國二種產品以及二種生產因素之模型。

(二)產品與生產因素市場，均為完全競爭市場。

(三)產品之生產函數相同，且為一次齊次生產函數。

(四)無任何貿易障礙之存在與運輸成本之考慮。

(五)生產之因素同質，且數量固定。

(六)生產因素在國際間完全不能移動，但國內則可完全流動。

(七)無因素密集度之逆轉現象發生。

(八)兩國之需求型態完全相同，且同質不變。

(九)兩國完全專業分工生產。

二、生產因素價格均等化定理之證明

因素價格均等化定理有多種求證方法，此處僅以箱形圖分析之。就圖十五中顯示，X係代表勞動密集財，Y代表資本密集財，貿易未發生前，甲國之生產點為A點，乙國之生產點為E點，就A與E點分析，其勞動相對價格，甲國大於乙國，且其資本密集度，亦為甲國大於乙國。貿易發生交流後，二國之生產點，發生變化，甲國由A點移至B點，乙國則由E點移至F點，兩國之產品相對價格，達成均等（bb線與ff線平行）。依據生產函數相同且為一次齊次之假設，得知兩國之產品相對價格與因素相對價格間，存在一對一之正相關。就X產品而言，兩國分別於B點與F點達到均衡，其等產量曲線之切線斜率與因素密集度相同，故二國X產品之生產因素相對價格相同。同理，Y產品於B點與F

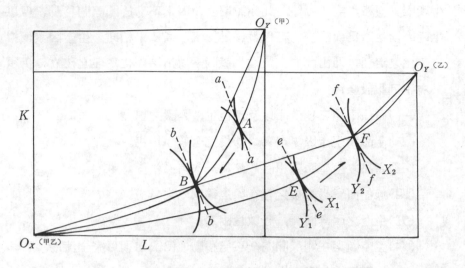

圖十五 因素價格均等化定理

點之相對價格均等。亦卽甲乙二國生產因素之相對價格均等。

　　就圖十五分析，兩國二種產品於B與F點之因素密集度相同，（亦卽 甲 k_x＝乙 k_x，甲 k_Y＝乙 k_Y），此在生產函數相同與一次齊次之前提下，兩國生產X財與Y財之邊際生產力達於均等。（亦卽甲 MP_{Lx}＝乙 MP_{Lx}，甲 MP_{kx}＝乙 MP_{kx}，甲MP_{LY}＝乙MP_{LY}，甲 MP_{kY}＝乙 MP_{kY}）。在完全競爭情況下，因素報酬等於其邊際生產力與產品價格之乘積，（亦卽$w＝MP_L·P$，$i＝MP_K·P$）。就甲國或乙國而言，其X產品之貨幣工資報酬，分別爲甲 w_x＝甲$MP_{Lx}·$甲P_x＝乙$MP_{Lx}·$乙 P_x。國際貿易交流後，甲 P_x＝乙 P_x，甲 MP_{Lx}＝乙 MP_{Lx}，所以甲 w_x＝乙 w_x。同理，甲 w_Y＝乙 w_Y，甲 w＝乙 w。由此可知貿易自由交流後，不但可使兩國因素相對價格均等，且其絕對價格，亦可達成均等。

　　生產因素價格均等化之定理,雖可以黑歐之基本模型予以求證解釋,

但事實上，在現實國際上之實際運用，殊難與理論上之結論一致。是以生產因素價格均等化之定理，實為貿易自由化原則下之規範性（Normative）理念，其目的在追求生產因素之運用與資源之配置效率，能達到柏拉圖之最適境界。

第五節　黑克斯與歐林定理之研證

黑、歐定理，乃探討國際貿易發生之理論模型，經濟學家多對其模型定理，進行實證研究，美國經濟學者李昂替夫（W, Leontief），曾於 1947 年以美國之投入產出表（Input-Output Table）分析。發現美國生產一百萬美元之輸出品與進口替代品中，其輸出品之資本密集度低於進口替代品，顯示美國之出口為勞動密集財，進口為資本密集財。此與一般均認為美國為資本充裕國家之觀念不相一致。此一現象，即所謂「李昂替夫矛盾」（Leontief's Paradox）。

李昂替夫之求證結果，雖與黑、歐定理逕庭，惟黑、歐理論係建立於嚴謹之假設與周延之推理，雖有李昂替夫矛盾問題，學者暨李氏本人仍致力於黑、歐理論之調和解說。歸納各方學者之調和論點，計提出下列之解釋：

(一)美國工人生產力較高

李昂替夫認為美國工人之生產力較他國為高，其比率約為他國之三倍。因此，美國當時勞動之稟賦，雖僅有六千五百萬人，如以三倍乘之，則為一億九千五百萬人，致使美國變為勞動豐富之國家。至美國工人生產力高之原因，則釋以具有良好企業精神、企業組織、管理技術以及生產環境所致。此項解釋之理由，如確能提高工人之生產力，則更可提高其資本之生產效率，故學者對此解說，不表接受。

(二)美國工人較具技術性

美國由於重視研究發展，大部分產品均為高科技產品，此種產品需要大量技術工人投入，因而導致出口其技術勞動密集之產品。研究發展實為一種無形資本，如將技術勞動之所得，加以利率折算為資本，則美國實際出口係為資本密集財。此點尚能符合黑、歐定理。

(三)貿易障礙之影響

黑、歐定理，建立於完全競爭與自由貿易之條件上，並假定國際之間全無人為之貿易障礙。事實並非如此，就當時美國而言，即側重於勞動密集產業之保護，排斥國外勞動密集財貨之進口，亦因而使 1947 年投入產出表之進口替代品之資本密集財相對提高。

(四)因素密集度之逆轉現象

黑、歐模型之基本假設之一，係沒有因素密集度之逆轉現象。如有此現象發生，則必導致二國之貿易方向改變。事實上，於 1961 年美國之亞樂（K.J. Arrow）、陳納利（H.B. Chenery）、米黑斯（B.S. Minhas）以及施諾（R.M. Solow）等四位學者，曾以固定代替彈性之生產函數，作實證研究，發現產業間之因素替代彈性，存有很大之差異，故常發生因素密集度之逆轉現象，此為造成李昂替夫矛盾現象之主要原因之一。

(五)兩國需求型態不同

黑、歐定理，係假定兩國需求型態相同，惟事實上，各國之需求型態並非完全一致，因之各種產業對生產因素之需求，亦常發生變動，進而影響因素相對價格與產品相對價格隨之變動，兩國之貿易方向自亦有所轉變。致原為資本充裕國家，轉為出口勞動密集財，勞動豐富國家，出口資本密集財之現象。但如依照前述之價格定義法，黑歐定理，並不受需求型態影響，則亦不發生李昂替夫矛盾現象。

(六)兩國生產函數不同

李昂替夫係以兩國勞動不同,闡明其矛盾現象。由於生產技術改變,致使兩國生產函數變動,亦爲李昂替夫矛盾現象發生之原因。

(七)生產因素不僅二種

黑、歐理論係假定生產因素僅勞動與資本二種,但實際之生產因素投入不僅二種,當有二種以上之生產因素時,即與假定不符或有矛盾現象發生。

第六節　國際貿易之現代需求面理論

前此國際貿易理論之闡述,均以供給面探討國際貿易之發生,惟國際貿易之發生,亦可就需要面加以分析,瑞典經濟學者林達(Linder)認爲黑歐定理,雖可解釋農業與工業國家間之貿易方向,但不能說明西歐工業國家間之貿易狀況,故在其所著《*An Essay on Trade and Transformation*》一書中,認爲黑歐理論能說明農產品之貿易,無法說明工業產品之貿易。且僅能發生於兩國間需要型態相同之國家。易言之,如兩國間之需要型態不同,即難發生貿易交流。

林達認爲在任何國家,社會各階層之所得水準均不相同,其對產品之品質要求,自有所差別。在其他條件不變前提下,對同一產品之品質需求,因所得之高低而不同。所得水準高之國家,需要較高品質之商品,反之,則對商品品質要求較低。

林達理論可以圖十六說明,圖中橫軸代表每人所得 (Per Capita Income) 之水準高低,愈往右邊所得水準愈高。縱軸則代表工業產品品質之高低,愈往上方代表品質愈高,往下則相反。由圖示可知所得水準與商品品質呈正相關,Oα 線表示各國所得水準最高階層對工業產品

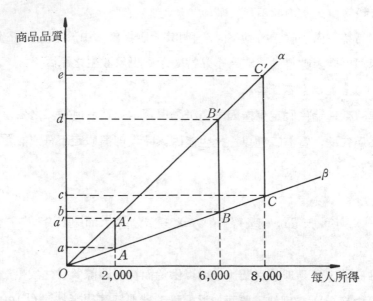

圖十六　林達之需求面貿易理論

品質需求之上限， Oβ 線則爲最低階層對產品品質之最低需求下限。
A、B、C則分別表示三種不同所得水準之國家，其中以C國之所得水
準最高，每人所得爲八千元，A國最低，每人僅二千元，可知各國對產
品品質之需求需要，必位於 Oα 與 Oβ 線之間， 亦卽A國爲 AA′ 線
段， B國與C國爲 BB′、CC′ 線段， 如高於或低於此線段，則表示對
產品爲無需要。就A、B、C三國而言，A國所需要工業品之品質位於
aa′， B國位於 bd， C國位於 ce， 其中B國與C國重複之線段爲 cd，
表示B國與C國對此階段之產品互有需要，所以B國與C國間之貿易，
必落在品質爲 cd 間之工業產品。反之， C國 de 階段之產品，係超過
B國最高品質之上限，對B國而言，在其現有六千美元之所得水準下，
其需求無法達成。而B國 bc 階段之產品，由於其品質低於C國最低水
準，對C國而言，亦爲無需求階段。相同情形，A國之所得水準較低，

其最高品質之上限要求，皆無法達到B國與C國之最低標準，所以A國生產之產品，由於品質過低，B國與C國均不需求。而B國與C國生產之產品，A國則認為價格過高，無力承購。因之，A國與B、C國家間，均難發生貿易關係。

林達之貿易理論，側重於工業國家間之貿易關係分析，對工業國家與農業國家之貿易問題，則不及黑、歐理論之深入。

第七節　李嘉圖與黑歐定理之比較

古典學派李嘉圖之貿易理論與黑、歐定理比較分析，其差別之處為：

一、李嘉圖之理論認為國際貿易之發生，係由於兩國生產函數方法不同，產生比較成本之差異。而黑、歐理論，則認為兩國生產成本之比較差異，係由於兩國生產因素之稟賦不一所致成。因此，黑歐理論，係將貿易之方向與一國之經濟結構併為討論，李嘉圖則僅就生產函數之不同方面研討。

二、李嘉圖僅考慮供給面之條件，忽略需求面之因素。黑、歐理論雖亦重視供給面之分析，但亦考慮需求因素之影響。因此，黑、歐理論模型，一方面吸收李嘉圖之比較成本法則，一方面亦考慮到彌爾之相互需求因素。

三、李嘉圖僅有考慮勞動單一生產因素，黑、歐則考慮資本與勞動二種之生產因素。故已具有機會成本理論之先驅觀念，將所有生產因素納入供給面分析。

四、李嘉圖依據勞動價值說觀點，解釋貿易之方向，其結果為貿易交流後，兩國之生產，完全趨向專業化。而黑歐理論，依據因

素稟賦之不同，決定其貿易之方向，除非有特殊之情況（卽因素同質、一次齊次生產函數以及二種產品因素密集度相同），不可能完全生產專業化。

五、李嘉圖認為有比較利益存在，卽決定貿易之方向；黑、歐定理由於考慮需求因素，認為貿易方向，係隨因素需求之逆轉，因素密集度之逆轉以及產品需求之逆轉等情況而有所改變。

第七章　國際貿易之一般均衡分析

　　一般均衡貿易分析，常以經濟學者開斯爾 (G. Cassel) 之價格理論為基礎，將貿易之現象，以價格形成之要素說明之。歐林運用價格理論，自國內單一市場之商品價格分析為出發點，進而擴張至多數市場商品價格之分析，亦卽運用價格理論，以對國內外商品價格提出共同之解釋。認為一國國內單一市場價格之形成，係由：

　　(一)消費者之所得，構成對商品之需求。

　　(二)由商品之供需，決定其商品之價格。

　　(三)生產因素之配合與生產因素之價格，決定其商品之供給。

　　(四)生產因素之邊際生產力與對生產因素之需求，決定其生產因素
　　　　之價格。

　　(五)所得決定對生產因素之需求。

　　基於所述決定價格之循環過程觀之，所有因素，於此程序過程之中，係彼此相互決定，同時決定，無任何一因素，可以享有優先之地位，有似鋼球一盞，每一鋼球之地位，均決定於其他鋼球之地位。此種價格理論之解釋，以相互影響，相互決定為其特質，故稱之為一般均衡理論。亦卽均衡貿易學者所持「一切依賴一切」(Everything depends upon everything else)與「相互依存」(Mutual Interdependence)

之理論精義所在。

就一國國內之單一市場而言，如各項生產因素可以完全自由移動，而不考慮移動費用時，則各種產品之價格應為統一，各種生產因素用為各種生產時之報酬亦為相等，但在事實上，一國之內，不可能僅此同性質之單一市場，所有商品均在此生產交換，而國內各地區內之生產因素，受各種原因之限制，亦不可能完全自由移動。因此，在一國國內各地區之間，多為利用所具有之生產因素，從事適當有利之生產，以進行商品之交換，亦即以間接移轉商品之方式，以代其生產因素之移動，實現其不同地區間生產因素之組合適宜與價格均衡。此種情形，適於國內貿易現象之解釋，亦適於國際貿易現象之解釋。由此可知商品移動，係在補救生產因素移動之不易，以消除不同地區間或國際間因生產因素分配不均所發生之不利，此種不利因素之消除與有利商品之生產增加，然後再進行貿易上之交流，即發生不同地區間或國際間之貿易利益。

國際貿易之一般均衡分析，除可從前述之生產可能曲線與社會無異曲線研討外，亦可應用一般之供需曲線討論，而普遍應用且較簡單者，則為提供曲線。就此二種分析方法分述如下。

第一節　一般供需曲線之均衡分析

應用一般供需曲線分析均衡情況，係先以生產可能曲線導出供給曲線，再以社會無異曲線導出社會需求曲線。因此，供需曲線之分析，實乃生產可能曲線與社會無異曲線分析之一體兩面。就圖一分析，於自由競爭之市場，甲乙二國商品之均衡，均由供需情形決定。就 Y 財貨而言，左圖表示甲國之供需曲線，右圖表示乙國之供需曲線。貿易發生前，甲國Y財之均衡價格為 OP，乙國之均衡價格為 OP′，則 OP 大於

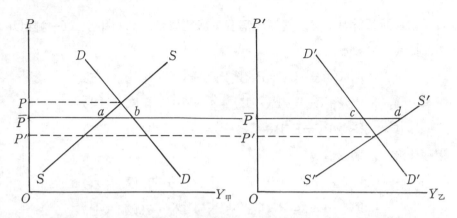

圖一　供需曲線之均衡分析

OP′（此假定固定滙率，並能將兩國不同之貨幣單位，換算成共同之貨幣單位，且P爲Y財與X財之相對價格比）。因此，甲國對Y財之需求強烈，進口Y財，其Y財相對價格下降，乙國則出口Y財，其相對價格上升，最後二國之價格達成均衡價格。又甲國之進口量 ab 必等於乙國之出口量 cd，亦卽甲國之超額需要量，等於乙國之超額供給量。故在 $\overline{OP}$ 之均衡價格水準下，全世界市場之Y財獲得均衡，同理，亦可求得X財之均衡價格與供需量。

　　其次，一般均衡理論，認爲某一財貨在一定價格水準下，獲得均衡時，則另一種財貨，亦必同時自動達成均衡。其推論假設爲：二國二種財貨在一定價格水準之下，如不考慮儲蓄，則消費者所有消費支出總額，必等於其所得總額。所得全部用於購買二種財貨，則二國對X財與Y財之支出與所得水準，可列式如下：

$$P_1 C_X + P_2 C_Y = P_1 P_X + P_2 P_Y \cdots\cdots\cdots\cdots\text{甲國（一）}$$

$$P'_1 C'_X + P_2' C_Y' = P_1' P_X' + P_2' P_Y' \cdots\text{乙國（二）}$$

　　其中 P_1、P_2、C_X、C_Y、P_X 以及 P_Y，分別表示甲國對X財與Y財之價格、消費量與需要量。P_1'、P_2'、C_X'、C_Y'、P_X' 以及 P_Y'，

表示乙國對X財與Y財之價格、消費量與需要量。茲將甲國式（一）除以 P_2，則式（一）變爲：

$$P_1/P_2C_X + C_Y = P_1/P_2P_X + P_Y \quad \cdots 甲國 \quad （三）$$

$$PC_X + C_Y = PP_X + P_Y \quad \cdots\cdots\cdots\cdots 甲國 \quad （四）$$

$$C_Y - P_Y = P(P_X - C_X) \quad \cdots\cdots\cdots 甲國 \quad （五）$$

相同情形，乙國亦變爲：

$$P'C_X' + C_Y' = P'P_X' + P_Y' \quad \cdots\cdots 乙國 \quad （六）$$

$$P_Y' - C_Y' = P'(C_X' - P_X') \quad \cdots\cdots 乙國 \quad （七）$$

由式（五）與（七）得知： $C_Y - P_Y$ 表示甲國對於 Y 財之進口數量，$P_Y' - C_Y'$ 表示乙國對於Y財之出口數量。由圖二得知 ab＝cd，所以 $C_Y - P_Y = P_Y' - C_Y'$，因此，$P(P_X - C_X) = P'(C_X' - P_X')$。而相對價格P與P'，經二國貿易交流後，趨於一致。由於 $P_X - C_X = C_X' - P_X'$，故甲國X財之出口量，必等於乙國X財之進口量。如市場上僅有二種財貨，則其中一種財貨達到均衡時，另一種財貨市場亦將同時獲得均衡。此爲一般均衡僅考慮一種產品市場之均衡，不必二者同時討論之原因所在。此項觀念，亦稱華勒斯（Walras）定理。

第二節　提供曲線

一、提供曲線之導出

提供曲線，係將國際貿易之供給因素與需求因素，予以融合分析。對於提供曲線之導出，有多種方式，其中以米德（J. E. Meade）在其 1952 年發表之國際貿易幾何圖解 (Geometry of International Trade)一書中之分析方法，較爲完整，一般稱爲「米德技巧」(Meade's

Technique)。其主要導出步驟爲:

(一)貿易無異曲線 (Trade Indifference Curve)

在封閉之經濟體系下，生產者與消費者之均衡條件，係生產之邊際轉換率等於消費之邊際代替率，且等於產品之相對價格比率。如圖二所示，E 點爲自給自足下之均衡點，OAB 稱爲生產方塊（Production Block），CIC_0 爲社會無異曲線，代表一定之實質所得水準。順沿 CIC_0 線將整個生產方塊 OAB 上下滑動，並與 CIC_0 保持相切，且其二軸（OA 與 OB）與橫軸（E_X 與 M_X）縱軸（E_Y 與 M_Y）相互平行；其原點O，亦隨之移至 O_1 與 O_2 各點，連接O、O_1 與 O_2 各點之軌跡，則獲得貿易無異曲線 $S_0 S_0$。因此，所謂貿易無異曲線，即爲在一定之實質所得水準下，各種可能進出口數量之組合。

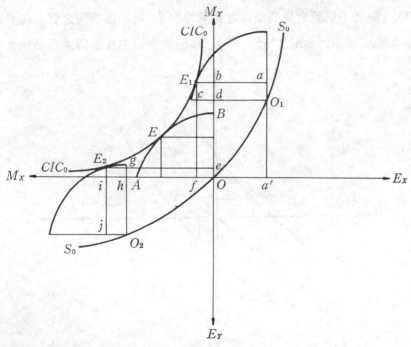

圖二　貿易無異曲線圖

　　生產方塊與一定之社會無異曲線相切，表示國際貿易之情形，如圖中之 E 點切點，表示自給自足，不發生國際貿易交流。如切於 E_1 點，則為 X 財貨生產為 aE_1，Y 財貨為 cE_1，依據圖中之社會無異曲線顯示，其必須消費之 X 財為 E_1b，Y 財為 E_1f。就 X 財而言，生產量大於消費量，其超額供給為 ab，必須出口。就 Y 財貨而言，其需要量大於生產量，其超額需求為 fc，必須進口。此種情形，若以貿易無異曲線 S_0S_0 觀之，則 O_1 點表示出口 Oa' 單位之 X 財，進口 O_1a' 單位之 Y 財，此可說明貿易無異曲線，係在一定之所得水準下，表示各種可能進出口數量之組合軌跡。圖中 O、O_1 與 O_2 所代表之實質所得水準相同，但貿易型態則有所差異。

　　又如社會無異曲線向左上方或右下方平行移動，則在相同之生產方塊下，與各不同社會無異曲線之相切之點，可求出不同之貿易無異曲線。如圖三所示，S_0S_0、S_1S_1 與 S_2S_2 分別表示三條不同之貿易無異曲

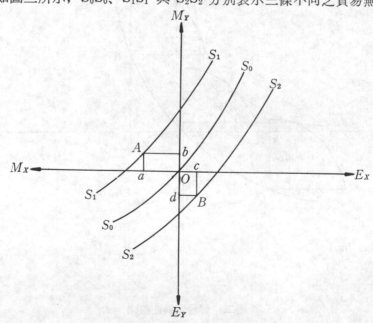

圖三　貿易無異曲線組

線，其中 S_1S_1 係生產方塊與左上方之社會無異曲線相切，其所示之貿易無異曲線，係代表較高之所得水準（社會無異曲線之高低，卽代表所得水準之高低）。因此，愈往左上方之貿易無異曲線，其實質之所得水準愈高，所以 S_1S_1 大於 S_0S_0、大於 S_2S_2。惟未通過原點O之貿易無異曲線，可能出現兩種財貨均須進口或出口之現象，如就A點而言，則X財貨與Y財貨皆需進口，而B點則二種財貨均需出口。

（二）貿易無異曲線之斜率

由於貿易無異曲線上之任何一點，均爲生產可能方塊之原點，可以證明其切線之斜率以及所對應之生產方塊與社會無異曲線相切點之切線斜率均爲相同，如圖四所示，通過 R 點（或 P 點）之切線斜率與通過 O_1 點（或 O_2 點）之切線斜率相同。R點或P點之切線斜率，表示二種產品之邊際代替率等於其邊際轉換率，O_1 與 O_2 點之切線斜率，表示

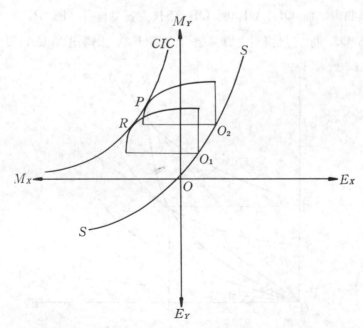

圖四　貿易無異曲線之斜率

其邊際輸入代替率 (Marginal Rate of Export-Import Substitution)。 所以生產可能曲線、社會無異曲線以及貿易無異曲線間之斜線斜率均爲相同。亦即表示二種產品之邊際代替率，等於邊際轉換率、等於邊際輸出入代替率，亦等於二種產品之相對價格比率。

(三)提供曲線之導出

基上分析，可知各種可能貿易條件與貿易無異曲線相切之點之軌跡，即爲提供曲線 (Offer Curve)。 亦指在不同之貿易條件下，一國爲滿足進口財貨之需要，所願提供出口財貨數量之各種組合。亦即一國爲達到其一定所得或福祉之水準，在不同貿易之條件下，願意以出口財貨換取進口財貨數量之軌跡。至由貿易無異曲線所導出之提供曲線，以圖五說明如下：

圖五中之 S_0S_0、S_1S_1 與 S_2S_2，係代表各種不同實質所得水準之貿易無異曲線，而 Of_0、Of_1 與 Of_2 係代表貿易條件 (P_X/P_Y)。當貿易條件爲 Of_1 時， 最適當之貿易組合點爲 F_1，本國出口 OA 單位之X

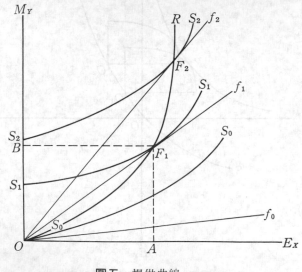

圖五 提供曲線

財，換取 OB 單位之Y財。相同情形，貿易條件為 Of_2 時，最適當之組合點為 F_2。貿易條件為 Of_0 時，與貿易無異曲線在原點 O 相切，表示在此貿易條件下，不能發生貿易交流，係屬自給自足之經濟體系。隨貿易條件之變動，可求得與貿易無異曲線相切之點。如圖中之 O、F、與 F_1 各點連線之 OR，即為提供曲線。同理，亦可求出外國之提供曲線（如圖六之 OR'）。

第三節　提供曲線之均衡分析

提供曲線之一般均衡，係指本國與外國之提供曲線相交時所決定之貿易條件，亦即均衡之國際貿易條件。就圖六所示，本國提供曲線 OR 與外國提供曲線 OR' 相交於 E 點，貿易條件為通過 E 點之 TOT 直

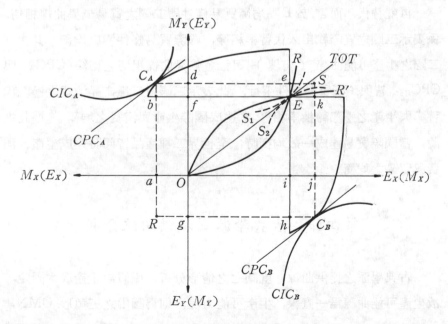

圖六　提供曲線之均衡

線，就 E 點而言，兩國分別具有一條貿易無異曲線 S_1、S_2 與 TOT 直線相切，其社會無異曲線分別為 CIC_A 與 CIC_B，消費均衡點為 C_A 與 C_B。本國生產 $C_A e$（等於 bE、等於 ai）之 X 財及 $C_A b$（等於 df）之 Y 財，消費則為 $C_A d$（等於 bf 與 aO）之 Y 財與 $C_A a$（等於 dO）之 Y 財，因此，可提供多餘 X 財 fE（等於 Oi），但 Y 財則不敷需求為 ab（等於 Of）；外國之消費均衡點為 C_B，生產 $C_B k$（等於 gf）之 Y 財及 $C_B h$（等於 ij）之 X 財，而消費則為 $C_B g$（等於 Oj）之 X 財與 $C_B j$（等於 Og）之 Y 財，外國對 X 財尚不敷需求之數為 gh（等於 Oi），對 Y 財則有多餘可供提供數為 kj（等於 Of）。從而可知，在貿易條件為 TOT 下，本國對 X 財之供給（Oi）等於外國對 X 財之需求（Oi），本國對 Y 財之需求（Of）等於外國對 Y 財之供給（Of）。二國間二種產品之進出口數量達成均等，亦即國際貿易達成均衡。

　　再就替代率而言，於 E 點均衡貿易條件與二國之貿易無異曲線相切，係表示二國之邊際輸出入代替率相等，國際貿易條件達成均衡。其次，二國之生產可能曲線（方塊）與社會無異曲線相切之切線 CPC_A 與 CPC_B，皆與均衡貿易條件平行，此表示二國對二種產品消費之邊際代替率與生產之邊際轉換率相等，達成國際生產與消費之均衡。準此推論，當國際貿易達成一般均衡時，全世界二種產品皆同時達成生產、消費與貿易之均衡。

第四節　古典學派之提供曲線分析

　　古典學派之提供曲線，就圖七之情形分析，係假設生產成本固定，故生產可能曲線為一直線，生產可能方塊，則為圖中之三角形 OMN，參照前述分析，將生產可能方塊沿隨社會無異曲線 CIC_0 移動，其切點

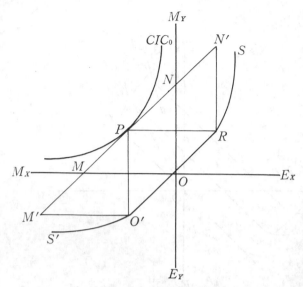

圖七　固定成本之貿易無異曲線

不變，維持與原點 O 之切點 P。如 O′R 與 M′N′ 平行，同時 O′R=
MN, PM=OR, PN=OO′，　生產可能方塊端點 M 點或 N 點與 CIC₀
相切後，則社會無異曲線上之 RS 與 O′S′ 部分成為曲線，而 RS 與
OS′ 線段部分，係與社會無異曲線相平行，　此部分之曲線，　表示其國
完全專業生產之財貨，直線 O′R 部分，表示其國仍同時生產 X 與 Y 之
財貨。

　　相同情形，　亦可由一羣貿易無異曲線，　導出提供曲線，　如圖八所
示，圖中有三條貿易無異曲線 S₀、S₁、S₂，三線與貿易條件之切點為
A、B、C，　將各切點連結，即為提供曲線 OABC。　由於李嘉圖之比
較利益理論，未考慮需要面，以致二種商品之貿易條件無法確定。現用
提供曲線分析，則可決定貿易條件。如圖九所示，本國提供曲線為OR，
外國為 OR′，其均衡點為 OR 與 OR′ 之交點 E，貿易條件則為 TOT
直線。此時二國均完全專業生產某一財貨。

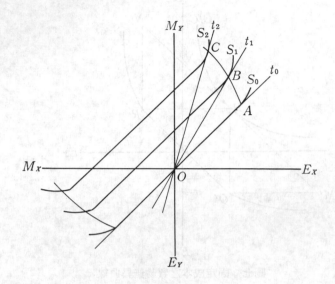

圖八　固定成本之提供曲線

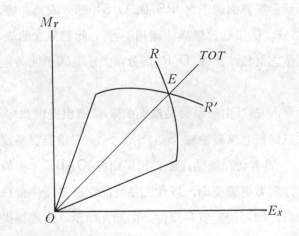

圖九　固定成本之均衡分析

本篇參考書目

1. A. Marshall, *The Pure Theory of Foreign Trade,* 1930.

2. Adam Smith, *Wealth of Nations,* Chapter 1,2, 1776.

3. B. Ohlin, *Interregional and International Trade,* Parts 1,2, 1952.

4. C.F. Bastable, *The Theory of International Trade,* 1903.

5. C.P. Kindleberger, *International Economics,* Part II, Chapters 5,6, 1958.

6. D.A. Snider, *Introduction to International Economics,* Part I, 1958.

7. D.A. Snider, *Introduction to International Economics,* 1972.

8. F.D. Graham, *Theory of International Values,* Parts 1,2, 1948.

9. F.W. Taussig, *International Trade,* Chapters 1-10, 1927.

10. G.V. Haberler, *The Theory of International Trade,* Chapter 9, 1954.

11. H.R. Heller, *International Trade Theory and Empirical Evidence,* 1984.

12. J.B. Condliffe, *Commerce of Nations,* Chapters 2,3, 1950.

13. J.E. Cairnes, *Some Leading Principles of Political Economy,* 1847.

14. J.S. Mill, *Principles of Political Economy,* Part 3, 1848.

15. J.Viner, *Studies in the Theory of International Trade*, 1937.

16. Miltiades, Chacholiades, *International Trade Theory and Policy*, 1978.

17. P.H. Lindert & C.P. Kindleberger, *International Economics*, 1983.

18. P.T. Ellsworth, *The International Economy*, Chapters 1-6, 10-13, 1958.

19. P.T. Ellsworth, *International Economics*, Chapters 4,5,6,7, 1958.

20. P.V. Horn, *Foreign Trade Principle and Practice*, Parts 1,2, 1962.

21. R.F. Harrod, *International Economics*, 1963.

22. 白俊男，《國際經濟學》，1979年。

23. 李穎吾，《國際貿易》，1983年。

24. 周宜魁，《國際貿易理論與政策》，1986年 。

25. 黃智輝，《國際經濟學》，1980年。

26. 楊樹人，《國際貿易理論與政策》。

27. 劉純白，《國際貿易》。

28. 歐陽勛、黃仁德，《國際貿易理論與政策》，1983年。

第 二 篇
國 際 貿 易 政 策

第一章　保護貿易政策理論

第一節　保護貿易政策理論(Protectionism)之發生

　　自十八世紀初葉開始，至十九世紀中葉爲止，爲自由貿易學說之盛行時期，當時眞正能實行自由貿易者，僅英國一國，其他如美、法諸國，因經濟發展較爲落後，均反對自由貿易學說，而實行保護措施，於是保護貿易之理論，亦隨之而產生。諸如法國學者賽伊(Louis Say)，費理爾 (Ferier)，德國學者李斯特 (F. List)，魯奧 (Rau)，赫爾曼 (Harmann)，美國學者漢麥登 (Hamilton)，雷蒙 (Raymond) 等，對自由貿易學說，均表示懷疑或反對，而對保護貿易理論予以啓發。

　　由於世界各國經濟發展情形不同，經濟發展先進國家，可以將大量工業成品銷售國外，而經濟發展落後國家，其生產能力與貿易能力，自不能與經濟發展之先進國家相提並論，如實施自由貿易，將阻碍其經濟發展，使生產事業永久停滯於幼稚階段。

　　反之，如世界各國之經濟發展情形相同，則自由貿易當可改進人類物質生活，否則，自由貿易卽成爲先進國家保持優越利益及壓制落後國家發展之經濟武器。如欲自由貿易之利益，公平合理分配於世界各國，

則經濟落後國家，在一定期間之實行保護貿易，乃理所當然。保護貿易之理論，並非完全否定自由貿易之優點，其目的在使經濟落後之國家，能獲得發展工業機會，然後能以平等地位，與工業先進國家共享自由貿易之利益。

第二節 保護貿易政策理論之派別

保護貿易政策之理論，係根據其各國時代環境之需要，以決定其保護之目的，而由於保護貿易之目的不同，故在保護理論方面，亦有不同之派別：

一、保護幼稚工業理論 (The Protection for Infant Industry)

為保護本國之新興幼稚工業，免受外國同種工業之優勢競爭，實施關稅重課方法，以達成其保護之目的。德國之李斯特 (List)，美國之漢麥登 (Hamilton) 均主張之。渠等認為當一國工業尚在幼稚時代，如不採取保護措施，以阻止外國貨品在本國市場之競爭時，則無人願意投資此類工業，而本國之此類工業，亦永無發展之可能。唯一俟國內工業充分發展後，則其所為之保護措施，應即解除。

二、鞏固國防之保護理論(The Protection for National Defense)

自由貿易係建立於國際分工之基礎之上，各國之間以其所有，易其所無，此種相互依存之經濟關係，在平時固可，但一遇國際戰爭發生，則將無法繼續。於第一次世界大戰以後，很多國家基於戰時經驗之教訓，為謀於戰爭發生時，一切必需品能自給自足，不因經濟上之關係而影響國防，逐對國內之許多基本產業，予以實施保護。凡一切製造工業，動力事業，農業等均在保護之列，故其範圍，遠較保護幼稚工業為廣。此種對一切基本產業實施保護之主張，全係基於國防上之需要，以

自第一次世界大戰以後，國際和平之基礎未能奠定，各國爲其國防上之安全，不得不實施違反經濟原則之保護政策，以犧牲國際分工之利益。

三、增加財政收入及課稅平衡之理論 (Increasing the Revenue and Balance the Taxation)

實施保護貿易之方法，多爲對進口商品征收高額之進口關稅，如此，不但一方面可以保護本國之生產，同時亦可增加財政上之收入，因之，進口關稅用以保護本國之生產事業時，則爲保護關稅，用之於增加財政收入時，則爲財政關稅。其次，則爲一國之國內產品，如有在國內征收消費稅，爲保持課稅之平衡，則對同類貨品之進口，必須課征進口稅，否則卽形成對國外之同類貨品生產者予以特惠，而對本國生產者予以打擊。

四、保護就業工資水準之理論 (Protection the Employment and High Wages)

實施保護關稅以後，進口貨品因而減少，致國內之工業產品需要激增，因而就業之機會增加，而失業之機會減少。其次則爲工業發展較早或工資較高之國家，常認爲生活程度較低之國家，因工資低廉之故，其出品之成本必低，如任其貨品自由進口，則本國貨品，將難與之競爭，其結果必使本國之較高工資及生活水準不能維持，故須實施保護關稅以保護之。此種保護就業與工資水準之理論，爲美國實施保護關稅所持之理由。

五、保護建立國內市場之理論 (Protection the Home Market)

商品之銷售市場，可分爲國內市場與國外市場，國內市場較爲穩定，國外市場則較多變化，故一國之產品，應以本國國內之市場銷售爲主，以國外市場爲其補助銷售之市場，以免因國際市場情形之變化，而受其重大影響。爲保護本國之產品暢銷於國內之市場，必須以保護關稅之方

法，以防止其國外商品之侵入。

六、保護國內購買力增加之理論 (Protection the Home Purchase Increasing)

此項之主張有二，一爲主張保護農業，一爲主張保護工業。主張保護農業者，認爲保護農業，可以提高農產品價格及增加農人之收入，收入增加之結果，則農村購買力增加，可購進大量之工業製品。主張保護工業者，認爲保護工業，可提高工業製品價格及增加資本主、企業家及工人之收入。收入增加之結果，則爲購買力之增加，因而可大量購置農產品。

七、保護改善國際收支之理論 (Protection the Balance of International Payments)

國際收支之類別甚多，但其中以貿易之收入爲其主幹，爲改善國際收支之平衡，則必須先自改善國際貿易之收支開始，而改善國際貿易之收支，則爲增加輸出，減少輸入。爲達成減少輸入之目的，征收進口關稅，卽可限制輸入。此種情形之下，對進口商品之課稅，雖以改善國際收入爲目的，但其結果，亦爲保護本國之生產。

八、保護本國經濟不受外國經濟變動影響之理論 （Protection the Home Economical Settlement)

由於國際貿易之發展，各國相互間之經濟關係，日益密切，但其中如一國經濟發生重大變動，常能迅速影響其他國家之經濟。例如經濟恐慌之情形，常能由一國而波及全世界，爲避免本國經濟受牽連波動之影響，則以保護貿易爲工具，以暫時中斷貿易關係，確保一國之經濟安定。

九、保護國內生產力之適當分配理論(Protection the Home Production Distribution)

　　此種保護之目的，多爲農業生產國家，通常依賴輸出農業品，以維持其經濟，此種國家，如遇國際市場農產品價格暴跌，或農產品之需要驟然減少，則其國內經濟，隨之發生搖動，爲避免是種危險，乃將國內生產力不集中於農業生產，而將一部份運用於工業生產方面。因此，國內之經濟，可由一部份工業支持之。爲減輕農業之比重，發展工業之生產，使生產力有適當之分配，則須實施保護。

十、防止外貨傾銷之理論（Anti-Dumping）

　　外國商品於其國內之銷售價格，如較在輸入國之銷售價格爲高時，通常此種商品，係認爲爲傾銷商品，當一國發現外國商品對本國實施傾銷之時，常對是種商品征收進口關稅，以提高其在本國銷售之價格，以防本國之生產事業遭受打擊。此種之進口關稅，謂之反傾銷關稅。是項反傾銷關稅之征收，應事先確定是種外來商品，是否係眞正傾銷商品，因爲有時由於兩國交易條件之不同及商品品質之差異，同種商品之價格，在兩國之市場，可能有高低之差別，故對國外市場之買賣習慣以及商品之供需情形，須予詳爲調查，然後確定是否眞正之傾銷商品，再據以決定應否課征。

第三節　李斯特之保護貿易政策理論

　　李斯特保護貿易政策理論之啓發，半爲受先進保護學說之影響，半爲受當時美、法等國之保護關稅制度及德國內部經濟情況之影響。美國之工業發達，遠較英國落後，故實施保護關稅制度，限制英國商品輸入，以保護本國之幼稚工業。法國自十八世紀末葉，對英國商品，亦實施保護關稅政策。當時德國國內，尚未全部統一，各邦各自爲政，境內關卡林立，其經濟發展情況，尚滯留於「農業製造」時代，如不實施保

護政策, 勢將成爲英國商品傾銷之地。 同時李斯特認爲當時德國之國土、富源以及人民之勤勞, 頗與美國相似, 如欲經濟有似美國之發展, 則必需仿照美國, 採取保護貿易制度。

李氏之保護貿易理論, 係以歷史比較證實方法, 以建立其理論之基礎, 其重點分經濟發展階次、國民經濟觀念、保護貿易原則, 以及生產力學說, 玆分述如下:

一、經濟發展階次

世界各國經濟之發展, 李氏將其劃分爲五個階段, 用以作爲實施自由貿易或保護貿易之依據: (1)原始狩獵時期; (2)畜牧時期; (3)農業時期; (4)農業製造時期; (5)農業製造及工商業時期。一國之經濟發展, 如達到農業製造與工商業時期, 始可實行自由貿易, 如尙在農業製造時期, 則本國之工業不能與已發展成熟之工業國家競爭, 須以國家權力, 先實施保護政策。李氏依據所定經濟發展之階段, 認爲當時能實施自由貿易者, 僅有英國。法國介於第四階段與第五階段之間, 僅能試行自由貿易, 而美、德國家之產業經濟, 屬於第四階段, 故須實施保護貿易政策。

二、國民經濟觀念

李斯特對亞當史密斯所倡導之世界經濟理論, 認爲未考慮經濟發展之情形, 僅注重財貨之交換, 以增進人類之福利, 而對落後國家之經濟發展問題, 則未予注意, 因而倡導國民經濟, 目的在使特定國家之國民, 依據其固有之特性, 參酌世界情勢及國內之特殊情形, 以提高其經濟地位。世界經濟係以世界各國永久和平相處, 互爲經濟活動爲目的, 而其結果, 常造成國際競爭與弱肉強食之情況; 國民經濟係先求一國之經濟

發展，　然後再求世界經濟之繁榮，　故其目的，　首在圖謀一國之經濟自立，再進而謀求世界各國經濟之合作，以實現其眞正之國際分工及公平合理之自由貿易。　因爲在國際間之經濟地位未能平等前，　實施自由貿易，則無異強者對弱者之實施經濟侵略，李氏之國民經濟學說，卽本此而發。

三、保護貿易原則

李氏之保護貿易理論，並不主張採用極端或盲目之保護政策，以過份之保護，常有造成經濟孤立之危險，盲目之保護，則易造成依賴與不求進步之惡習，因此保護政策之實施，應循序漸進，而各種工業保護之程序，亦各不相同，對前途發展不大之工業以及對發展工業少有希望之國家，認爲無實施保護之必要。所謂保護政策，目的在保護國內必須發展且有發展經濟性之幼稚工業。並以征收保護關稅方法，提高其國外銷售於本國貨物之成本，使本國產品可與國外產品競爭，以保持生產，並徐圖發展。於此段時間，　國內消費者蒙受高價物品之損失，但國內工業，經過一定時期保護之後，如能迎頭趕上，對國內之消費者供應價廉之物品，則消費者除前期所蒙受之損失，得以補償外，並可享受長期價廉商品之供應。如保護政策之實施，不能達成上述之目的，卽無實施保護政策之必要。至於農業方面，李氏認爲無施行保護之必要，因糧食及原料之價格高昂，則勢必阻碍工業之發展，且農業由於各國地理位置之關係，多形成國際之自然分工，故各國對農產品之輸入，勿須加以限制。

總之，李氏之保護貿易理論，係採用實證之歷史比較方法，以建立其理論，爲保護幼稚工業理論之倡導者，目的在求整個經濟社會，能維持平均發展之分工，是以保護貿易，並非絕對排斥自由貿易，且係以實現公平合理之自由貿易爲最後目的。

四、生產力說

李氏認爲財富之源泉與財富之本身完全不同，所謂財富之源泉，係指能生產財富之力量而言。如一人具有一定交換價值之財富，但如無生產財富之力量，則終久難免窮困，國家之情形，亦復如是。故培養財富之源泉，較之保持財富，不論係對個人抑對國家，均遠爲重要。目前雖未具有大量之財富，但如能增加生產財富之力量，則將來定能變爲富裕。生產財富之力量，除亞當史密斯所主張之「勞動」外，其一國家之文化、法律、制度、組織、敎育、宗敎、藝術、發明等之精神力量，對財富生產之重要性，亦不亞於手足之勞動。一國之現在財富，係爲過去之一切發現、發明、改進，以及各種努力之結晶，構成目前之「無形資本」，世界各國生產力之強弱，卽繫於此種結晶之大小及其利用之程度以爲定。

李斯特之保護貿易理論，有人認爲係重商主義之復活，但實質上保護貿易理論與重商主義，有鉅大之差異。李氏保護貿易之目的，在於保護幼稚工業之發展；而重商主義之目的，則在增加輸出，減少輸入，以積蓄金銀。一般言之，保護貿易理論與重商主義有下述之區異：

(一)保護貿易之主要基本目的，在於保護一國幼稚工業之發展，並非以實施保護之方法，爲其獲得他國財貨金銀之手段。

(二)保護貿易對不具備發展工業之條件，致工業發展無希望之國家，不主張採取保護政策，以損害其一國消費大衆之利益。

(三)保護貿易認爲農業生產，受地理氣候環境之限制，爲國際間之自然分工，且農產之食糧原料漲價，則影響其工業之發展，故對農業不主張保護。

(四)保護貿易主張工商企業發達國家，可以實施自由貿易競爭，因

為工商企業發達，則與其他工商企業發達之先進國家，處於平等地位競爭，而非片面之國際分工互利。

(五)保護貿易不過份重視本國利益，而忽視其他國家之發展與全人類之幸福，此與重商主義認為此國之利益，卽彼國之損失之觀念，則遠有距異。

(六)保護貿易之最終目的，為實施公平合理之自由貿易，其實施保護政策，僅為輔助幼稚工業成長之過渡時期方法。

第四節　保護政策理論之分析

保護貿易政策，有如上述各種不同之理論派別，而歸納其實施保護貿易之目的，則不外：(一)保護本國之幼稚工業，(二)保護本國之國民經濟，(三)限制本國國內之消費，(四)謀求本國經濟之自給自足，(五)保護國內工資與就業水準，(六)防止國外貨物在本國之傾銷，(七)增加關稅之財政收入，(八)改善國際貿易之收支。各國根據其分別環境與目的之需要，以實施其保護之政策。至為達成保護目的所採取之措施，亦因時間空間之不同，而異其方法，在一次世界大戰前後之實行保護貿易國家，率多以關稅政策為工具，以達成保護之目的，而近期之實行保護貿易國家，多採施直接輸入之管制措施，以維持國內之生產與國內市場之保護，進而達成其實施保護之目的。

保護貿易政策之實施，主要為工業落後國家，用為培育並保護其幼稚工業之成長，然後再實行其平等互惠之自由貿易，不但無可厚非，且為事實所需。惟執行須依據一國可以工業化之條件，而不能流於偏激，因不基於一國可以工業化之條件而執行盲無計畫之保護，則不但被保護之工業少有長成之希望，且使國內消費者之利益蒙受嚴重之損失，同時

由於執行輸入之保護，亦引起相對輸出之減少，而影響其國際之收支。有時執行趨於偏激時，肇成其他國家之報復，形成國際上之關稅壁壘，以致國際貿易之發展遭致阻碍，　國際經濟之分工互利原則，　亦無從實現。故保護貿易之實施，務依據本國之環境條件，確定其正確之目標與方針，並審度其國內外之經濟情勢，因時因地制宜，靈活運用，方能期其有成。

第二章　關稅貿易政策

第一節　關稅之作用與性質

關稅之最初征收，多爲獲取財政收入，故財政關稅，實爲關稅之原始形態，在國內生產企業尚未發達，財政困難之國家，爲彌補財政收入之不足，往往於國境設置關卡，對商品之出入征課關稅。但當國內生產企業漸次興起，財政困難解除時，爲抵抗外國商品之輸入，或進而發展本國之輸出，則對國內幼稚生產事業必須加以保護，於是由具有財政目的之關稅，而轉變爲具有保護幼稚產業目的之關稅。

財政關稅與國內消費稅頗相類似，納稅者可將關稅負擔包含於商品價格之中，轉嫁於消費者，財政關稅與保護關稅通常有下述數點之性質區異。征收財政關稅之目的：(一)關稅負擔全部轉嫁於外國，輸入商品價格，不因關稅而提高；(二)輸入數量及輸入商品之消費不減少；(三)國內無與輸入商品相同之生產。征收保護關稅之目的：(一)輸入商品價格提高，因爲輸入商品價格如不增高，則不能達到保護本國幼稚工業之目的；(二)輸入數量及輸入商品之消費減少，期能阻止外國商品對本國生產之壓力；(三)國內有與輸入商品相同之生產存在。

保護幼稚工業關稅，對於消費者之負擔，常較財政關稅爲重。因保護關稅由於保護一部份生產企業之利潤，使其獲得發展之機會，故常犧牲一般國內消費者之利益。財政關稅，則不求增高輸入商品之價格，而係希將關稅之負擔轉嫁於外國之出口商或生產者。同時一國之財源亦不僅限於關稅，如財政收入不足，可以其他方法彌補，故財政關稅對消費者之負擔，較保護關稅爲輕。

經濟落後國家，當其國內經濟已有長足發展及幼稚產業已經發達成熟之後，保護關稅本無繼續征收之必要，但因產業發達之結果，反加速企業之集中，對內則成立貿易獨佔之卡特爾及托拉斯組織，對外則實行傾銷，至此保護關稅不但不能撤除，反有提高傾向，而此時所謂保護關稅，則係保護獨佔企業，並非保護幼稚生產企業，故可稱爲保護獨佔企業之關稅。

如國內或國外貿易獨佔之組織日益擴展，則國際間之關稅壁壘，更日益增高，結果必引起經濟恐慌，而受恐慌襲擊之國家，國內各種已成熟之生產企業，亦必不免陷於困境，故爲救濟一般已成熟之生產企業，更需要設置高額之關稅。此種保護關稅，旣非保護幼稚生產企業，又非保護獨佔企業，其目的係在救濟一般已發達成熟企業之危機，故可稱爲救濟關稅。

第二節　關稅之目的與類別

關稅之征課，依其體系而言，分出口關稅與進口關稅，出口關稅，係對輸出商品所課之關稅，就關稅與貿易之關係而言，出口關稅對於貿易之影響較少，而進口關稅則影響鉅大，同時鼓勵對外輸出，爲現今各國所經常採施之貿易政策，免征出口關稅，則爲鼓勵輸出之實現工具。

如一國對其輸出產品征收出口關稅，則必爲在特殊情形之下，另有其他
目的。一般征課出口關稅之目的，大體可分爲財政目的、產業目的、及
救濟目的三種。財政目的，係圖增加稅收，具有此項目的之出口關稅，
係爲本國之此項輸出產品，在國際市場佔有重要地位或可實行獨佔之情
勢下，方可採用。其次，當輸出產品之價格國內甚低，而國外甚高，致
輸出利益鉅大之時，亦可征收出口關稅，以增加財政收入。具有產業目
的之出口關稅，則在圖謀阻止國內重要資源輸往外國，以免影響產業之
發展及減少本國商品在國際市場之競爭力。具有救濟目的之出口關稅，
則係當國內發生災荒飢饉之時，爲禁止糧食等生活必需物資輸往外國所
課之關稅。

　　至於進口關稅，內容較爲複雜，通常依其課征之目的及方法，可爲
如下之分類:

甲、依課稅目的分類

(一)保護關稅: 以扶植幼稚產業爲目的，又可分爲完全阻止外國商
　　　　　　品輸入之禁止關稅及僅謀減低外國商品之競爭壓力之短期保護
　　　　　　關稅。

(二)報復關稅: 當本國商品爲外國征課高率進口關稅或遭受不當待
　　　　　　遇之時，對外國商品所課之高率進口關稅。

(三)防衛關稅: 當本國市場對於外國商品極爲有利之時，對外國商
　　　　　　品所增課之進口關稅，諸如傾銷關稅及滙兌傾銷關稅等屬之。

(四)恐慌關稅: 當發生世界性經濟恐慌之時，爲防止外國廉價商品
　　　　　　之侵入所課之進口關稅。

(五)商戰關稅: 爲求將來外國對本國商品減輕進口稅率，而預先對
　　　　　　外國商品所課之高率進口關稅，於將來與外國協商稅率時，則

可將已提高之進口稅率減低，藉以要求對方減低其進口稅率。

(六)補助或獎勵關稅: 爲鼓勵出口，政府予以補助或獎金，以補助對方國家對本國商品所課征之關稅。

(七)反傾銷關稅: 爲對他國於本國實施商品傾銷時，所課征之高額進口關稅，以增高其成本，阻止傾銷。

(八)對銷關稅: (Countervailing Duties or Contingent Duties): 此種關稅爲於正常之關稅外所增課之部份關稅，用以抵銷其對方國家所予以出口商之補助金或獎金，不使對方國家輸出之商品，因有補助或獎金之關係，而廉價銷售，以影響本國之產業發展。

乙、依課稅方法分類

(一)從量關稅 (Specific Duties): 係依輸入貨物之重量、尺度及件數征課之進口稅。

(二)從價關稅 (Advalorem Duties): 係依據輸入貨物之價格征課之進口稅。例如依 F. O. B. 價格或 C. I. F. 價格或其查定之價格等。

(三)混合關稅 (Combined Specific and Advalorem Duties): 係對於一宗輸入貨物，依從量計算稅額及從價計算稅額之較輕或較高者課征。 或對同時輸入之不同貨物， 一部份以從量計課，一部份以從價計課。

第三節 關稅之稅率制度

關稅稅率，依其課征之方式而分， 有單一稅率 (Single Custom

Duties) 與差別稅率 (Differential Custom Duties) 之分。前者係一國對其他所有國家商品輸入課征關稅，均採用相同之單一稅率；後者係一國對商品輸入課征關稅，係以來源國家之不同，而採施差別不同之稅率。於實施差別稅率之國家，常有三種不同之稅率：一爲普通稅率 (General Tariff)，適用於一般國家，稅率較高；次爲中間稅率 (Intermediate Tariff)，適用於互惠條約國家，稅率較低；再次爲優惠稅率 (Preferential Tariff)，僅適用於關係特殊之國家，稅率最低。差別關稅，不但易於造成關稅壁壘，且易引起關稅戰爭，旣阻碍國際間之貿易流通，復影響國際經濟之分工利益，爲重商主義時代之保護政策產物，於現代國家，已極少採施。同時在當前之國家，對輸入關稅之課征，常受最惠國條款之束縛，不能有設置差別關稅之自由，故差別稅率制度，將因時代環境之演進與變遷，而成爲歷史上之陳迹。單一關稅稅率，又有國定稅率制度 (General Tariff System) 與協定稅率制度 (Conventional Tariff System) 之分，兩者之區異所在與優缺之點，概如下述：

一、國定稅率制度：此制爲一國根據其國情之需要，不徵求其他國家意見，以法律規定關稅稅率，對所有國家之輸入商品，均課以相同之單一稅率。此制之優點爲：（一）國家可依據本國之利益與需要，制定關稅稅目與稅率；（二）國家可隨環境之演變，隨時修改稅目稅率；（三）稅率單一，對各國之待遇相同，使關務行政手續簡化。至其缺點，則爲：（一）如所定之稅率，具有保護目的而偏高，則易引起其他國家之報復，而影響本國之輸出貿易；（二）關稅稅目稅率之制定與變更，過於自由，使與有經濟往來國家，抱不安心理，而妨碍其貿易之交流發展；（三）稅目稅率旣以法律規定，則與他國締結商約時，無減輕之餘地，故不易與其他國家實現互惠貿易，易陷於孤立局面。

二、協定稅率制度：此制為一國之稅率制定，係與其他國家**協商決定**，不以本國之單獨意思為之，以便彼此之間相互發展貿易。惟此種**協定稅率**之期間，常由**協定條約**加以規定，期限屆滿後，其為繼續續約抑為宣告解約，由雙方自行決定，不能有所強制。此制之優點為：（一）減輕國際間之關稅稅率，促進貿易交流；（二）固定商品關稅負擔，增加貿易來往；（三）調和國際間之利害，改進外交關係。至其缺點，則為：（一）協定稅率僅適用於有條約協定國或最惠國，而國際貿易上之通商國家，未必盡為有協約國或最惠國，因之，除協定稅率外，仍須有國定稅率，實際並非單一稅率；（二）協定條約內容，常難包括所有稅目，故部份商品，仍須有國定稅率之設定（三）協定稅率，因須受條約之拘束，致失因時制宜之權，易使國內產業發展受其影響。

第四節　關稅之經濟分析

對進口財貨課征關稅，不僅對本國之經濟產生影響，亦深遠影響貿易夥伴之產業經濟。其影響情狀，可自圖一分析瞭解：

假設圖中之 $S^{u.s}$ 為美國布之國內供給曲線，$D^{u.s}$ 為其需求曲線，橫軸表示布之產量，縱軸表示布之價格，在自由貿易時，國際市場布之價格為OP，世界布之供給曲線為 S^w。如此，美國在 OP 價格下，會進口 GK(CF) 數量之布，以滿足國內之需求。今對布課征 PP 之從量進口稅，稅率為PP′/OP，由於小國家對國際價格沒有影響力，所以進口財貨之國際價格仍為 OP，但國內價格則上升為 OP′。此種變化將產生如下之經濟效果：

一、消費效果 (Consumption Effect)：由於關稅後，國內價格上升，所以對布之需求減小，由 OK 減至 OJ。且進口量由 GK 減至

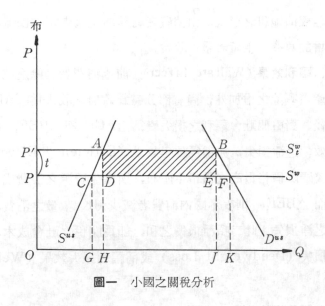

圖一　小國之關稅分析

HJ。

二、生產效果 (Production Effect)：關稅課征後，由於布之國內價格上升，將使美國布之生產擴大，由 OG 增至 OH。此種效果亦稱保護效果 (Protection Effect)。

三、收入效果 (Revenue Effect)：關稅課徵後，改變政府之財政收入，課征關稅前，政府之財政收入爲零，課徵後則政府增加之稅收爲 PP′×AB 是爲方塊□ADEB。

四、國際收支效果 (Balance of Payment Effect)：自由貿易時，進口 GK 數量之布，進口支出爲□ CGKF。關稅課征後，進口量爲 HJ，進口支出爲□ DHJE，二相比較，進口支出減少爲□CGHD 與□EJKF，故國際收支獲得改善。

五、重分配效果 (Redistribution Effect)：關稅課征後，進口財貨之消費由 OK 減爲 OJ，故消費者剩餘減少爲□P′PFB，其中□P′PCA 之部分，則爲國內生產者增加生產 GH 數量，所產生之生產者剩餘，

係以一種經濟地租之形式，由消費者轉移給生產者。亦卽關稅課征後，消費者增加負擔，生產者增加收益。

六、福利效果 (Walfare Effect)：前述消費者剩餘之減少，除部分轉爲生產者剩餘之增加外，尙有部分轉爲政府之收入爲□ADEB，故課征關稅後，對整個社會福利之損失變爲△ACD 與△BEF。其中△ACD 爲生產效率之淨損失，亦稱爲效率效果 (Efficiency Effect)，係表示國內以較國際價格爲高之價格生產布，所產生資源之浪費或生產效率之降低。而△BEF，則表示國內消費者減少 JK 數量之消費，所產生消費效用之淨損失。此二項淨損失之和，卽爲關稅之社會成本，亦爲社會之不當損失 (Deadweight Loss) 或稱福利損失效果 (Welfare Loss Effect)。

七、貿易條件效果 (Terms-of-Trade Effect)： 由於小國家對國際價格無影響力，於關稅課征後，其進口財價格與自由貿易時相同，貿易條件並未改善，故無貿易條件效果可言。

茲將小國之假設改爲大國，由於大國可以影響國際價格，故關稅課征後之經濟效果有別。

就圖二分析，D、S、D′ 與 S′ 分別表示美國與英國布之供需曲線， 在未發生貿易前， 布之價格分別由各國之供需情形決定， 美國爲 OE， 英國爲 O′E′， 顯然美國高於英國。一旦自由貿易開始，在不考慮運輸成本前提下，則二國之價格將趨於均等 OP （或 O′P′），美國進口 CF 數量之布， 英國則出口 GK 之布。 今假設美國課征 RS 之關稅， 則美國布之價格上升爲 OR， 進口 AB 之布， 英國布之價格下跌爲 OS′， 出口量爲 LM， 在均衡之狀況下， 出口量等於進口量。 而關稅課征後影響二國之價格，在美國爲 OR， 英國爲 OS′， 名目稅率爲 RS/OS，所以關稅課征後之經濟情況， 在美國政府之關稅收入爲□

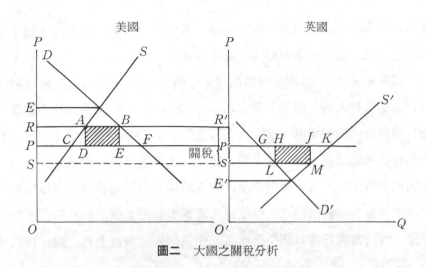

圖二　大國之關稅分析

ADBE 與 □HLMJ 二部分，其中美國消費者負擔前者部分，英國生產者負擔後者部分，此與前面小國之分析情形不同。其他有關消費效果、生產效果以及重分配效果之影響則與前述小國之分析相同。至於國際收支改善之效果，係由進口量之減少與進口價格下跌所構成，如圖二所示，應為 GK×OP′ 減 LM×OS′ 或 CF×OP 減 DE×OS。此外，大國於課征關稅後，可使進口財之價格下降，無形中貿易條件，亦獲得改善，此亦與小國之分析有別。

　　總之，關稅之課征於輸入商品，於通常情形之下，可使其輸入國之商品價格增高，但亦有課征關稅後，可發生逆轉或消轉作用，而由輸出國之貿易商負擔或生產者減低其生產成本，於此種情形之下，則關稅課征於輸入商品後，對其輸入商品價格之影響極微，甚或不發生影響。

　　對輸入商品課征之關稅稅率，較兩國生產成本之差異為低時，則輸入國之輸入商品將漸趨減少，而輸出國之商品生產亦將逐漸下降，此時輸入商品之價格上漲，其上漲之程度，相當其商品輸入所課征之關稅。但如關稅課征之稅率，恰為兩國生產成本之差異或高於其生產成本之差

異時，則商品將爲其阻絕，停止流通，其商品之價格，亦將因兩國生產成本之不同，而在商品須輸入之國家高漲。

關稅課征後，對商品價格如發生影響，則常有下述之三種情形：(1) 商品於輸入國之價格上漲，其上漲之幅度，爲關稅課征之數額，(2) 商品於輸出國價格下落，其下落之幅度，爲關稅課征之數額。(3) 商品於輸入國價格上漲，其上漲之幅度，低於關稅課征之數額；同時於輸出國價格下落，其下落之幅度，亦少於關稅課征之數額。三種情形之中，究竟發生何種情形，又視輸出入國家對商品之供需數量與彈性如何而定。惟通常課征進口關稅之商品，係爲輸入國價格上升，而輸出國價格下降。

輸入商品課征關稅後，其價格在輸出入國家之升降幅度與趨勢，視供需之彈性而定，當商品輸出國之供給彈性愈大時，則商品輸入國之商品價格上升，而輸出國之商品下降程度愈小；但如商品輸入國之本國商品供給數量較大與彈性較強時，則輸入國商品上升之幅度減小，而輸出國商品之下降程度增大。

輸入商品課征關稅後，如商品輸入國之需要彈性愈大時，則商品輸出國之商品價格當發生下降之趨勢，反之，則爲商品輸出國之價格上升；輸入商品課征關稅後，如輸出國之需要彈性愈大時，則商品輸入國之商品價格當發生上升之趨勢，反之，則爲商品輸入國之價格下降。

上述供需彈性與數量對商品價格之影響，僅爲局部之均衡關係，須在其他條件不變之情況下，適於一定時期與一定商品之個別研究，而不適於全面之運用。

第五節　關稅免征之利弊

　　爲繁榮市場及發展經濟之目的，亦有國家或一國對某些所屬地區，設立免征關稅之自由港，(Free Port)，對所有商品進口，均予免征關稅，此種措施，有其優點，亦有其缺點。

一、優　　點:

(一)因免稅之關係，工廠可以獲得進口之廉價原料。

(二)因免稅之關係，可增加商品之買賣數量，並繁榮其運輸事業。

(三)因免稅之關係，凡進口商品之整理分類，重行包裝，再行轉賣，以及加工品之出口，可以減少保稅倉庫之費用以及退稅之繁瑣手續。

(四)簡化海關之工作，節省政府管理費用。

(五)激勵改善港口站地之設施。

二、缺　　點:

(一)免征關稅，則外國產品大量傾銷，不但國內工業受其影響，卽政治經濟上，亦將蒙受不利。

(二)免征關稅，對工業幼稚經濟落後國家，將使永無自力振興之希望。

　　凡獨立自主之國家，莫不有關稅自決之權利，亦少有完全免征關稅之先例。凡完全免征關稅之自由港口，多屬殖民地性質之地區，如香港及以前之新加坡屬之。以該等地區，並非獨立自主之國家，各項措施，由其保護國家決定，保護國家爲繁榮其地之商業，予以開放爲自由港，

以達成財政上牟利之目的，常不顧及工業上之發展以及經濟政治上之問
題。

第三章 統制貿易政策—非關稅政策

第一節 統制貿易之意義與目的

　　一國之對外各種貿易活動與措施以及商品輸出輸入之類別與數量，不能由貿易經營者自由意志決定，須在政府之統制管理規定下，從事經營，即爲統制之貿易。

　　於資本主義之自由經濟體制下，係主張國內經濟活動及國際上之經濟活動，均應自由競爭，不加以任何人爲之限制，但在資本主義自由經濟體制下之自由競爭最後結果，常爲企業之合併與資金之集中，形成壟斷獨佔之局面，爲避免此種情形，於是遂有統制經濟之發生，在統制經濟體制之下，則不論在國內經濟上之活動或國際上經濟之活動，均予以統制管理，國際貿易爲國際經濟之主要活動一環，自爲統制經濟政策所統制管理之範圍，因之在統制經濟體制下之國際貿易，乃爲統制之貿易。

　　統制貿易之目的，在中世紀之重商主義時代，係爲爭取貿易出超，金銀聚積，在一次世界大戰以後二次世界大戰以前之目的，則爲充裕戰爭物資，富國強兵；至一般統制貿易之目的，不外增加一國之財政收入，平衡國際上之收支，促進國內工業經濟發展，穩定國內通貨物價，

以及對外滙價之維持均衡等。統制貿易對外所爲之措施，係爲直接而積極有效之管制，在管制方法上，如以其決定統制之情形而分，有「自定管制法」與「協定管制法」，前者爲本國自主決定所實施之統制貿易，後者爲與他國共商協定所實施之統制貿易。自定管制法之優點，爲實施敏捷，缺點則爲易使對方國家發生反感；協定管制法之優缺點，適與自定管制法相反，實施不致引起對方國家之反感，但協商進行費時，彼此獲得滿意之協議不易。如以決定統制之方式而分，則有「數量管制法」與「價額管制法」，前者爲對輸出入商品之種類或數量之管制，後者爲對輸出入商品之總價額之控制。一國之輸出入貿易，如採施數量管制法，常使輸出入之貿易在價額上不能平衡，爲補救此一偏差，故常於採施數量管制法時並同時採施價額管制法，一方面使輸出入之數量與價額配合，一方面使與各國間之個別貿易平衡。

第二節　統制貿易之輸入

統制貿易之輸入管制，常因實施統制貿易國家之情形與目的不同，在管制方式上亦有所區異，通常所採施之輸入管制方式，不外下述：

一、**輸入許可制** (Licence System)　此法爲直接限制輸入商品之數量，其實施應就國民經濟立場，將輸入商品分爲若干類，按商品類別決定其限制之程度甚或予以禁止。但亦有獎勵進口者，例如將進口商品分爲以下各種：　第一類爲必要之原料及糧食，　則予以獎勵進口；　第二類爲必要生產所需用之半製品或製成品，則爲許可進口；第三類爲消費品，　則爲管制之進口；　第四類爲不必要之奢侈品及裝飾品，　則爲限制進口或禁止進口；凡受管制或限制輸入之商品，則必須申請經政府許可後，方能輸入。

二、**輸入配額制** (Quota System) 實施輸入配額，必先決定一定期間之輸入總量，再決定由各通商國之輸入數量及對國內進口商或外國出口商之分配量。輸入總量之決定，應以全部消費量減去本國生產量之差額爲根據，至於全部消費量與生產量之決定，必須根據過去之統計數額及參酌當前之生產消費情況。至輸入配額之方法，又分下列數種：

1. 環球配額制 (Global Quota) ——規定一定時期輸入商品之總量，無輸入地區來源之限制，於輸入額滿時即停止輸入。此制之優點，則爲對輸入國家與輸入商人均無限制，可於限定總額之內自由輸入。其缺點則爲鄰近國家常因運輸方便，捷足先登，致分配不均。

2. 區域配額制 (Reginal Quota) ——根據一定時期內所決定之輸入總量，分別分配於指定之國家，有時亦保留部份，給予未分配之國家自由競爭輸入。此制之優點，爲分配公允，利潤均霑，缺點則爲不合實際，經常發生此國配額不足，而彼國有餘。

3. 配額與許可兼用 (Licence and Quota) ——一面規定固定輸入之配額，一面於實際輸入時仍須向主管機構申請許可。此制之優點，爲政府主管機構可根據實際情形處理，在處理上有伸縮之餘地，缺點則爲申請手續繁複，稽日費時，且審定許可，無一定之標準可循，易滋弊端。

4. 雙邊配額制 (Bilateral Quota) ——以輸出之實績爲其核定輸入許可之依據，亦卽須先有輸出，然後方能輸入。此制之優點，爲有鼓勵輸出之作用，缺點則爲新有之貿易商，不易獲得分配，且易使少數有實力之貿易商，獲得優厚之利潤。

除上述之四種配額方式外，尙有因實施配額制度而發生附帶條件，此種附帶之條件，亦可謂之配額制度之附帶限額：(1)關稅限額(Tariff

Quota)──兩國進行貿易協商時，一方減讓關稅之附帶條件，爲在一定限額之內之輸入，適用優惠關稅稅率。(2)間接限額 (Indirect Quota)──規定國內之製造廠商使用生產原料，須按規定比例，混合使用國內國外之原料，因此發生對國外原料之輸入，而有間接上之限制。(3) 保證限額 (Guaranteed Quota) ──兩國間相互協定，保證彼此互購一定限額之商品。

三、外滙限額制 (Restriction System) 政府爲防止利用申請外滙，而使資金外流，或浪費外滙，或從事外滙之投機，故對進口所需之外滙，根據分別不同之情況與內容，予以外滙限額上之分配：

1. 依輸入類別之限額分配：就貨物輸入之總配額中，分別必需品之輸入，原料器材之輸入，次級必需品之輸入，以及軍用物資之輸入等各種之不同性質，以分別決定其外滙數額之分配。

2. 依支出對象之限額分配：就商品貨物輸入之多少，航運費用之多少，保險費用之多少，旅行費用之多少，以及其他之勞務費用等各種不同之支出對象，以決定其外滙數額之分配。

3. 依申請對象之限額分配：就直接用戶所需輸入之原料器材，貿易商所需輸入之商品貨物，以及公營事業機構所需之輸入等各種不同之申請對象，以決定其外滙數額之分配。

4. 依外滙幣別之限額分配：記帳外滙應分配數額之多少，自由外滙應分配數額之多少，應根據輸入所需之外滙幣別，再參照政府所持有之外滙數量，予以調度，亦卽以外滙之幣別爲對象，以決定其外滙數額之分配。

第三節　統制貿易之輸出

統制貿易之輸出政策，係一方面以有效之方法，以鼓勵出口，同時亦一方面對輸出之商品，予以管制，自表面觀之，似有矛盾之處，而實際上並不衝突，以對商品之輸出管制，亦係間接鼓勵輸出之方法，其分別之情形，分述如下：

一、輸出獎勵方式

(一)出口補貼制度 (Export Compensation System)：一國之政府爲擴張外銷市場及加強在國際市場上之競爭力量，故對本國商品之出口，直接予以補助或津貼。此制之優點，爲運用敏捷，效果直接；缺點則爲易於養成出口業者之依賴心理，增加國家財政上之負擔，且易引起對方國家之反對與報復。

(二)保有外滙制 (Foreign Exchange Retaining System)：政府對出口業者所獲之外滙，准予保留部份或其全部，予以結滙證明，使有優先輸入之權利，此項結滙證明，並可自由買賣。此制之優點，爲有鼓勵輸出之作用，缺點則爲對有出口實績者與無出口實績者之待遇不均，不合公允之原則。

(三)貿易連鎖制 (Linking Trade System)：政府規定進出口業者輸入一定價值之商品時，同時必須輸出相當價值之商品，亦卽進出口貿易之連鎖。此制之優點，爲可利用輸入之利益以彌補其輸出之損失，缺點則爲缺乏彈性，違反國際貿易之比較利益原則。

(四)輸出信用保險制 (Export Credit Insurance System)：政

府設立輸出保險機構，對輸出貿易予以保險，以減少出口業者之風險或損失。此制之優點，為方法穩健和平，缺點則為須有鉅額基金之準備。

於統制貿易政策下之鼓勵輸出方法，因各國之國情不同而有異，除上述方式外，尚有出口商品退稅，生產貸款、打包貸款、運費減低、以及以貨易貨等方法。

二、輸出管制方式

(一)管制輸出品質：為促進對外貿易之發展，則須保持輸出商品在國際市場之信譽，故對本國之輸出商品，必須實施澈底檢查，凡檢查不合格之商品，則予禁止出口。

(二)管制輸出價格：為防止漫無計劃及漫無標準之對外競銷，必須對本國出口商品之價格，規定適當之底價，予以管制。因為漫無計劃及漫無標準之對外競銷，常有喪失國外市場之危險。

(三)管制輸出數量：實施統制輸出數量，應根據國外市場情況，保持數量上之適當供應，並根據各出口商過去之輸出數量或一定之比率，實施出口數量之適當分配，同時並須保留數量之一部份，以備配與新增之出口商。

(四)聯合輸出之管制：為擴張對外之輸出，出口業者聯合集中大量輸出或聯合於國外設立共同貿易機構，政府對其集中輸出之時間、數量、貿易對象、以及國外貿易機構之組織功能等，均予審查管制，而其審查管制之目的，係為輔導輸出之增加。

一國對其輸出品質、價格、數量、以及國外貿易機構之採施管制，目的係為防止品質低劣，價格混亂、數量不當、機構功能不宜等弊端，故輸出管制雖與輸出鼓勵之實施方式不同，而其所收之效果，則為殊途同歸。

第四節　統制貿易之分析

統制貿易制度，爲二十世紀以來各國所風行，其制度之重點，卽爲輸入配額之管制，此項輸入配額之管制，有其優點，但亦有其缺點，茲分析歸納如下：

一、統制貿易之優點

(一)二十世紀以還，國際經濟因國際局勢關係，常在動盪不安之中，爲適應環境需要，須因時制宜，故統制貿易之實施輸入管制，係屬於一國行政權之運用，不涉及立法之範圍，實施敏捷有效，足資應變。

(二)當國際市場競爭劇烈，物價起伏不定之時，爲保持國內之價格體系獨立，減輕國內物價之外來壓力，則統制貿易之輸入管制實施，係一極爲有效之方法。

(三)實施統制貿易之輸入管制，不受最惠國條款之限制，如以關稅方式限制輸入，則例須受其限制，因之各國可利用輸入之管制爲手段，與其他國家商談貿易上條件。

(四)一國之經濟計劃，對其整個國家之供需情況，以及生產、消費、分配之適當標準，均有制定，而實施統制貿易之輸入管制，無形中因有對外商品數量之交換定額條件，致能配合一國國民經濟政策上之生產、消費以及分配等之計劃。

(五)實施統制貿易輸入管制，因有擯絕國外商品競爭之作用，常能維持國內就業現狀之穩定，同時因有輸入之限制，亦可保護國內農業工業之生產，從而可以鼓勵投資，以增加國民之就業機

會。

二、統制貿易之缺點

(一)實施統制貿易管制輸入，使貿易上之機動伸縮調整能力，受其限制，當一國之商業環境變更，國內市場吞吐能力增大時，不能適時自動有所調整。

(二)實施統制貿易管制輸入，使國內商品價格與國外商品價格，因隔絕而懸殊，當對輸入商品需要增加時，因供應無源，使國內價格上漲；當輸出產品供給增加時，因輸出受限，致國內價格劇落。因此不能以貿易競爭之方式，平衡其國內外價格之差異與一國國內物價之升降。

(三)實施統制貿易管制輸入，易於引起國際間彼此之分歧待遇，致最惠國之條款趨於失效，而輸入之限額分配辦法，亦難使各國均能滿意。如採環球性之分配方式，則距離較遠國家無法與鄰近國家競爭，因而引起反感與報復；如按區域定量分配，因各國經濟情形變動無常，亦乏適當之合理標準。

(四)實施統制貿易管制輸入之方式，如不採環球分配制與區域分配制，而由貿易商在一定數量之下，自由申請輸入或按其過去之輸入實績分配，則自由申請之核定，因漫無標準可循，易滋弊端。按過去實績分配，易使少數貿易商獲致厚利，而新進之貿易商無法參與經營。

(五)實施統制貿易管制輸入，一國政府之負責管制機構，有控制輸入分配之權力，如管理稽查不嚴，常易發生官商勾結，串通舞弊之情事。

第五節　各國貿易統制之概要

自 1958 年以來，世界各國之對外貿易，多爲依據本國特殊環境之需要，以釐訂其對外貿易管制之方針，其情形概如下述之分類:

(一)未採施貿易管制及進口貨物須經核定許可，而有外滙上之適當管制者，有阿富汗、玻利維亞、葡萄牙、葉門等八個國家。

(二)進口物品須經事先核准，而未採施外滙管制者，有加拿大、尼加拉瓜、古巴、香港、瑞典、泰國等二十個國家。

(三)未採施外滙管制，但對甚多物品絕對禁止進口者，有墨西哥、秘魯、智利等三個國家。

(四)有採施外滙管制，但未特別規定進口物品須經許可者，有菲律賓、哥斯達黎加(Costa Rica)、衣索匹亞 (Ethiopia)等三國。

(五)歐洲及中南美洲國家之實行區域貿易者，有歐洲共同市場，歐洲自由貿易協會，不列顛國協，拉丁美洲自由貿易協會，以及中美洲共同市場。各參與組織之國家，對外貿易之統制與外滙之管理，則採區域內與區域外之差別措施。

(六)除上述數種情形之國家外，其餘國家，均爲採取或輕或重之外滙貿易管制，或進口貨物之許可限制。至管制之寬嚴程度，以及管制之對象，係僅爲資本交易，抑尚包括經常交易，則因各國國情之不同而有異，且各國之管制內容，亦係依據國情之需要，經常有所變動。

第六節 統制貿易之輸入限額管制與保護關稅之比較

統制貿易之輸入限額，係無彈性之規定，少調節之餘地，其對貿易
之干涉較保護關稅措施爲甚。茲就兩者之性質比較分述如下：

(一)統制貿易之輸入限額管制，使國內生產事業之被保護信心加強，
　　認爲於輸入限額制度之下，較保護關稅更爲穩定可靠，故可增
　　加國內之投資傾向，但亦易促使生產事業發展爲獨佔組織，而
　　壟斷市場，提高銷售價格。保護關稅，因仍有彈性，故不易發
　　展爲獨佔局面。

(二)保護關稅雖亦有限制輸入之作用，但於國外生產成本降低，國
　　內生產成本增高，國外政府給與輸出津貼，運輸費用下降，國
　　外實施傾銷，以及國內需要增加之情形下，仍有相當之彈性；
　　統制貿易之輸入限額管制，則乏伸縮之餘地。

(三)統制貿易之輸入限額管制，因有固定性之影響，致國際收支不
　　平衡之自動調整作用喪失；保護關稅因仍有容許輸入增加之餘
　　地，故尚有適應國際收支平衡之彈性。

(四)統制貿易之輸入限額管制，使國內外發生價格懸殊，超出運費
　　與關稅之正常差額，致不能以競爭方式，消除其價格之差異；
　　保護關稅因仍有增加輸入之互相競爭餘地，故價格之差異，終
　　可趨於均衡。

(五)統制貿易之輸入限額管制商品，因利潤豐厚，致競相爭取配
　　額，引起限額分配之困擾；採施保護關稅，係爲普遍實施，則
　　不發生分配困擾之問題。

(六)統制貿易之輸入限額管制，發生各國之分歧待遇，最惠國條

款，亦不能適用。且硬性分攤限額，不論對農業品或工業品，均不能適應其環境之變動；保護關稅制度，對各國待遇平等，且無條件適用最惠國條款之解釋。

(七)統制貿易輸入限額管制之權，操縱於行政機構，而關稅之增減，例為各國之立法職權，立法變更之時間遲緩，行政決定則簡易迅速，故變更限額之分配至易，增加關稅極難。

第四章 獨佔貿易與傾銷政策

第一節 獨佔貿易之性質

國際貿易之獨佔，係以支配或控制國際市場為目的之企業聯合，多由一般強大有力之民間企業團體在政府獎勵之下進行之，亦有在一國政府統制之下，實施貿易國營，而實現其獨佔貿易之目的者。企業之自由競爭，最後亦常形成獨佔，而獨佔組織一旦形成，又必繼續擴大，故在一國以內，如發生獨佔，其獨佔企業復受關稅之保護，可打擊外國商品之競爭，以完全獨佔國內市場。獨佔國內市場後，為爭取更多之獨佔利益，又必向國際市場擴展其獨佔範圍。

國際貿易之獨佔，依商品之種類，可分為原料貿易之獨佔與工業製品貿易之獨佔，原料貿易之獨佔，係多數國家所需之原料，只有少數國家可以生產，故其供給可由一國或少數國家獨佔，或大部份之供給，由一國或少數國家控制，而國際市場之價格，則亦由其支配。此等獨佔原料貿易之國家，特別是對於國外之特定地域或關稅領域之市場，有巨大之影響力量，例如中東國家之原油、西班牙之水銀、智利之硝石等，均可由生產國家獨佔國際市場並支配其價格。

在國際市場能獨佔原料貿易之國家，多爲特產某種原料之國家，但必須具備下述之條件：(一)必先將國內之生產者納入一定之組織，例如政府用法律或其他方法強制生產者加入產銷合作之組織，而對生產及運銷予以統制；(二)如原料產地不僅一處，則各國之間必須根據協定成立一聯合獨佔組織，以統制運銷。至國際工業製品，則以貿易獨佔之方式實現其獨佔國際市場之目的。

第二節　獨佔貿易之類別

一、國營貿易：國營貿易有全部國營與部份國營之分，全部之國營貿易，當前世界國家之中，僅蘇聯一國實施。於第一次世界大戰以後二次世界大戰結束以前，蘇聯之全部進出口貿易，完全由國營機構統一進出口商品物資之買賣。二次世界大戰以後，蘇聯之衛星國家，多仿照實施。其他國家於戰時或非常時期，亦有實施全部國營貿易或部份國營貿易，以控制戰時或非常時期之物資輸出輸入，但在平時，其有從事國營貿易之國家，通常僅有部份之貿易國營，絕少全部統制之情形。第一次世界大戰以前，法國與北歐國家之間，曾實行酒之出口由國家專營。第一次世界大戰以後，英國與丹麥及挪威亦有協定部份商品之輸出入國營。我國當前之菸酒事業，亦係由政府專賣，私人不能經營。二次世界大戰以後，有部份國家實行部份貿易國營，目的在適應其戰後一國之特殊情形，並非企圖貿易獨佔。實施部份貿易國營之國家如管理健全，控制適當，當可補助私營貿易之不足，而達成其特定之目的。惟如就商品之類別而言，則國營貿易之範圍，實泛無邊際，與有貿易往還之國家，有其切身之利害關係，故一國如有實施部份商品貿易國營甚或僅有國營之企圖時，則易引起其他國家之注意與重視。

二、**國際卡特爾**: 國際卡特爾係由多數國家之生產者互相結合之組織，凡參加此種組織之生產者，須遵守以下各項條件: (一)商品之銷售須根據協定之價格，並不得將售價貶低至協定價格以下，且於不同之市場，常有不同之銷售價格。(二)不論生產或販賣，須根據限定之數量;(三)各生產者須於指定之地區從事販售，不得侵佔其他參加協定者之販售地區; (四)規定由所協議之特設共同販賣機構，以販售其產品; (五)根據一定之比率分配利潤。此種獨佔組織之目的，係欲由控制某種工業產品之生產數量，進而對該種商品之販售實行獨佔，期能左右其價格，以實現巨大之利潤。

三、**特許權之利用**: 特許權之利用，係由多數國家之化學工業或電氣工業或其他工業之生產者所組成之國際獨佔組織，目的係企圖藉特許權及秘密技術之共同利用，以實現販賣之獨佔。蓋對於某種化學品或電氣用品或其他工業用品之生產獲有特許權及秘密技術之生產者，根據此種協定，允許他國之生產者共同利用其保有之特許權或秘密技術，可以對於產品之售價、銷售地區及販賣機關等獲得控制，並可聯合他國之生產者獨佔國際市場。

四、**國際聯合公司**: 國際聯合公司，係由兩國之生產者共同於第三國家，設立一聯合公司，以擔任其獨佔品之生產及販售，換言之，即兩國之生產者為防止彼此在第三國市場發生競爭，而蒙受損失，乃共同設立機構，實行聯合經營，以獨佔第三國之市場。

國際貿易獨佔在國際市場一旦形成，因無其他之對手與之競爭，為獲取最大之利潤，勢必以高昂之價格販售其商品，故參與國際貿易獨佔之企業，必互相協定商品之販售價格，規定商品之售價，不得較協定價格為低。

獨佔貿易之市場，如範圍甚廣，則參與貿易獨佔之企業，可根據協

定實行地區分割，俾各據一方，以實行個別之獨佔，並相約不得互相侵犯。又獨佔貿易爲擴大其獨佔利潤，常對於生產數量、販賣數量及輸出數量，予以限制，甚至收買各參與者之產品，而予以保管，俾能控制市場上之供給數量。

第三節　獨佔貿易之分析

國際獨佔貿易之利弊，各國因其所處立場與環境不同之關係，故在意見上，見仁見智，各不相同，惟一般學者意見，均多認爲國際貿易獨佔，不論在國際貿易方面或國民經濟方面，均爲弊多於利，其分別之缺優點爲：

甲、獨佔貿易之缺點

一、獨佔貿易之限價，不論表面上爲高爲低，而事實上，常在覓致機會，提高其價格。

二、獨佔貿易發生，使貿易不發生自由競爭，生產者有恃無恐，致品質日趨窳劣。

三、劃分貿易區域之結果，使各區之供給者，取得獨佔之地位，致發生限制作用，與發展國際貿易之原則相背。

四、限制供給之結果，使生產者唯利是圖，而不顧及消費者之實際需要。

五、分配生產，難期公允，貿易獨佔中經濟勢力雄厚者，往往侵凌其規模較小者，使獨佔傾向，日趨嚴重。

六、新興技術之創造與發明，如與獨佔貿易之利益衝突，常爲其阻礙，而不能發展。

七、有侵略野心國家，常以國際獨佔貿易之卡特爾方式爲其掩護，
　　以從事其侵略之活動。

八、在戰時之敵產，常以國際貿易獨佔之卡特爾方式爲其庇蔭。

乙、獨佔貿易之優點

一、可以穩定物價，不使發生激烈變動，以避免經濟上之騷動。

二、生產安定，可維持充份就業，減少社會問題。

三、工業或生產事業，可保持有計劃之發展。

四、獨佔貿易組織內之國家，可相互交換生產方法與技術，以改良
　　生產成品。

五、於共同策劃之下，實力較強之企業，可扶持及維護實力較弱之
　　經營。

六、可免除不必要之浪費競爭。

第四節　傾銷之意義與類別

傾銷 (Dumping) 之意義，一般係指一國貨物在國外售價，低於
其正常之價格 (At less than normal price)，而使對方國家之旣有
生產事業，遭受損害者謂之。通常對價格低廉之解釋，並有下述三種之
不同觀點：

一、以低於外國市價之價格，向外國銷售商品。此一解釋，係指輸
　　出國之商品銷售價格，如輸入國商人或生產者不能與其競爭，
　　則認係「傾銷」，其含義過於廣泛，凡在貿易上競爭力強大之
　　商品，概可視爲傾銷商品，未免忽視自由競爭之原則。

二、以低於生產費之價格，向外國銷售商品。依此解釋，商品之是

否爲傾銷，須視其銷售價格，是否低於生產費，但一種商品之生產費究爲若干，由於生產者之嚴守秘密，不惟外國之生產費甚難知悉，卽本國之生產費亦不易明瞭，故生產費之標準甚難確定，而對於傾銷之辨別，遂亦發生困難。

三、以低於國內銷售之價格，向外國銷售商品。此一解釋，認爲商品在外國之銷售價格，於相同之時間及相同之條件下。低於國內銷售價格，卽爲傾銷。惟國外銷售價格與國內價格之比較，則須依據同一之條件，在時間上必須以締結買賣契約之時期爲準，同時並須扣除運費及其他費用，如國外銷售價格，扣除運費及其他費用之後，仍低於國內銷售價格，則方可視爲傾銷。此外，於比較國內外銷售價格之時，對於貨價支付條件及數量折扣等，亦須加以考慮。

上述三項之解釋，前兩者非範圍過廣，卽認定困難，故以第三項之解釋爲適，並爲國際上一般所應用。

至傾銷之類別，則有偶然傾銷 (Occasional Dumping)，短期傾銷 (Short Period Dumping)，以及長期傾銷 (Long Period Dumping) 之分：

甲、偶然傾銷：多爲清除存貨或轉營其他事業關係，所爲之偶然性低價銷售，無重大之目的存在。

乙、短期傾銷：則有分別不同之情形，諸如：(一)爲對抗國外競爭之臨時減價，以謀在國外市場之立足地位。(二)打擊競爭者或迫使接受傾銷者之條件。(三)防止競爭事業之創設或爲對競爭者之報復。

丙、長期傾銷：亦稱有系統之傾銷 (Systematic Dumping)，常爲卡特爾或托拉斯之行爲，一面在國內維持不自然之價格，一面大量生產向國外傾銷。長期傾銷，又因目的的不同，而發生下述不同性質之傾

銷:

(一)滙兌性質之傾銷 (Exchange Dumping): 滙兌性質之傾銷,
係以貶低本國貨幣對外價值之方法, 以增加對外之輸出, 此種
傾銷,最初係爲使用不兌換紙幣及發生通貨膨脹之國家所利用,
蓋在通貨發生膨脹之時, 首先受影響者爲對外滙率, 其次則爲
國內物價, 而貨幣對外價值之低落較國內物價之上漲爲速, 使
兩者必發生一定之差額, 故出口商以輸出所得外滙, 所換取本
國貨幣之數額反見增加, 同時輸入國之購買者, 由於以同額之
貨幣, 能多購輸出國之商品 (因其貨幣對外價值較輸出國貨幣
對外價值爲高, 以一定數額之貨幣可以換取較多之輸出國之貨
幣, 因而可購買較多之商品), 而對於輸出國商品之需要必然
增加, 致使輸出國之輸出與輸入國之輸入得以擴大, 而造成一
種類似傾銷之現象。 故有國家有時爲擴大其對外輸出, 乃故意
變動對外滙率, 而貶低其貨幣對外價值, 以期獲得與傾銷相同
之效果, 一般所謂滙兌性質之傾銷卽屬之。

(二)社會性質之傾銷 (Social Dumping): 社會性質之傾銷, 係輸
出國利用低廉之工資及惡劣之勞動條件, 虐待勞動者從事輸出
品之生產, 而使生產成本減低, 得以極低廉之價格, 向外國銷
售其產品, 迫使一般工資高昂及勞動條件優良之國家不能與之
抗衡, 於是一般認爲此類國家之輸出, 係壓低勞動者之生活水
準, 而實行對外之傾銷。 例如以前各國對日本棉織品之輸出,
卽認爲係屬此種性質之傾銷,因爲日本昔時棉織勞動者之工資,
遠較歐美諸國爲低, 其勞動條件亦較惡劣。

(三)統制性質之傾銷 (Russian Dumping): 統制性質之傾銷, 亦
稱蘇俄方式之傾銷, 係專指蘇俄之對外貿易而言, 蘇俄之對外

貿易，因爲完全由國家統制獨佔，而其商品生產費與國內價格
之構成條件與其他國家完全不同，蘇俄之生產成本與商品價格，
係依旣定之計劃予以規定，並非如其他國家，係根據個體經濟
之自由意思及自由競爭，所以蘇俄之輸出品之價格，可根據一
定之目的，隨時予以人爲之降低，而不須顧慮個別經濟之損
失。

第五節　傾銷對國內外之影響

　　傾銷政策之運用，對實施傾銷之國家而言，因向國際市場大量傾銷
之故，則可維持一國之大量生產，但在被傾銷之國家而言，由於國外之
廉價商品充斥於本國市場，致本國之生產事業萎縮，無法從事競爭。

　　傾銷之實施，如係減低生產成本，提高生產數量，對國內之銷售價
格並未提高，則實施傾銷者之本國消費大衆，可蒙受實施傾銷之間接利
益。惟國際傾銷之實施，常係先於本國之內，形成企業獨佔，以提高國
內市場之銷售價格，爲其對外減價傾銷之補助。於此種情形之下，則本
國之消費大衆，不但未享其利，且將身受其損。

　　傾銷之實施，對被傾銷國家之消費者而言，於短期之內，係爲享
受物美價廉之國際商品。但如就長期加以分析，則被傾銷之國家與消費
者，均將蒙受其害，因爲於長期物美價廉之國際商品壓力下，本國之生
產事業將一蹶不振，復興無望，而相隨發生之問題，即爲工資減低與失
業增加以及國民所得之日趨下降，如此則雖有價廉物美之條件，而在所
損失之代價上，則屬得不償失。

　　傾銷對於國內外物價所發生之影響，學說紛紜，觀點不一，有謂實
施傾銷，則須提高國內物價，藉資挹注其在國際減價傾銷之損失；有謂

實施傾銷可降低國內物價，因大量生產之結果，致生產成本減低，故國
內市場價格下降；有謂實施傾銷對國內物價並不發生影響，認為實施傾
銷之企業，事先已確定於國內市場所能獲得之最大利潤，傾銷係為謀求
額外利潤之獲得，故並不影響國內之既定物價，此說對因傾銷所發生之
增產與成本變動，未能予以考慮；亦有謂傾銷之對國內物價影響，係隨
傾銷商品邊際生產成本之升降而決定，如邊際生產成本漸減，則可使國
內物價降低，邊際生產成本漸增時，則國內物價提高，邊際生產成本固
定不變，則國內物價亦不變動。此一學說之符合者較眾。

　　至傾銷對國外被傾銷國家物價之影響，由於傾銷係以價廉為唯一條
件，自影響其國之物價下降，生產事業遭致滋擾。但如傾銷之企業演變
為國際貿易獨佔之情況時，則並不以價廉為國際市場銷售之條件，其情
形自當別論。

第六節　傾銷政策之分析

　　一國如實施對外傾銷，必須具備兩項條件：（一）有獨立自主之關稅
制度；（二）能獨佔國內市場。因如無獨立自主之關稅制度，即不能隨時
以進口關稅限制其商品之進口，則原以低廉價格（低於國內傾售價格之
價格）銷售於外國之商品，常能返流國內市場，而不能達到傾銷之目
的。又國內市場，如有多數之生產者互相競爭，則必極度降低生產利
潤，因而減少傾銷者對外傾銷之實力，蓋以對外傾銷所發生之損失，常
需以對內獨佔所獲之利益，為其補償。

　　實施傾銷之結果，常為被傾銷之國家，採施反傾銷關稅（Anti-
dumping Duty）之方法，以阻其傾銷政策之繼續進行，惟實施國際傾
銷之時間久暫不一，是否為真正之傾銷價格，短時間中常不易確定，故

反傾銷關稅方法之探施，須認定正確，實施適時。

　傾銷政策之實施，易於引起被傾銷國家之生產企業聯合反對，而生產企業聯合之結果，又易演變爲國際貿易獨佔之卡特爾 (Cartel) 組織，因此，實施國際傾銷，常有促進國際間關稅壁壘與貿易獨佔以及壟斷國際市場之作用，以致傾銷與貿易獨佔，彼此互爲循環，其結果則爲阻碍國際貿易之自由競爭發展與違反國際分工互利之原則。

第 五 章
國際貿易協定、組織與貿易自由化

　　自由貿易可以促進各國產出之增長、消費水準之提高、資源之有效
配置、社會福利之改善，以及實質國民所得之提升，是爲倡導自由貿易
之主因。惟各國基於經濟與非經濟因素之考慮，仍多採施關稅與非關稅
之人爲貿易政策，原因爲現實社會中，尙無完全自由競爭之生產因素與
產品市場。若產品或生產因素市場本身卽具有扭曲現象之因素存在，則
自由貿易推進之結果，卽難能達到理想之目標，而須以適當之貿易政
策，以補其不足。通常一國爲保護本國幼稚產業之發展，常採施保護政
策措施，犧牲國民短期之消費利益，以換取長期價廉物美之消費。惟實
施保護措施，並不一定能達成其預期之效果，因爲國際貿易涉及二國以
上之交易，而各國之間，由於經濟發展情形不一，立場各異，其所採施
之貿易政策互不相同，致國與國間殊難達成貿易利益均衡，觀點協調一
致，彼此配合無間。故二次世界大戰以還，主張自由貿易國家，均運用
各種國際性之組織，以及條約之協定方式，以推動貿易自由化之實現。

第一節　　國際貿易沿革

　　十六世紀至十八世紀中葉，爲西歐國家重商主義盛行時期，認爲金

銀代表一國之財富與國力，金銀累積愈多，表示國力與財富愈強。又以當時國家多爲君主集權，君主爲鞏固權力，擴張國勢，均以人爲措施，限制進口，爭取國際收支之順差。

及至十八世紀中葉，歐洲個人主義思想興起，自由經濟思想盛行，乃提出經濟自由與分工互利之理念。英國亞當史密斯爲古典學派之自由經濟思想創始人，其學說對十九世紀貿易政策深具影響力，并促進當時國際貿易之快速擴張。迨至美國宣布獨立與德國各邦統一，兩國爲保護國內民族工業發展，美國財政部長漢彌頓 (A. Hamiltan)、德國國民經濟學者李斯特 (F. List)，分別倡導幼稚產業保護理論，推動保護貿易措施，因此，自十九世紀中葉以後，保護主義盛行，自由貿易思潮轉趨式微。

及至 1909 年美國實施潘恩—阿德利奇關稅 （Payne-Aldrich Tariff of 1909) 方案，方將關稅稅率削減。復於1913年實施安德吾法案 (Underwood Tariff of 1913)，再將關稅作大幅度降低，其平均稅率由40％以上，降爲30％以下，改變當時關稅壁壘之保護觀念。旋因發生第一次世界大戰，使世界貿易之交流，因戰爭關係陷於停頓。戰後歐洲各國經濟，遭受嚴重破壞，英國爲穩定國內物價，高估幣值，致其國際收支持續不能平衡。德國爲戰敗國家，須負擔對外之大量賠款，乃實施浮動滙率，造成滙率波動不定，影響對外貿易之拓展。繼於1930年代發生世界性經濟不景氣，而美國復再通過史莫特—哈萊法案 （The Smoot-Hawley Tariff Act)，大幅提高進口關稅，更加重世界經濟之蕭條，造成全球性之經濟恐慌。

美國自 1929 年至 1932 年實施史哈法案後，世界貿易交流總量，萎縮三分之一，美國本國之貿易量亦巨幅下降，究其原因，乃高額關稅引起其他國家之報復，形成國與國間之關稅壁壘，一方面影響貿易交流，

另一方面更損及就業率與所得之下降。爲挽救其時之世界經濟危機，美國於1934年制訂互惠貿易協定法案 (The Reciprocal Trade Agreement Act)，授權總統可以不經參議院同意，逕與外國協商相互減讓關稅，其幅度高達關稅稅率 50 ％。此項互惠法案，具有二項基本原則，一爲無條件最惠國原則 (Unconditional Most-Favored-Nation Principle)，卽對某一國家給予任何關稅減讓，則自動適用於其他所有之貿易國家；一爲關稅減讓之雙邊互惠原則，亦卽彼此國家均可獲得相互利益。

　　二次世界大戰爆發後，國際貿易再度遭致嚴重影響，基於一次大戰後世界性經濟不景氣之歷史教訓，在戰爭結束前，美國卽與其他重要貿易國家，開始對戰後之經濟問題進行磋商，爲戰後之國際經濟合作提出構想，以利戰後國際貨幣、金融、投資以及貿易等問題之處理。此爲戰後成立國際貨幣基金 (International Monetary Fund, IMF)、國際貿易組織(International Trade Organization, ITO)，以及國際復興暨開發銀行(International Bank For Reconstruction and Development, IBRD) 等國際合作組織之起源。其中之國際貿易組織，係 1947 年至 1948 年在古巴首都哈瓦那創設，其目的在增進國際貿易、調解貿易糾紛、協調貿易政策以及促進貿易自由化。由於其組織涵蓋範圍廣泛，未獲得美國國會及其他國家之支持，後經再成立關稅暨貿易總協定 (General Agreements on Tariffs and Trade-GATT)，負責推動國際貿易自由化。

　　關稅暨貿易總協定 (GATT)，曾經舉行多次多邊貿易談判，其中以 1964 至 1967 年於日內瓦舉行之甘迺迪回合 (Kenndy Round) 以及 1973 至 1979 年在東京進行之東京回合 (Tokyo Round) 最具代表性。由於參與談判之對象與成員，均爲已開發之國家，其談判之主要內

容，係針對已開發國家之重要工業產品如何進行關稅減讓問題，而開發中之國家，因不具備條件，不能獲得實益，造成開發中國家之不滿與抗議。1964 年於日內瓦召開聯合國貿易暨發展會議 (United Nations Conference on Trade and Development-UNCTAD)，會中達成「優惠一般化制度」(Generalized System of Preference-GSP) 之方案，乃針對開發中國家之要求，所提出之優惠關稅協定。此後凡與開發中國家有關之貿易談判，多在聯合國貿易暨發展會議 (UNCTAD) 舉行，而一般之多邊貿易談判，仍於關稅暨貿易總協定 (GATT) 舉行。

第二節　互惠貿易協定

一、互惠貿易協定之主要內容

互惠貿易協定法案，係美國國會於 1934 年 6 月通過，目的在修正 1930 年之史哈法案，期能調適該法案所造成之關稅報復與國際貿易之萎縮。依據互惠貿易法案及最惠國原則，美國曾於 1947 年先後與二十九個國家分別談判其貿易協定，至談判之步驟與原則為：

(一)談判步驟

互惠貿易談判步驟，首由政府各部門指派代表組成「貿易協定委員會」(Trade Agreement Committee)，就本國進口關稅之減讓項目以及提請外國減讓其進口關稅之內容，均由委員會先向總統提出建議，並公開公佈所建議之內容，徵詢國內生產業者之意見後，再進行協商談判。

(二)談判原則

互惠貿易協定有二項重要之談判原則，第一爲無條件最惠國原則（Unconditional Most-Favored-Nation Principle)，卽對某一國家給予任何之利益或減讓，均自動適用於一切有貿易交往之國家，而不能提出特別補償之要求。因此，如美國對某一國家之任何貿易減讓，其他有關國家均可比照相同享有原則，其他締約國給予第三國之任何讓步，亦無條件可適用於美國。亦卽此雙邊之貿易協定，實質上均成爲多邊之貿易減讓。

互惠貿易協定第二項原則，則爲「非正式協商原則」，其目的在約束減讓對象，僅限於進口財貨之「主要供給國家」(Chief Suppliers)，亦卽與任何一個國家締結協定之前提條件，爲締結協定國家應爲進口貨品之主要輸入國，否則不給予任何減讓優惠。

互惠貿易協定之主要目的，雖偏重於關稅項目之減讓，但亦包括有關貿易關係之一般性規定。諸如進口設限、貿易政策以及人爲之障礙等事項。

二、互惠貿易協定法案之成效與缺失

互惠貿易協定法案之重要成效有二：一爲使美國之高額關稅壁壘降低。美國於 1930 年至 1933 年實施史哈法案期間，對於進口貨物之從價關稅稅率，平均約爲53%。自 1934 年至 1958 年互惠貿易協定法案實施期間，進口關稅稅率平均降至12%左右。

次一成效則爲其他國家對美國出口之關稅減讓。自 1937 至 1956 約二十年之間，英國關稅平均降低 44%，法國降低 68%，德國降低 70%，義大利降低 28%，瑞典降低 73%，均對美國貿易之輸出有所助益。

1934年之互惠貿易協定法案，雖有上述之成效與結果，但亦有認爲

關稅之減輕，主要應歸因於通貨膨脹。因美國大部分應稅之進口貨物，均係從量課徵，當通貨膨脹，物價上升時，其課徵之關稅不但未隨之提高，實值上爲相對稅率之降低。

互惠貿易協定法案雖有上述成效，惟其並未完成法定程序，不能據以永久實施，而必須作週期性之展延，至 1962 年爲止，法案先後曾延期十一次，每次延期均有條款之修訂或增訂。其中較爲重要且影響貿易自由化者，爲增訂之「免責條款」、「危險點條款」、「國家安全條款」以及「總統談判減低關稅之權限」等。

(一)免責條款 (The Escape Clause)

早在 1942 年 12 月美國與墨西哥締結之貿易協定中，即包括此項免責條款，其內容爲規定任何商品之關稅減讓措施，致使其商品進口數量增加而造成國內嚴重傷害，或威脅國內同類產品生產時，得撤銷其減讓之一部分或全部。於 1958 年展延時再提出修訂之免責條款，規定關稅委員會得因總統之要求、國會兩院之議決、參議院財政委員會或眾議院撥款委員會之議決，以及關稅委員會本身依據任何利害關係團體之請求等，均得迅速負責免責條款之調查研究。至調查研究方式，可由委員會舉行聽證會，利害關係之團體，均可獲得於聽證會作證機會。如委員會發現依據貿易協定之減讓，確造成進口貨物數量激增，發生嚴重傷害或威脅時，應建議總統撤銷或修改之，或即採取進口限額措施。但總統可不採委員會建議，惟應諮文國會說明理由。但國會亦可三分之二表決通過，否決總統之諮文無效。

關於免責條款詮釋「嚴重傷害」之判斷標準，也先後修訂增加，使國內生產者易於獲得解困機會。在 1951 年法案所訂之判斷標準，係就國內有關工業之生產、就業、價格、利潤及工資等之降低趨勢，或銷售

數量之減少傾向以及進口貨品之增加狀況等，關稅委員會可不必考慮其他因素，詳加調查，據以判斷是否具有「嚴重傷害」情事。而 1955 年修訂時，將國內工業之範圍再予擴大解釋。

免責條款影響貿易自由化，故在實際運用時，宜特別審慎。在關稅委員會提出之傷害案件中，僅佔申請調查案件之25％。其中爲總統接受者，又僅佔所提出案件之一半。縱然如此，免責條款已使外國出口商遭受美國市場限制之風險。

(二)危險點條款 (The Peril Point Clause)

此一條款之訂定係由於美國生產者反對降低關稅力量日增，迫使政府在 1948 年之貿易協定展延法案中，增列「危險點」之規定。在此規定下，任何貿易協定在進行談判之前，總統應將所擬關稅減讓之商品項目，諮送關稅委員會調查，並提出下列有關報告：(一)所列之貨品如予任何程度減稅，對國內同類產品之製造業造成傷害或有傷害之虞時，對關稅之減讓限度，應有考慮。(二)爲求避免嚴重傷害或遭遇傷害之威脅，對進口關稅提高之幅度以及輸入限制之措施，宜有計及。

商談減讓之貨品項目，送達關稅委員會未滿一二〇天或未提出有關危險點之報告書前，總統不得締結貿易協定。關稅委員會之結論，若總統不予同意時，須提出不同意之理由。

免責條款與危險點之規定，兩者關係密切，前者應用於現有貿易協定所可能發生之影響。後者則在於防止新成立關稅減讓所可能發生之傷害。

(三)國家安全條款

於 1955 年之互惠貿易協定展延法案中，增列國家安全條款，規定

任何貿易協定或減讓談判，如威脅國家安全時，均可採施貿易限制。對產品進口是否威脅國家安全，則由民防與國防動員局（Office of Civil and Defense Mobilization）審查後，報請總統核定。1958年增訂法案時，復將審查標準擴大，其非國防工業之進口，如有削弱國內經濟，從而損及國家安全時，亦得採用限制措施。

美國於1959年曾經依照國家安全條款，對原油與石油製品之進口，實施進口限額。當時所持主要理由爲：當國家面臨非常情況時，爲確保適當之石油供給，平時即須從事國內之石油探勘，採施限制進口，目的在預防影響國內探勘工作之進行。

(四)總統減讓關稅之權限

此爲削弱互惠貿易協定法案最嚴肅之條款。 1934 年初期所賦予總統減讓之權限爲當年關稅稅率50%上下調整。至 1955 年則規定僅能降低現行進口稅率15%，有效期限三年，同時稅率超過50%者，可以減至50%。迨至 1958 年修訂時，則僅授權依進口產品與現行稅率以三種方式減低關稅，亦即降低20%，降低 2 %，或減至50%等三種，且任何減稅措施，不得超過四年。

授權總統降低關稅之條款，實際上並未充分運用，原因之一，則爲在舉行談判時已相互達成減讓條件；其次爲授權總統減讓關稅之條款，因受免責條款、危險點條款以及國家安全條款之牽制影響，不易充分發揮其作用。

第三節　國際貿易組織憲章

國際貿易組織憲章（Charter for the International Trade Organization)，係於二次世界大戰結束後，由美國所提出之計劃，經於1948年 3 月，由53國代表，簽訂於古巴首都哈瓦那 (Havana)，預計於1949年 9 月實際生效，惟始終未能獲得簽字國家之立法機構同意，致未能依規定獲得半數以上簽署國家之政府正式核准，故未能有效實施。

　　憲章之主要目的，為促進國際合作，消除歧視待遇，減低關稅壁壘，撤除貿易阻碍，進而謀求國際間生產財貨之增加，工業之發展，以及貿易之暢流。憲章凡九章一〇六條，其各章之簡要內容，除第一章為揭示上述之主要目的外；第二章規定國內勞工之公允薪資標準與維持充分就業；第三章規定有關經濟開發事宜，並對工業發展落後國家，在其特定條件下，可在貿易上採取保護措施；第四章為有關國際貿易政策措施之規定，諸如取消貿易限額，降低關稅，廢除差別待遇，以及禁止出口津貼等，惟本章之規定，有其適用之範圍，其特殊之情形，仍然可以例外；第五章規定對貿易獨佔與市場壟斷之限制與取締；第六章規定各國產品產銷之適當調節，以穩定國際市場價格及保障生產消費之利益；第七章規定國際貿易組織之機構及所負之實際責任；第八章規定參與組織會員國間爭議糾紛之解決處理方式與程序；第九章規定會員國與非會員國之關係，以及憲章修正、會員退會等有關事項。

　　憲章未能實施之主要原因，為美國國會首先不予通過，其他國家，除澳大利亞與賴比瑞亞外，亦相繼未予核准。美國國會不通過之原因，係由於工商界及其他組織團體反對。其反對之理由為: (1) 憲章規定具有彈性，必要時會員國可以違反其憲章之規定，致與現實情況，頗有距離，例如會員國有權實施貿易數量之限制，以保護其對外收支平衡之例外情形。(2) 憲章所規定一般應行遵守之義務，亦有可以容許之例外，此則無異對美國繩以片面實行自由貿易之責，而容許其他國家實行差別與限制性之貿易，而享受其利益。(3) 憲章規定會員國於必要時，可以

政府權力之措施，以維持國內充分就業，隔離其擾亂性之外來因素，使國內經濟不受影響，此種情形，實無異承認會員國可以實施「統制經濟」，因而爲提倡自由企業之美國人民所反對。

惟就事實而論，參加籌組憲章國家達五十餘國，在歷史而言係屬國際上之盛舉。世界之重要貿易國家均有與會，已表現其國際合作精神，並達成部分國際貿易之完整協定原則，具有相當收益；次爲國際貿易組織憲章中有關貿易政策之諸多規定，後經列入關稅暨貿易總協定中而付諸實施者，爲數頗多。

第四節　關稅與貿易總協定

關稅與貿易總協定 (The General Agreement on Tariff and Trade)，原係附屬於國際貿易組織之過渡性機構，於 1947 年在日內瓦完成簽字手續，參加國家爲二十三國，後以國際貿易憲章未能獲得各國立法機構之通過而流產，因之此一總協定，卽代替國際貿易組織之任務，而且有永久與獨立之性質，與國際貨幣基金及世界銀行成鼎足而三之局面，以分別發揮其促進貿易發展，便利國際清算，以及促進國際投資之功能。

總協定機構，每年召開會議，設有理事會及各種常設委員會與秘書處，嚴格言之，總協定本身並非一國際機構，僅爲對國際貿易之原則與規範有所規定而已。因此，於 1954 年會員國家會議時，乃決議設立貿易合作組織 (Organization for Trade Cooperation)，爲總協定之永久性管理機構。迄至目前爲止，此一永久性之管理組織，尚未正式成立，惟參加總協定之會員國家，已超過九十個國家（我國於總協定成立時爲會員國，後因政府遷臺，於 1950 年退出）。總協定亦爲國際之清算

機構，協助各國進行多邊之關稅減讓與貿易政策調適。歸納總協定之基本原則有三：

一、無歧視原則：國際貿易之運作，或關稅稅率之適用，應一視同仁，無任何差別待遇。一國給予他國任一商品之優遇，必須無條件適用於所有締約國家輸出入之相同商品。此項原則之主要目的有二：(一)避免國際資源配置之扭曲，期使資源配置效率與世界福利水準達到最適效果。(二)避免遭受歧視國家，採施關稅報復，而造成全面性之國際貿易障礙。是故，消除貿易歧視，係達成全面性關稅降低以及促進貿易自由化之首要條件。

二、關稅保護原則：締約國家國內之工業保護，限以關稅保護方式為限，不能採用其他人為措施，尤是輸入限額措施，嚴禁採用。

三、諮商原則：締約之國家應運用互惠協定，進行多邊關稅減讓談判與貿易政策協商，使貿易障礙減低至最小程度。

貿易協商與關稅減讓談判，係於1947年首次在日內瓦舉行，在關稅方面已獲得大幅度之減讓。美國有44％進口商品，關稅平均降低20％。繼於 1949, 1951, 1956 及 1962 年先後舉行四次多邊關稅減讓談判，惟其協談之成果不彰，其原因為：(一)經 1947 年之關稅減讓後，各國之關稅已顯著下降，各國進口替代業者均強烈反對再行降低，而政府亦希望維持現有之關稅水準，用為將來關稅談判之籌碼。(二)1957年羅馬條約成立之歐洲共同市場，其會員為本身之利益，反對對其他非會員國降低關稅。(三)美國自 1950 年代開始，重新修訂其互惠貿易協定法案，增列諸多特別條款，削減總統減讓關稅權力，亦影響關稅之減讓。

美國甘迺迪總統，於 1962 年向國會提出貿易擴張法案 (Trade Expansion Act)，取消互惠貿易協定之危險點條款與大幅修改免責條

款，以突破貿易障礙，促進國際貿易自由化。依據貿易擴張法案，美國與其他工業國家，從 1964 年開始進行全面性之多邊關稅減讓談判，至 1967 年為止，平均關稅稅率，較 1962 年降低 35%，為總協定成立以來之成果最大者，此即一般所謂「甘迺迪回合」。

　　1973 年總協定再於東京舉行談判（亦稱東京回合），雖有達成若干協議，惟開發中國家與已開發國家間之貿易政策歧見，已逐為加深。大部分開發中國家認為總協定之最惠國關稅減讓，將損及根據「優惠一般化制度」（G.S.P.）所爭取獲到之片面優惠關稅待遇，因此，開發中國家均拒絕在「東京回合」之談判協定上簽字，而國際貿易方面之問題，至此已益見複雜。

　　1986年 9 月總協定再次於烏拉圭召開第八次會議，針對過去實施困難之項目逐一研討，其主要原則與項目如下：

一、原則性之商討

(一)無歧視原則：國際貿易之進行，不考慮政治因素，完全依據價格競爭與比較利益法則，此對貿易較小國家具有保障。原則雖然如此，實際上許多主要貿易國家亦難遵守。其次，東京談判中之有關安全措施範圍與適用性，仍未能獲得與會國家之共識。例如，臨時性保護國內工業、雙邊貿易協定、關稅聯盟、自由貿易區、一般性優惠制度，均使總協定不得不同意在限定之範圍內，彈性執行無歧視原則。

(二)邊境與非邊境措施(Border and Nonborder Measures)：傳統上國際貿易開放之方式，多以關稅措施推動。至輸出入數量限制與外銷補貼等，則屬國家邊境措施。事實上，總協定尚包括若干非邊境或國內措施，而這些措施可能抵銷規範邊境措施的效果。

例如外銷補貼為邊境措施，而國內補貼則為非邊境措施。所以各國境內之措施，已造成不公平貿易現象，各工業國家均持反對態度。又如平衡稅、平衡貼補天然資源價格政策等等，均為談判中之新生問題。

(三)南北貿易關係：　亦即已開發國家與開發中國家之貿易問題，　在1966年總協定之增列條款中，明訂應予開發中國家優惠待遇。諸如：可採保護幼稚工業措施或為經濟開發目的之保護措施等。但近年來,有些開發中國家經濟快速成長,是否應予長期享有優惠,或應依其開發程度分別訂定優惠及保護原則，亦為值得研究之問題。其次，開發中國家固然有優惠一般化制度（G.S.P）之貿易優惠及熱帶產品貿易障礙之削減，但在某些方面，開發國家仍予開發中國家之貿易限制，例如農產加工品、紡織成衣等，其進口關稅反較工業國家之製造品為重，如何有效調處開發中與開發國家之貿易問題，亦為談判中之重點。

(四)關稅及貿易總協定之地位問題：目前總協定係居於中立地位，有助於各國政府抵制國內之各種保護壓力。但雙邊或特別部門之貿易限制措施，則未能顧及國際共同利益，所以未來總協定之權力如何加強，是為當前及未來談判之重心。

二、重要貿易項目之磋商

(一)農產品：依總協定之規則，農產品之貿易原較工業產品為寬，致使若干有效率生產國家之權利與義務產生不平衡情事，總協定如何制定有效辦法，以減低農業保護及促使各國政府修改其農業貼補制度，為一考驗之難題。

(二)熱帶產品之輸出：　此為開發中國家之貿易重點，　在東京談判及

1982年締約國家會議中，工業國家均允應給予其產品關稅與非關稅方面之減讓，惟實際進展甚微。

(三)非鐵金屬及礦產、林業製品、漁業及漁業產品等天然資源產品：開發中與開發國家，皆對此類產品之貿易，深具興趣，如何消除其產品之貿易障礙，則有待磋商。

(四)勞務項目是否列入關稅與貿易總協定之範圍：亦為此次會議重點之一，所謂勞務項目之自由貿易，係包括銀行、保險、運輸以及投資等無形貿易項目。

(五)安全設施(Safe Guards)：在關稅與貿易總協定條款中，原訂有會員國國內工業受輸入競爭威脅時，得施行緊急保護，惟其內容與實施方式，並無具體規定，值得與會國家尋求共同之共識。

綜觀關稅暨貿易總協定，自 1948 年成立 40 年來，致力消除各國間之關稅與非關稅障礙，雖與原訂之目標及理想，有其距離，但亦竭盡所能，就國際間關稅稅率平均降幅達三分之一，緩和保護貿易主義之氣焰，即為其促進自由貿易之貢獻。

第五節　國際商品協定

國際商品協定 (International Commodity Agreement)，係由各國政府就某種商品之產銷而締結者，目的為對商品之產銷，予以適當之分配或調節，並重視消費者之利益，例如 1942 年之國際小麥協定 (International Wheat Agreement)，1958 年再度修正之國際糖業協定 (International Sugar Agreement)，1959 年之美大陸咖啡協定 (Inter American Coffee Agreement)，以及歷史悠久之國際茶協 (International Tea Agreement) 等，均足為其代表。

有關商品協定之內容，則視協定之情形，分別不同，有爲限定商品之最高或最低價格，有爲限制產銷數量，有爲分配產銷數量，亦有係爲生產過剩或供應不足所協定之特別處理辦法。其商品協定之類型，又分雙邊協定 (Bilateral Agreement) 與多邊協定(Multilateral Agreement)，惟協定之方式與性質，通常不外下列三種：

(一)長期契約協定 (Long-term Contract Agreement)，此種協定，其中又有雙邊長期契約協定與多邊長期契約協定之分。前者可以英國與不列顚國協各國間所締結之協定爲其代表，後者則以國際小麥協定 (International Wheat Agreement) 可爲示範，其協定之主要作用，爲將特定商品之交易數量與價格，予以長期之固定，或規定其交易數量之固定最高價格與最低價格。就國際小麥協定而言，係協定國際間小麥定量定價之長時期輸出與輸入，如國際價格超越其協定所規定之最高價格，則輸出國須按最高之價格，輸出一定配額之小麥。反之，如國際價格下跌至協定所規定之最低價格以下，則輸入國亦須按最低價格輸入一定配額之小麥。由此可知國際小麥協定，係輸出國與輸入國間之相互保險協定。

(二)國際限額分配協定 (International Quota Agreement)，此種限額分配之協定，並不直接規定其商品之價格，僅爲對輸出國限制其特定商品之生產數量與輸出數量之最高額，或對輸入國限制其特定商品輸入數量之最高或最低額，目的在穩定市場之供需與市場之價格。國際糖業協定 (International Sugar Agreement)，卽屬此種性質。但若世界自由國家之糖價，超過其協定所規定之標準，則對糖之輸出，卽不限於限額分配。反之，若世界自由國家之糖價，下落至協定所規定之標準以下，則對限額之分配，從嚴執行。此種協定，係爲對生產成本高之國家，予以不當之保護，而對生產成本低之國家，則阻礙其增產，常易

引起生產上與貿易上之不良影響。

(三)國際緩衝存貨協定 (International Buffer Stock Agreement)，此類協定，乃係就特定之商品，規定其一定之價格變動範圍，當此類特定商品之自由市場價格上漲達到其價格變動範圍之最高極限或超過最高極限時，即提出緩衝存貨，向外拋售，以收抑制市場價格上漲之效。反之，當此類特定商品之自由市場價格下跌至價格變動範圍之最低極限，或有繼續下跌之趨勢時，即收購此種商品，撥入緩衝存貨之中，以收防止價格下跌之效。國際錫之協定 (International Tin Agreement)，即爲此種情形之先例。國際性之緩衝存貨計劃，僅能適用於積儲簡單而不需大量成本之商品，否則，其收購之資金，容納之場所，以及盈虧之風險，均將發生問題。同時，緩衝存貨之保存數量愈大，對國際市場價格之影響，當更趨嚴重。

第六節　聯合國貿易與發展會議

關稅暨貿易總協定 (GATT) 目前已有九十餘會員國，所有重要之工業國家，均爲其會員國; 總協定歷次舉辦之關稅減讓談判，多以已開發國家之產品爲對象，對初級工業產品與農產品，則不列入談判之內。因此，依據總協定之無歧視原則與最惠國待遇，對開發中國家造成相當不利之影響，無異壓制開發中國家之經濟發展。其次，總協定之多邊關稅減讓談判原則，使開發中國家幼稚工業之保護政策難於實施，致工業發展將永遠不易躋入先進國家之林，所以，開發中國家始終認爲總協定之談判，對其無法產生利益。關稅亦爲國際貿易障礙之一項，其他非關稅之障礙衆多，並不能有效解決，諸如先進工業國家對糖、棉紡織品、肉類以及石油等產品之進口，採取嚴格之限額限制，爲解決對開發中

家之諸多不利問題，開發中國家在聯合國之贊助下，於 1964 年在日內瓦召開一次規模龐大、歷時三個月之「聯合國貿易與發展會議（United Nations Conference on Trade and Development; UNCTAD)」。此項會議，旨在要求已開發國家考慮開發中國家之不利經濟情勢及競爭條件，其國際貿易之措施，應基於已開發國家對開發中國家之協助義務感，不能僅爲本身之短期經濟利益是謀。因此，對開發中國家擬採之有助益措施爲：第一、擴大使用國際商品協定，以保障初級產品之市場及應得之公平價格；第二、對於開發中國家提供財政補助，以補償其農產品出口，因貿易條件惡化所蒙受之損失；第三、鼓勵開發中國家自行推展區域合作，對於本區域內其他開發中國家之工業產品之進口，予以特別優惠待遇；第四、對開發中國家工業產品之進口，給予片面優惠待遇。綜上擬採之措施，對已開發國家而言，實非易事，歷經多年多次商談，所獲得較有具體結論者，僅有一般所謂之「優惠一般化制度（GSP)」，對開發中國家大部分之製造及半製造產品出口，完全免除關稅或課徵較其他工業國家產品爲低之關稅。惟此一制度之應用，限制亦多，其中：(1) 不包括農、漁業產品及紡織品。(2) 只限於一定數量之進口。(3) 期限爲十年。因此，開發中國家之大部分產品，並不能依據此制度（GSP）而建立國際競爭之地位。就美國而言，由於國內產業界之反對，遲至1976年方開始實施，除產品之數量與時間限制外，並訂有「產品畢業」一項，亦卽某一受惠產品之進口，佔美國進口該產品總額之比例超過50％，或進口之數量超過 5,770 萬美元，次年卽刪除免稅待遇，此項產品卽自動畢業。

優惠一般化制度，於 1984 年10月再度修訂，並自 1985 年 1 月 4 日起，再延長八年半。新制規定一百四十多個開發中國家，輸往美國之三千餘項產品，將繼續享有免稅進口之優惠，惟我國、香港、新加坡、韓

國以及以色列等，被指爲「新興工業化國家」，其所受限制較多。自
1987年1月4日起，其進口之比例，由50％降爲25％，單項產品之總金
額由 5,770 萬美元降爲 2,500 萬美元。

美國總統雖有豁免權，但其總金額不得超過美國免稅進口總金額之
30％，而我國等新興工業化國家，則不得超過15％。其次，自動喪失免
稅待遇之產品，在連續二年輸美金額降至 2,500 萬美元，或比例在25％
以下，則可重新再列爲優惠國。此外，新制條例，將原有之「微量條
款」之金額，由 100 萬美元提高爲 500 萬美元，使進口總額低於 500 萬
美元，而進口比例高於50％之產品，仍可享受免稅待遇。

除所訂「產品畢業」之規定外，新制尚規定受益國家之國民平均所
得達 8,500 美元水準，卽取消其國之免稅優遇。

綜上聯合國貿易與發展會議之內容，可知開發中國家雖極思運用此
一會議解決關稅暨貿易總協定對其所造成之不公平待遇，惟效果仍然不
彰。由於已開發國家與開發中國家之利益立場各異，欲達成均能滿意之
調適，幾不可能，此亦當前貿易自由化之隱憂所在。

第六章　區域貿易

　　自第二次世界大戰以後，各國雖透過各種國際組織，推動貿易自由化，惟鑒於世界性之自由貿易理想，短期中將無法實現，乃趨向於區域性貿易組織之發展。所謂區域性之貿易組織，乃數個國家在貿易上之合作，減少或取消彼此間對輸出入貿易之一切限制，以加強商品流通，擴大貿易數量，增加消費利益，故此種區域性之貿易組織，亦可稱之爲「區域性之經濟合作」。區域性之貿易組織，由於結合之性質與程度不同，故在組織形式上，亦有所區異。

第一節　區域貿易之種類

一、**自由貿易區** (Free Trade Area)：自由貿易區係指參加同盟之所有國家之間，其商品貿易之交流，無任何之限制，惟對於區域外之國家，仍可維持其不同之關稅與非關稅措施。例如，1960年成立之歐洲自由貿易地區協會(European Free Trade Area or Association-EFTA) 屬之。自由貿易區之組織，由於會員國對外可以維持獨立且不同之關稅與非關稅政策，故易發生貿易偏轉之現象 (Trade Deflection)，亦卽非會員國

之產品，將由關稅較低之會員國進口，再將其轉至關稅較高之會員國，如此將形成關稅收入與所得重分配不公平之現象。所以自由貿易區常對邊界地區嚴密巡防，或規定提示產品之產地證明書 (Certification of Origin)，以防杜貿易偏轉問題之發生。

二、**關稅同盟** (Custom Union)：關稅同盟，係參加同盟國家彼此間之關稅一律取消，同時所有參加同盟國家，對外採取一致之關稅體制，其組合與自由貿易區相較，由於同盟國家對外關稅之步驟相同，故不易發生貿易偏轉之問題。

三、**共同市場** (Common Market)：共同市場之組合具有關稅同盟之特性，此外，所有參加國家彼此之間之資本與勞力等生產因素，尚可自由移動，不加人為之限制。

四、**經濟同盟** (Economic Union)：經濟同盟組織，除具有共同市場之相同特性外，其所有參加國家之間之經濟政策，彼此亦有適當之協調。諸如會員國之間使用共同之通貨，或彼此間之通貨滙率長期固定。

五、**完全經濟結合** (Complete Economic Integration)：完全經濟結合，係經濟同盟之最高境界，會員國之間使用共同之通貨，建立單一貨幣之銀行制度，放棄經濟政策之自主權，採取統一之財政政策與社會政策，並設立超國家之機構，決定其同盟內與同盟外國家間之經濟政策，其所作之決定，對所有會員國，均具有拘束力。此種結合型態，於 1960 年盧、荷、比三國所組成之經濟同盟卽屬之。

基上簡述，可知區域貿易之形成，基本上乃係採取差別關稅制度（Discriminatary Tariffs）。參加國家間之商品或勞務，享有優惠關稅

或免稅之待遇，可促進國際間之貿易交流自由化。惟對未參加同盟之國家，採施差別關稅措施，易於發生偏轉之不良影響，對整個世界之福利水準未必提升，其結果乃損益互見，僅能謂爲促進貿易自由化之次佳方案 (Second Best Solution)。

第二節　歐洲支付同盟與歐洲貨幣協定

一、歐洲支付同盟

歐洲支付同盟 (European Payment Union)，係源於 1948 年美國對西歐經濟重建，所提出之歐洲復興方案(The European Recovery Program)，亦卽所謂馬歇爾計劃(Marshall Plan)。歐洲國家於 1948 年 4 月，在巴黎成立歐洲經濟合作組織 (The Organization for European Economic Cooperation)，以響應此一方案。參加經濟合作組織之歐洲國家，爲增進會員國間之貿易交流，解除當時美元缺乏之困難，乃於 1950 年之 7 月簽約成立歐洲支付同盟，參加之國家，計有奧國、比利時、丹麥、法國、西德、希臘、冰島、愛爾蘭、意大利、盧森堡、挪威、葡萄牙、瑞典、瑞士、土耳其及英國等 17 國，後西班牙於 1960年申請加入，共爲18國家，亦卽歐洲經濟合作組織之全部國家。支付同盟之合作方式，係以會員國家間之多邊清算方式 (Multilateral system for settlement)，代替雙邊協定。其成立之目的，一方面爲增進各會員國間之輸出入貿易；一方面則爲解決美元嚴重缺乏 (Dollar shortage) 之困難，以多邊清算之方式，將國內之票據交換，推廣爲國際性之交換。

支付同盟對會員國之清算進行，係根據各會員國之配額 (Quota)

及基金 (Fund)。所謂配額，卽爲同盟會員國有一定之配額，爲其最高
累積盈餘或累積虧絀之極限，於此極限範圍以內，分別以記帳信用及黃
金或美元按月結算。凡結算有盈餘之會員國，其盈餘之數未超其配額20
％者，則全部由同盟提爲記帳信用，超過配額20％部份，則由同盟半數
以黃金或美元支付，半數提爲記帳信用，惟同盟向盈餘會員國所提之信
用，須給予年息二厘之利息，每半月由國際清算銀行結算一次，以加入
各國之盈虧累積項下。至結算有虧絀之國家，如虧絀之數未超過其配額
20％者，則全部由同盟予以記帳信用，超過20％部份，則一半須以黃金
或美元支付，一半仍由同盟予以記帳信用，此項支付比例，於1955年之
7月，修正爲75％須以黃金或美元支付，25％由同盟予以記帳信用。惟
此項記帳信用之利息，則依時間之長短計算，第一年年息二厘，第二年
則爲二厘又四分之一，二年以上則爲二厘半。

　　同盟對會員國之記帳，係採取累積原則(Cumulative Principle)，
卽爲先將當月各國之債權債務清結後，再連同前期之淨盈餘或虧絀予以
合併抵算，相互抵銷後之淨盈絀，方爲本期之淨盈絀。其清算所用之計
算單位 (Accounting Unit)，爲每一計算單位等於 0.88867088 公分純
金，卽三十五分之一盎斯純金，由於美元與黃金之比價，爲35美元等於
1盎斯黃金，故每一計算單位亦等於1美元。

　　支付同盟雖對有盈餘之會員國有信用提撥之權 (Right of Draw-
ing)，但對虧絀會員國之信用供給，常超過信用提撥，故須有充裕準備基
金之設置。同盟之基金主要來源，爲美國對歐洲復興方案中所提撥之三
億五千萬美元，以及由此款營運之收益。至同盟對會員國之收支結算，
係委由國際清算銀行 (The Bank for International Settlement)
爲各國會員國之中央銀行按月結算其經常帳戶之來往。

　　支付同盟原定之期間爲二年結束，曾幾經延長，於 1955 年 8 月之

討論延長修訂契約中，卽於條款中規定：各會員國恢復通貨自由兌換所佔之淸算配額，達同盟總額之一半時，同盟卽告結束，由歐洲貨幣協定代替。故自 1958 年年底歐洲各國通貨均先後恢復對外自由兌換，同盟乃正式宣告結束。二次世界大戰結束以後，歐洲各國均感美元之嚴重缺乏，而影響經濟交流與貿易之發展，爲解決此一共同之問題，成立支付同盟之組織，完成其過渡時期之多邊淸算，對同盟國家之經濟復興與繁榮，極有貢獻。

二、歐洲貨幣協定

歐洲貨幣協定（European Monetary Agreement），早在1955年8月間，卽由歐洲支付同盟之會員國修訂延長簽約時，規定各會員國恢復通貨自由兌換所佔之淸算配額，達同盟總配額之一半時，同盟應告結束，卽由協定予以代替。因此，歐洲支付同盟正式結束之日，卽爲歐洲貨幣協定生效之時。歐洲支付同盟於 1958 年 12 月恢復通貨自由交換而結束，歐洲通貨協定，卽繼之而成立。

於簽訂歐洲通貨協定時，對於歐洲支付同盟時期之支付抵償機能（Compensation function），應否保留之問題，各國意見不一，英國認爲通貨恢復自由交換後，應以國際上之強硬貨幣實行多邊淸算，故主張廢除同盟時期之支付抵償機能，而僅留同盟時期之授信機能（Credit function），而歐洲之大陸國家，則認爲支付抵償機能廢除，可能降減通貨協定內部國家之貿易水準，而發生對強硬貨幣國家之差別措施，故主張保留。經協議結果，仍保留同盟時期支付抵償機能之多邊淸算制度（Multilateral System for Settlement）與授信機能之歐洲共同基金（European Union Fund）兩部份，此兩項機能，於歐洲支付同盟時期，係合併運用。

多邊清算制度之執行，基本上與同盟時期相同，惟各會員國向國際清算銀行提報應行清償之債權債務，由銀行以多邊抵償方式清結後所餘各會員間之差額，則全部應以黃金或美元清償，並以現行市場滙率計算。於同盟時期之差額清償，則依一定比例之黃金或美元及信用清結，且滙率亦以固定滙率計算。

歐洲共同基金，係用以解決各會員國在國際收支上之困難，與便利多邊清算制度之執行，惟在支付同盟時期對各會員之信用融通，係由同盟自動融通，而歐洲通貨協定，則須於會員國申請時，方予融通，且規定較嚴，須限時清償。歐洲共同基金之總額爲六億美元，其中二億七千一百六十萬美元，係由支付同盟之資金轉入，其餘則由會員國攤繳，其基金之運用，則委由歐洲經濟合作組織之理事會負責。

第三節　歐洲共同市場與歐洲自由貿易協會

一、歐洲共同市場

歐洲共同市場 (European Common Market) 之組織，亦有稱歐洲經濟社會 (European Economic Community) 者，係由法國、義大利、比利時、荷蘭、西德、盧森堡等六國組成。此一組織之最初基礎，原爲1951年4月所成立之歐洲超國家共同煤鋼社會(European Coal and Steel Community) 組織之演變而來，超國家共同煤鋼社會組織，旨在共同管理歐洲六會員國之煤鋼兩大工業，爲 1950 年法國外長徐滿 (R. Schuman) 所提出，建議成立一超國家性之共同機構，以管理德、法兩國之煤鋼生產，此一建議經獲得西德、義大利、盧森堡、荷蘭、比利時五國之同意，於 1951 年簽約，於 1952 年 7 月實施，六國除

須逐漸廢除煤鋼之關稅與輸入之限制外，尚須放棄本國生產煤鋼之管理權與監督權。由此一超國家共同煤鋼社會計劃之實現，增加六國成立共同市場之信心，乃於1955年舉行六國外長會議時，由盧、荷、比三國提出建議，成立歐洲經濟社會，於1956年討論獲得協議，成立今日之歐洲共同市場，並於 1957 年於羅馬簽訂共同市場之條約，通稱羅馬條約，自 1958 年開始實施。

　　歐洲共同市場組織成立之目的，在於透過經濟上之結合，以實現其生產資源之有利使用，為達成其目的，規定於十二年至十五年之時間內，分三個階段，將各參與會員國間之關稅稅率，逐漸降低，最後則將關稅完全取消。同時對外則建立共同一致之關稅制度；其次則為各參與會員國間之進口限額，予以逐漸減低，最後則完全撤除；再其次則為各參與會員國間之勞力與資本，能自由移動，不加任何人為之限制。

　　歐洲共同市場之成立，有其成立之背景，並非偶然。首先就六會員國在歐洲之地理環境而言，均為於歐洲大陸毗鄰之國家，在交通聯絡設備上，均有高度之發展與便利。其次就歷史文化而言，六會員國皆為基督教國家，承繼希臘、羅馬歷史文化之傳統。再次就政治經濟上而言，六國均可列為經濟先進國家，所得標準，不相上下，在政治上之基本利益，亦大致相同。基於上述之情形，故六國能在平等互助之原則下，進行分工合作。六國由於共同市場之成立，使關稅壁壘與進口限額能逐漸減低以至廢除，而形成貿易自由競爭，以增進彼此間之經濟福利，並提高其生產效率，最後結果，則為各會員國在國際上之生產競爭能力增強，產品之輸出與經濟之成長率，均為上升。自 1958 年至 1962 年，四年之間，共同市場會員國之國民生產率，平均每年增加 4.8%，會員國間貿易額平均每年增加20%，其他國家對共同市場國家之輸出，平均亦每年增加 10.5%，由此可見其共同市場貿易合作之收效。六國區域內

之關稅，以 1963 年而言，工業產品關稅，已較 1957 年減低60％，農業產品減低35％，均較預定之削減計劃爲速。

英國於 1961 年卽開始申請加入共同市場，先後經十五次會議之協調磋商，由於雙方之意見出入以及法國之態度強硬，終於 1963 年之 1 月會談破裂，申請加入未能成功。其未能獲得成功之原因，則爲：（一）法國不願英國之經濟力量伸入共同市場，以削減法國在共同市場之領導地位，而堅拒英國入會；（二）英國與不列顚國協各國之間之特惠關稅制度，不爲共同市場國家所接受，英國又不願廢除；（三）共同市場與英國之農業產品政策不同，英國之農產品補貼政策與對不列顚國協國家之優惠稅率，與共同市場之政策相左。自 1963 年申請加入之會談破裂中止後，英國又於 1967 年之 5 月再度提出加入共同市場之申請，於此次申請中，英國未提任何之附帶條件，共同市場之六國，除法國外，其餘五國均有願意接受英國加入之傾向，1970年除英國繼續申請參加外，尚有愛爾蘭、丹麥、挪威申請參加，共同市場均同意自 1973 年加入，是共同市場已爲十個國家所組成。之後，歐洲各國陸續加入，如今已有十餘國參加歐洲共同市場。

二、歐洲自由貿易協會

歐洲自由貿易協會（The European Free Trade Association）係由英國、瑞典、挪威、丹麥、瑞士、葡萄牙、奧國等七國於 1959 年簽約所組成，於 1960 年開始生效。其目的一方面爲促進會員國之內之商品移動自由，廢除區域內之關稅與輸入之限制，以增進其經濟之成長與安定；而一方面則爲對歐洲共同市場之迅速成長，予以對抗。協會組織之發起者爲英國，英國申請參加歐洲六國之共同市場，係擬以共同市場大規模之生產利益，以促進其本國經濟體質之改善，因申請加入計劃

未能實現，乃發起此一組織，期收彌補之效。

　　歐洲自由貿易協會成立時，由於英國主張保留不列顚國協間之特惠關稅與農產品不包括於自由範圍之內，故協會與歐洲共同市場具有三大不同之點：（一）自由貿易協會因須保留不列顚國協之特惠關稅關係，致未協定對外之共同關稅制度；共同市場則有對外之共同關稅協定。（二）自由貿易協會對區域內之農產品問題，係由會員國之間分別進行雙邊協定解決；共同市場之貿易內容，則包括工業產品與農業產品。（三）自由貿易協會僅由會員國本國所組成，不包括會員國之屬地；共同市場則包括會員國之屬地。

　　歐洲自由貿易協會之組織，由於各會員國所處地區分散，不似共同市場六國之國境毗鄰，人口亦較共同市場之人口爲少，會員國中之英國、瑞士、瑞典爲工業國家，而挪威、丹麥、葡萄牙等國，則以農業水產爲重，在經濟上之結構，不似共同市場之性質均衡，故自成立以來，會員國在貿易上之發展與經濟上之收益，不似共同市場之有成效。但自由貿易協會於會員國內工業產品流通之關稅，已於 1966 年 12 月底宣佈完全撤銷，計自協會開始成立至關稅撤銷，爲時僅六年又半，較之共同市場於1968年始完全撤銷，尙佔先一年半，是爲協會營運之最大成效。

第四節　美洲自由貿易協會與亞洲經濟合作組織計劃

一、中南美洲自由貿易協會

　　拉丁美洲國家爲加強經濟上之團結與貿易上之合作，於聯合國拉丁美洲經濟委員之倡導下，於 1960 年之 2 月，由巴西、智利、秘魯、烏拉圭、阿根廷、墨西哥、巴拉圭等七國組成拉丁美洲自由貿易協會（

The Latin American Free Trade Association)，簽訂條約，於
1961年 6 月生效，於同年之10月，哥倫比亞與厄瓜多爾、玻利維亞、委
內瑞拉亦相繼申請參加，其協會合作之主要目的，爲會員國區域內關稅
之廢除，預期於十二年之內，逐漸取消會員國間之關稅以及貿易上之各
種人爲限制。又中美洲之薩爾瓦多，尼加拉瓜與瓜地馬拉三國，亦協議
訂有中美洲之多邊自由貿易協定，於 1959 年之 6 月開始實施。此外尚
有薩爾瓦多、瓜地馬拉及宏都拉斯三國，亦於 1960 年設立中美洲共同
市場 (Central American Common Market)，其後尼加拉瓜與哥斯
達黎加亦申請加入，簽訂二十年條約，並預期於五年之內，成立參與共
同市場國家間之完全關稅同盟。

二、亞洲經濟合作組織計劃

由於歐洲共同市場，自由貿易協會以及中南美洲自由貿易協會之組
織成立，使國際間區域性之經濟團結與貿易合作，不但有逐漸加強發展
之趨勢，且均有實質上之收效，故聯合國之亞洲暨遠東經濟會，對成立
亞洲經濟合作之組織 (Organization for Asian Economic Cooper-
ation)，亦曾於遠東經濟會第十八屆大會提出討論，但未能完全獲致
協意。此一組織之預定目的，爲擬藉此以降低亞洲區域內參與組織國家
之關稅，以增加其輸出入之貿易數額。就一般情形而言，亞洲地區之國
家，除日本以外，其他國家之經濟開發與生產事業，均較落後，各國條
件不齊,故成立經濟合作組織,其間之困難與阻礙甚多，殊難付諸實施。

第五節　區域貿易性質之分析

區域性貿易合作之國家，彼此間之輸出入貿易，有將關稅壁壘撤除

者，有將輸入限額條件取消者，亦有將資本及勞力移動之限制予以解禁者，由於貿易上各項限制之減少或撤除，使生產成本降低，國際分工互利之利益增加，輸入國外低廉成本之產品，以代替本國之生產不利條件。因此，不但參與國家之間之利益互爲增加，且輸出入貿易之總額，亦爲之大額擴張，故區域貿易組織之實施，係爲世界性自由貿易之縮小，其互惠之利益，雖不能遍及世界各國，但至少有利於參與組織之國家。

　　凡參與區域性貿易組織之國家，通常均在地理環境上，歷史文化上，以及經濟政治上，均有相當密切之關係。換言之，即爲區域性貿易合作之國家，常爲國界毗鄰，交通便利；歷史文化，同文同種；經濟政治利益，相互攸關。此不但區域性貿易之組成國家，須具有相等之適當條件，即實施自由貿易，亦須於經濟發展工業條件相當之國家間進行，方能獲得眞正之分工互利，否則當易形成片惠之利益，而非眞實之互利。

　　自由貿易之基本原則，係基於各國之自然條件與人爲條件互不相同，因而分別從事於比較有利之專業生產，以實現國際上之分工，使資源獲得最大有效之利用，而發生各國間之經濟互利，惟此一比較生產成本之原理，僅能於貿易絕對自由，無任何限制阻碍之條件下，始能發生其效果。區域性之貿易合作，乃係於不能實現自由貿易條件之下，以人爲之政策，創造會員國區域內之國際分工，以發揮其生產成本比較之有效利用，故自由貿易係爲於自然經濟法則下所獲得之利益，而區域貿易係爲於政策經濟法則下所獲得之利益。但國際間之分工互利，不論爲自然所形成，抑係由政策所促成，其因資源之有效利用所獲之經濟利益，則完全相同。因此，昔時僅認爲於自然經濟法則之下，方可實現之高度國際經濟利益，由於二次世界大戰結束後之區域貿易合作，可知於政策經濟法則之下，亦可達成高度國際經濟利益之實現，其所區異者，僅爲範圍之廣狹不同而已。

第六節　區域貿易之理論分析──關稅同盟理論

由於關稅同盟與其他型態之經濟結合類似，可用為經濟結合理論之代表性分析，其分重點為：(一)同盟內貿易自由化，產生之效果為何？(二)對同盟外採行差別關稅，產生之效果為何？此一問題分析，首推韋納 (Jacob Viner) 於 1950 年所出版之《關稅同盟問題》(*The Customs Union Issue*)一書。在韋納以前，一般皆以關稅同盟，必定提高世界福利水準，促使國際貿易總協定，在無歧視之原則下，有部分例外之規定。關稅同盟是否能提高世界之福利水準，主要視貿易「創造效果」(Trade creation) 及「貿易移轉」(Trade Diversion) 之大小而定；如果貿易創造效果大於移轉效果，則可提高世界經濟福利水準，反之，則適得其反。依據韋納之定義：貿易創造效果，係以「較便宜條件自同盟國進口產品，以代替國內較高成本之生產」，而貿易移轉效果，則指「以較昂貴條件自同盟國進口，以代替較便宜之非同盟國產品進口」。上述情形，可以簡單之部分均衡分析之。

一、關稅同盟之部分均衡分析

圖一係以部分均衡，分析關稅同盟之效果，圖中假定 A、B、C 三國，A 國與 B 國組成關稅同盟，C 國則為關稅同盟外之國家。假定 $\overline{SS'}$ 與 $\overline{DD'}$ 曲線為 B 國對 X 財之供給曲線與需求曲線。若 B 國從 A 國進口 X 財之單位價格為 OA，故 $\overline{AA'}$ 線為 A 國 X 財之供給曲線，完全富於彈性；同時假設 B 國從 A 國進口 X 財之單位價格為 OC，其供給曲線為 $\overline{CC'}$，亦富彈性。在尚未組成關稅同盟之前，B 國每單位 X 財之進口關稅稅率為 T，則 B 國從 A 國進口 X 財後之國內價格為 A＋T，而從 C 國進口之國內價

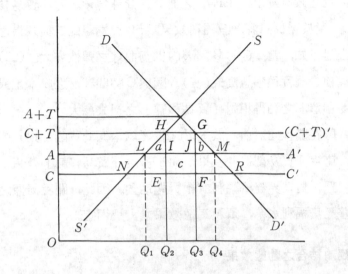

圖一　關稅同盟之經濟分析

格爲 C＋T，顯然 B 國將從 C 國進口 X 財 Q_2Q_3 單位，國內生產 OQ_2
單位，消費 OQ_2 單位。B 國之關稅收入爲面積□ EFGH，其經濟福利
損失面積爲 △NEH 加 △FRG。

　　再設 A、B 兩國組成關稅同盟，B 國面臨 X 財之供給曲線變爲免關
稅之 $\overline{AA'}$ 線，其 X 財之國內價格由 C＋T 降爲 OA 單位，達成新均衡。
B 國國內生產由 OQ_2 單位，下降爲 OQ_1 單位，消費則由 OQ_3 單位，增
爲 OQ_4 單位，發生貿易擴張，進口數量由 Q_2Q_3 單位擴大爲 Q_1Q_4 單
位，且從 C 國進口轉爲從 A 國進口，其經濟福利損失縮小爲△ a 加△ b
之面積。B 國經濟福利之提高，乃「貿易創造」效果所致。惟自組成關
稅同盟後，B 國 X 財改自 A 國進口，使其經濟福利之損失爲□ EFJI，
此原爲同盟前由 C 國進口 X 財所課徵關稅之一部分，茲則轉爲 A 國所
得。B 國可能增加租稅，以補損失之關稅收入 □EFJI，或降低過去以

關稅收入挹注政府支出 □EFJI 之部分。此種現象，乃「貿易移轉」效果所致。 至於關稅同盟之淨福利效果爲何？ 端視此二種效果之大小而定。基上述可知，當: (一) B 國國內供需曲線之彈性愈大; (二)組成關稅同盟以前之關稅稅率愈高; (三) A 國與 C 國間 X 財之成本差異愈小，則「貿易創造」之利得相對「貿易移轉」之損失愈大。

設 A 國在關稅同盟前，其 X 財之生產成本低於 C 國，則 B 國在關稅同盟後，產生「貿易創造」效果，而不發生「貿易移轉」效果，其組成之關稅同盟，對世界經濟福利有絕對之助益。因此，關稅同盟之組成，能否改善經濟福利水準，須視二種效果之大小而定。

二、經濟結合之動態效果

前述關稅同盟理論，係基於生產要素供給，生產技術，及經濟結構既定不變之假設，屬於靜態效果分析，惟經濟結合，尚可能有如下之動態效果:

(一)產生規模經濟

規模經濟可分爲內部與外部規模經濟，前者係指某一個別廠商擴大其營運規模後，使其平均生產成本降低。後者係指一產業之個別廠商，由於整個產業之擴張成長，或由於經濟之發展與成長，致使該產業個別廠商之平均成本降低。

經濟結合之後， 由於出口市場擴大， 有效率之廠商，將排除市場之限制性， 達成規模經濟， 使其成本降低。 例如歐洲共同市場中之原子能、鋼、銅及鉛等的煉製，金屬機械、汽車、合成纖維、紙、皮革以及鞋業等產業，即屬經濟結合後所創造內部規模經濟之例證。其次，拉丁美洲經濟結合，亦有相當程度之規模經濟產生。

一般而言,外部經濟來自經濟體系中各部門間之交互作用,每一部門

之發展皆對其他部門產生有利之反映效果 (Favorable Repercussions Effects)。例如供給中間產品給Y產業之X產業，因其技術進步，導致Y產業產量擴充，從而降低Y產業之生產成本。經濟結合將導致市場之擴大，進而擴張部門間發展與創造交互作用之利得；另一方面，市場愈擴大，獲取專業化利得之機會亦愈大。

(二)提高市場結構效率

經濟結合尚有較不為人所悉及無法測度之利得，即為促進市場結構效率之提高。由於國家經濟結合之後，各國間貿易與投資之障礙廢除，產業中各廠商受到其他廠商行動與反應之影響程度減輕，每一廠商在較大之區域結合市場中所佔之比率，遠低於其在國內市場之佔有率，因而寡佔廠商間之相互依存性降低，其相互串結之可能性亦減少，低效率之廠商，遂失去關稅之保護，必須與外國同一產業之廠商相互競爭。此外，經濟結合促使市場擴大，允許若干最適規模廠商進入其產業，提高市場有效之競爭環境。

至於經濟結合能否提高市場之競爭程度，端賴各會員國所採之政策而定。如結合後，新訂對外關稅平均低於結合前各會員國之關稅時，則可透過外國之競爭力，提高市場結構之效率。

三、促進經濟成長

關稅同盟對於經濟成長之貢獻，迄今尚無定論。就一般情形而言，經濟結合後，由於結合區域市場中，已無政府管制，故可吸引許多外國之投資，並引進若干新穎技術。如美國在歐洲共同市場上之投資即為其例；此外，技術創新之累積增加，導致同盟內新廠商之建立與舊廠商之擴張，進而促使經濟成長。

經濟結合後，導致規模經濟、提高市場競爭程度、促進技術創新、

降低成本、改善品質、刺激消費增加及提高市場結構效率，此一連串之動態效果， 雖較直接之靜態效果難以推估， 但具有潛在之價值與重要性。

第七章　我國對外貿易政策與概況

我國爲以農立國之國家，歷朝之政策措施上，多傾向重農輕商，但亦並未阻碍商人之經濟活動。由於我國係一大陸國家，經濟方面可以自給自足，故對外之貿易往還，以採閉關主義時間爲多。甚至對人民出國，亦頒有「海禁」，即爲准許「互市」，亦係政治上之目的，藉以維繫對外之關係。且對區域、時間及交易物品，常均有限制。古時貿易俱由民間經營，政府未加管籌，對附屬國家之進貢物品及回聘賜贈，亦爲象徵性之政治覊縻，無益於國民經濟。

第一節　民國成立以前之對外貿易

我國古代之主要出口物品，爲絲、茶二宗，美國獨立前後之「飛剪」式帆船來華，主要係爲購茶。我國對中亞細亞以至歐洲之陸路交通線，歐人有「絲路」之稱。對於設關征稅問題，孟子雖有關市稽而不征之理想，但後此歷朝政府，多係關市稽而又征。迨至清康熙二十三年（1685年），外商來華漸多，我國之關閉主義政策，終告不支，於是開海禁，而明文准許通商，但亦並非完全可以自由貿易，僅於江蘇、浙江、福建、廣東等四省，設有海關，由戶部委派海關監督，管理稽征事

宜。當時進口貨品，以鴉片、紗布、香料、象牙等爲大宗。所有進口貨品，均爲透過中國之行號銷售，外商尚無自設公司行號銷行者。

鴉片戰爭一役，敗於英國，兵臨城下，迫訂南京條約，除賠款及割讓香港外，並闢廣東、廈門、福州、寧波、上海等五口通商，時爲淸道光二十二年（1842 年），至此我國之閉關政策，即完全宣告破產。是後之五十餘年中，又有英法聯軍之役，中法越南之戰，於光緒二十二年（1895 年）之中日戰爭，及庚子年（1900 年）八國聯軍之役，均爲除割地賠款之外，尚先後簽訂對十六國家之不平等商約，其中包括增闢商埠，限制關稅稅率，予外人以領事裁判權，沿海貿易及內河航行權，開放租地及租界，准許外人設立工廠銀行，發行紙幣，建設鐵路及開採鑛山等物權。我國於此不平等條約及關稅不能自主之情況下，前後將及百年，其權利外溢，所受外人之經濟侵略損害，將不能以數字計。

於關稅不能自主及不平等條約之庇蔭下，國外商品進口時，僅須付 5％關稅，即可於我國境內暢通無阻。而國內產品則因釐金制度之設立，稅負奇重，而無法與外貨競爭，新設工廠，亦以外人所設者之資金雄厚及技術優良，國內無法與之競爭，故此際之國際貿易實權，實操之於外國銀行及外商之手，其歷年之貿易數額，雖有逐漸增加，而均係入超數字之增長。自同治三年（1864年）至宣統三年（1911年）之四十七年當中，僅有同治三年、十一年、十二年、十三年及光緒元年及五年之六個年度有出超外，其餘均爲入超。輸入額自 1864 年之四千六百二十餘萬關兩增至 1911 年之四億七千一百萬餘關兩，增加約十倍有奇，同期輸出額則自四千八百一十餘萬關兩增至三億七千七百萬餘關兩，增加約達八倍。其歷年入超總值計三十四億關兩，除僑滙收入用以彌補部份外，其餘皆須金銀輸出，故國民積蓄，逐漸減低，復以中國採用銀本位制度，而國際滙兌滙價又由外國銀行操縱，其滙兌上所受之損失，亦至浩

鉅。其時之輸出入貨品類別，在輸出方面，則以茶、絲爲主，次爲牛皮、草帽鞭、大豆、胡蔴子、花生仁、花生油等農產品。輸入以棉織品、棉紗、棉花、米、麵粉、煤、糖、紙煙、煤油、機器、鋼鐵等工鑛產品爲大宗。

海禁旣開，爲適應時代需要，自淸光緒三年（1877年）開始，對於對外貿易管理以及有關法令措施，乃予逐步建制，光緒三年（1877年）設有南洋大臣，九年（1883年）又設北洋大臣，兼管通商事宜，二十九年（1903年）設立商部，後以工部併入，稱農工商部。並有編訂商律、公司律、商標註冊章程、商會章程、破產律等。三十一年開始改良茶之生產與頒佈國產紗布銷售獎勵章程以及華商創辦實業獎賞辦法等。三十三年（1907年）各省設勸業道，掌管全省農工商及交通事宜，並勸諭各業於北京設立總商會，各省並陸續設立分會，綜上係爲我國淸季對商業組織體系之初步建制。

第二節　民國成立後之對外貿易政策與措施

民國成立初期，關稅仍未自主，復以政局紛亂，軍閥割據，致對國際貿易，初無改進與發展，其所受外商之操縱與不平等條約之束縛情形，仍繼續存在，輸入貨品稅率，依然一律值百抽五，對奢侈品之輸入，亦僅有2.5%之附加。

國民政府於十六年四月奠都南京後，卽宣告於同年九月起實行關稅自主，並頒佈進行稅暫行條例，準備實施。十七年北伐完成，同年年底公佈新稅則，自十八年二月一日起，實行進口稅之差等細則，是爲我國之第一次關稅改革。十九年二月將關稅稅則改爲關金單位稅則，爲第二次之改革。十九年十二月公佈修正稅率，於二十年一月實行，最高稅率

提高至50％，以保護國內產業，爲第三次之改革。二十年五月，再修正關稅稅率，最高稅率提高至80％，爲第四次之改革。二十三年七月，修正棉紗、五金、化學品、木材等之稅率，其中對棉花、紙張、海產品等之稅率酌減，爲第五次之改革。

至於滙率及幣制方面之改進，國民政府曾於十九年五月禁止黃金出口，二十二年四月廢兩改元，二十三年九月中央銀行公佈外滙牌價，同年十月開征白銀出口平衡稅，並設立外滙平價委員會。二十四年十一月四日宣佈放棄銀本位制度，實施法幣政策，將白銀收回國有，中央銀行無限制買賣外滙，訂定英滙滙率爲法幣每元合十四便士半，美滙滙率爲每法幣百元合美金 29.75 元，嗣後英滙滙價不變，美滙滙價則改爲美金30.25 元。我國不穩定之銀本位制度滙價，至此告一段落。

國民政府於十八年實施訓政之施政綱領中，有關貿易方面之措施爲：(1) 於實行保護獎勵工商業中，有提倡國際貿易之規定。(2)於審查工商產品中，有檢驗輸出入產品之規定。(3) 在保護海外工商業中，有設置國外商務專員之規定。十九年十一月舉行全國工商會議，商討海外貿易之發展，同時對於貿易機構方面，亦設立工商訪問局，於二十一年十二月改爲國際貿易局，以主持對外貿易之促進及調查統計研究之事宜，同年並頒佈商品檢驗暫行條例及商品檢驗局暫行組織條例，在滬、漢、青、粵、津各地設立商品檢驗局，檢驗重要之輸出商品。

民國二十年之輸出額爲十四億一千萬元，約較民國十一年增加三分之一，約爲民國元年數額之 2.5 倍。輸入額爲二十二億三千萬元，較十一年增加約三分之二，約爲民國元年數額之三倍。其入超數額，仍係逐年加增。二十一年至二十四年間，因二十年有九一八事變，東北淪陷，銀價上升，貿易之輸出入數額及入超額，逐年減少。二十九年，二十六年因法幣改制後對外貶值之因素，對出口有利，致輸出增加，入超減

少。二十六年輸出額爲法幣八億三千八百萬餘元，輸入爲九億五千三百萬餘元，入超爲一億一千五百萬餘元。輸出商品之絲、茶數量，漸爲降落。其商品輸出金額之多寡次序：則爲桐油、生絲、蛋類、皮革、茶、刺繡、棉花、錫、猪鬃、花生等；輸入爲金屬材料、機器工具、紙張、化學品、染色顏料、漆料、煤油、棉花、毛呢、木材、米等。我國法幣改制後，對工商企業及貿易方面，頗有改善。

第三節　抗戰期中與抗戰結束之對外貿易政策與措施

一、抗戰期中之對外貿易政策與措施

民國二十六年七七蘆溝橋發生事變後，我國對日抗戰，國家之經濟體制轉入戰時經濟體制，政府對對外貿易及外滙採施管制。於二十六年八月公佈「非常時期金融安定辦法」，限制向銀行錢莊提存，以間接限制外滙之購買。同年九月又公布增進生產及調整貿易辦法大綱全文，政府設立農業、工礦、貿易等三個調整委員會，隸屬於軍事委員會之下，分別輔導其原有農工商業之公私機構，予以資金及運輸方面之便利，必要時並給予補貼，進口物資則分必需品，半需品及奢侈品等類，對後者之物品予以提高關稅或禁止輸入。

二十七年三月公佈抗戰建國綱領，其中有關貿易者，有統制銀行業務，鞏固法幣，統制外滙，管理進出口貨物，整理交通系統，禁止囤積居奇，實施物品平價等項。同時又公佈「購買外滙申請辦法」，實行進口申請審核制度，規定桐油、猪鬃、茶、蛋品、鑛砂等二十四種產品出口須結售外滙，並將軍委會所屬之貿易調整委員會改隸財政部，更名爲貿易委員會，負責處理輸出入之貿易外滙事項。二十八年七月一日起，

改用二元複式滙率，由中國、交通兩銀行設定商滙牌價，英滙爲法幣百元合7.5便士，美滙爲法幣百元合美金 13.625 元。同時公佈非常時期禁止進口物品辦法，凡奢侈消耗品及有產品可資代替者，一律禁止輸入。出口方面改爲各種輸出物品均須結售外滙。於二十七年之七月美英兩國宣佈封存我國及日本在其國內之資金，其後因太平洋戰爭之爆發，貿易隨之陷於中斷，外滙管理進入停頓階段。三十年八月取消中交兩行商滙牌價，重訂滙率，英滙爲法幣百元合 3.1875便士，美滙爲美金 5.34375元，對進口貨品分爲重要、次要及再次要三類，出口須結滙之貨品減爲十二種。同年十二月再調整滙率，英滙爲法幣百元合三便士，美滙爲美金五元。自三十二年六月起，對僑滙及盟邦滙入之款，予以補助，實際滙率爲一美元合法幣五百元。於三十四年五月頒佈「戰時工商業請購外滙辦法」，規定工商業進口之物品，須先經戰時生產局之核准，方能向銀行結滙。

關於貿易管理方面，則爲促進輸出，管制輸入。在輸入方面，必需品不受限制，次要品限制數量，非必要品則停止輸入，輸出方面除保留必需物資自用，及禁運物資資敵外，並鼓勵剩餘產品輸出，以維持國際收支之平衡。關於對敵後之經濟作戰，曾於三十七年十月公佈「查禁敵貨條例」，禁止與淪陷區貿易來往。嗣因太平洋戰事發生後，情勢又有演變，乃於三十一年五月公佈「戰時管理進出口物資條例」，其中並鼓勵以後方之剩餘物資，輸往淪陷區，以換取後方所缺乏而急需之物資。

抗戰期內及抗戰發生之前兩年，因民間運輸困難，致公營貿易任務逐漸加重，資源委員會於二十五年七月起，卽統制鎢銻產購運輸，同年八月實業部聯合川湘鄂浙皖五省政府，成立中國植物油料廠，辦理植物油料之購煉運輸。二十六年五月實業部設立官商合辦之中國茶業公司，辦理茶葉出口。抗戰期內，政府先後收購鑛產、茶葉、桐油、豬鬃、生

絲、羊毛等物資，辦理統購統銷，先後設立富華貿易公司，復興商業公司，改組中國茶葉公司為國營，在美國紐約設立世界貿易公司，利用國外若干借款及政府資金，辦理主要物資輸出事項，至勝利後陸續撤消，業務則歸中央信託局接辦。

自二十六年二十九至年各年之間輸出入數額年有增加，其間入超數額以二十九年為最小。自三十年起因國際交通困難，貿易數額銳減，入超逐年增加，以三十四年之情形而言，輸入額為美金五千五百八十餘萬元，輸出為四千零一百二十萬元，致國際收支不能平衡，有相當數頻之入超差額。

二、抗戰結束後之對外貿易政策與措施

抗戰結束後，政府隨卽規定重要出口商品結滙辦法，允許出口商優先使用其出口外滙購入經建器材。三十五年二月行政院擬訂「促進國際貿易實施方案」，其主要內容為：（一）建立國營貿易及劃分獎勵民營範圍；（二）確立多邊貿易制度，以減少入超；（三）調整海關稅率，修訂商約，統一貿易行政機構，加強業務機構；（四）進口方面採取進口許可制及外滙審核制；（五）出口方面，除劃定公民營貿易範圍外，並豁免出口關稅，對出口業以資金、運輸及保險等之便利。

外滙貿易政策雖有確定，但以時局不定，交通破壞，通貨膨脹，致原有政策不得不時變遷，而情況日下：（一）三十五年二月政府宣佈開放外滙市場，三月份起實行，准許自由輸入工業及民生需要品，限制及禁止若干商品輸入，滙率為每美元合法幣2,020元，八月改訂為3,350元，出口憑銀行結滙證明書，經海關查驗後輸出。此項放寬進口結果，自三月至十一月九個月之中，減存外滙美金四億五千四百餘萬元。（二）同年十一月恢復外滙管理，設立輸入臨時管理委員會，審核進口許可；設置

輸出推廣委員會，主持促進輸出；滙率方面對輸入加50％附加，輸出給予 100 ％補貼，以彌補滙率之不合現實。(三)於三十六年二月公佈經濟緊急措施方案，調整滙率爲每一美元合法幣 12,000 元，取消出口補貼及進口附加辦法，禁止黃金外幣買賣，限制進口，推廣輸出。因嚴格限制進口結果，致走私猖獗。(四)同年八月公佈經濟改革方案，成立輸出入管理委員會，嚴緝走私，並實行複式滙率，將美滙牌價改爲官價滙率，適用於棉花、黃豆、米、麥、麵粉、煤等進口貨品，另設外滙市價，適用於其他進口貨品及一般出口貨品，由中央銀行外滙平衡基金委員會機動調整。同時於是年八月外滙第一次掛牌爲每一美元合法幣 39,000元，至三十七年四月，其滙價已調整二十三次，提高至324,000元。三十七年六月改採結滙證明書辦法，進口商於取得進口許可證後，必須向出口商購得結滙證，始能結購進口外滙。(五)三十七年八月公佈財政經濟緊急處分令，改用金圓券，外滙滙率爲每一美元合金圓券 4 元，限期收兌黃金白銀外幣爲國有，禁止人民持有，限制輸入，核減限額。惟因物資缺乏,滙率始終不能穩定,不久又改爲每一美元合金圓券20圓，黃金白銀外幣准許人民持有，但不得買賣。同年十一月，改用外滙移轉證辦法，由進口商向出口商讓購移轉證。(六)三十八年二月公佈財政金融改革案，黃金白銀准許自由買賣，銀元准許流通，放寬輸出入管制。同年六月中央政府遷移廣州，以銀元爲貨幣本位，輸出貨品所得外滙，以一成繳交中央銀行，其餘九成由央行發給輸入許可證，凡准許進口類貨品，可憑輸入許可證逕向海關報運輸入。

此一期間進出口貨品之金額次序，雖時有部份變動，大概情形可以三十七年爲準。計進口金額最高十項物品之次序爲棉花、機器工具、金屬材料、汽油、紙張、柴油、化學原料、染顏料、橡膠毛呢。出口則爲桐油、棉紗、豬鬃、蛋品、皮毛、茶葉、錫、刺繡、生絲等。

第四節　臺灣之對外貿易政策與措施

民國三十八年，政府遷臺，體察臺灣經濟之特質，審度當前處境之困難，乃確立以工業化爲臺灣經濟建設之總目標，其所採取之途徑，則爲對內增加生產，對外發展貿易。而其增產之方針，係農工並重，以農業培養工業，以工業發展農業，藉使兩者發生相輔相成之作用。就臺灣之自然條件及可用資源而論，較爲易於發展農業，但爲適應海島經濟之需要，完成現代化之經濟體系，又非發展工業不可，只有於此兩者同時並進之情況下，才能使臺灣經濟之發展，得以順利推行。

臺灣對外貿易之經營，係以輸出換取輸入，以輸入發展輸出，換言之，卽臺灣以其產品之輸出，換取各種必要之資本設備與農工原料，以發展生產，冉以增加之生產，復再換取機械與原料，如此循環進行，以求生產力之不斷提高與對外貿易數額之不斷增加。

於一國之外滙數量不足，通貨膨脹情形之下，爲求經濟發展之能順利進行，自須實施外滙貿易管理，以確保外滙之有效運用，使生產與貿易發生配合作用，達到增加生產，發展輸出，穩定物價，平衡國際收支之目的。

一、臺幣改革初期之外滙貿易

臺灣自三十八年六月十五日實施臺幣改制，臺幣方脫離與國幣之比率，並直接訂定外滙比率爲美金 1 元合新臺幣 5 元。同時由臺灣省政府公佈「臺灣省進口貿易及滙兌金銀管理辦法」，其中規定出口所得以20％按滙率結售臺灣銀行，80％發給結滙證，其經核准進口貨品之輸入，則憑結滙證報運。此外貿易商得向臺灣銀行以新臺幣購買結滙證。三十

八年十月以後，因通貨逐漸膨脹，進口申請漸趨踴躍，乃於三十九年一
月於臺灣區生產事業管理委員會之下設立產業金融小組，以審核外滙之
供給。同年二月規定一般商品之進口，應向臺灣銀行申請代購公營事業
結滙證，滙價爲每 1 美元合新臺幣7.50元。民營之出口，仍爲20％按滙
率結滙及80％按結滙證結滙，至政府機關及公營事業之進出口，則按新
臺幣 5 元合美金 1 元之滙率結滙，此種情形，實已形成複式滙率。同年
之五月又改用「美金寄存證」，取消民間輸出之 20 ％按滙率結滙辦法。
寄存證之價格，初定爲美元 1 元合新臺幣 8.35 元，至七月間則調整爲
10.30 元，同時並恢復結滙證名稱。又同年之十二月臺灣銀行公佈各項
外滙之審核辦法，由於通貨繼續膨脹，外滙審核之執行欠嚴，致金鈔黑
市與物價均同時上漲，至四十年三、四月間，美金 1 元之黑市價格，已
爲新臺幣16元左右，因而不能不謀求改革。

二、實施複式滙率與實績分配制度

於四十年四月，行政院公佈新金融措施，以加強管理外滙，其內容
爲以 10.30 元之結滙證價格，規定爲官價滙率，另定結滙證之價格爲
15.65 元，民營出口 20 ％按官價滙率結滙，另 80 ％按結滙證結滙，公
營事業及政府機構進出口之結滙及一般滙出入款項則按官價滙率結滙。
民營進口，如爲重要經建物資及民生必需品，則按官價結滙，對普通商
品之進口，則按結滙證價格結滙。

至四十一年之一月，其所有之進口物品，均經陸續改變爲適用結滙
證價格結滙。於四十二年之六月，爲限制進口商增加其進口之申請，乃
實施按貿易商四十一年度之進口實績，訂定級次，規定每級每次申請之
限額，此項辦法實施後，係逐漸演變爲按實績之配額制度。

三、規定進口物資外滙

　　四十二年七月產業金融小組改組爲臺灣省政府外滙貿易審議小組，同年九月公佈「改善進口外滙申請及審核辦法」。其要點爲：（一）設置每兩個月爲一期之進口物資預算。(二)每次申請進口金額以不超過其過去某時期之進口實績乘規定百分比加出口實績乘規定百分比爲限。（三）申請進口貨品以登記之營業範圍爲限。(四)進口結滙加征防衞捐二成。於此一期間內，出口因受複式滙率之影響，形成退縮，進口貿易，因按輸入實績核定進口外滙配額之關係，而發生貿易商頂讓實績之流弊。

四、改制管理機構與變更外滙分配

　　四十四年二月政府決定撤銷臺灣省外滙貿易審議小組於行政院成立外滙貿易審議委員會，以集中辦理前行政院及臺灣省政府所辦外滙貿易事宜，並公佈「結售外滙及申請結購外滙處理辦法」，其辦法要點爲：（一）將15.65元之結滙證價格改爲基本滙率，另加結滙證之牌價六元，（當時市價爲13.30元），再加基本滙率之 20 ％之防衞捐，故實際滙率爲24.78 元。（二)基本滙率加結滙證之牌價或市價。（市價與牌價不同），致公私營進出口物資之結滙滙率不同。（三)繼續施行每二個月爲一期之分期進口限額，並分別訂定各種貨品進口之分類配額，貿易商申請以一類貨品爲限，並規定其申請之最高限額，超過限額時，則按平均方法或比例方法分配之。 此一時期內， 出口因有差別滙率之待遇， 仍深受影響； 進口則因受分類配額之限制，而由前此之實績頂讓之流弊，變爲貿易商頂讓牌照之流弊。

五、簡化管理制度與實施單一滙率

於四十七年之四月，政府廢除實施差別滙率之財政收入目的，將進口結滙之二成防衞捐，改於進口關稅加征二成防衞捐，使進出口之滙率均等。初為避免刺激物價，依據進出口物資之性質，分別訂為 24.78 元與 36.38 元之兩種滙率，並廢除進口申請之最高額之限制。同年十一月又將兩種不同之滙率，合併為官價24.78元加結滙滙價 11.60元之 36.38 元單一滙率，對所有進口之申請，規定須附繳結滙證。四十八年之八月又將36.38定為官價滙率，輸出按全額發給結滙證。臺糖結滙證之牌價，則改為 40.03 元，以代表實際滙率。進口改為自由申請，並取消物資限額預算。惟仍有部份外滙，係按官定滙率供給。自四十九年之七月起，軍政機關之結滙，均須使用結滙證，至此 40.03 元之滙率，方為實際單一滙率，並於五十年之六月起，將名存實亡之 36.38 元官價滙率取消，一律改為 40.00 元之官價滙率，出口商不必於市場出售結滙證，可直接以40.00 元售予臺灣銀行。此於時期內之外滙管理改革，趨向自由化，因進出口滙率均等，出口方面受到鼓勵，故逐年出口增加，美鈔黑市降落，而接近官價滙率，外滙積存，亦年有增進。惟國際收支之平衡，仍賴相當數額之美援支持。但自五十二年開始，我國經濟開發開始收到成效，歷年之對外貿易逆差，遂為緩和，雖五十三年美援停止，但進出口之貿易總值，仍逐年鉅額上升，五十九年突破三十億美元，六十三年增至一百二十六億餘美元，六十四年因受國際經濟萎縮影響，進出口貿易總值降為一百十二億六千餘萬美元，較六十三年減少十三億四千餘萬美元，六十五年經濟開始復甦，對外貿易情形好轉，進出口總值又增至一百五十七億六千餘萬美元,六十六年再增至一百七十八億七千餘萬美元，六十八年至六十九年再度發生能源危機，輸入餘額相對上升，當年貿易餘額僅為七千八百萬美元，惟與六十三、六十四年相較，仍稱穩定。至七十五年則創六百三十九億餘美元高峯，出超增達一百五十六億餘美元。

茲自四十一年至七十五年之歷年輸出入總值統計，列如表一：

表一　歷年對外貿易的成長

單位：百萬美元

項目 年別	貿易總額	輸　出	輸　入	餘　額	
民國41年	303	116	187	－	71
民國42年	320	128	192	－	64
民國43年	304	93	211	－	118
民國44年	324	123	201	－	78
民國45年	312	118	194	－	76
民國46年	360	148	212	－	64
民國47年	382	156	226	－	70
民國48年	388	157	231	－	74
民國49年	461	164	297	－	133
民國50年	517	195	322	－	127
民國51年	522	218	304	－	86
民國52年	694	332	362	－	30
民國53年	861	433	428	＋	5
民國54年	1,006	450	556	－	106
民國55年	1,158	536	622	－	86
民國56年	1,447	641	806	－	165
民國57年	1,692	789	903	－	114
民國58年	2,262	1,049	1,213	－	164
民國59年	3,005	1,481	1,524	－	43
民國60年	3,904	2,060	1,844	＋	216
民國61年	5,502	2,988	2,514	＋	474
民國62年	8,275	4,483	3,792	＋	691
民國63年	12,605	5,639	6,966	－	1,327
民國64年	11,261	5,309	5,952	－	643
民國65年	15,765	8,166	7,599	＋	567
民國66年	17,872	9,361	8,511	＋	850
民國67年	23,714	12,687	11,027	＋	1,660
民國68年	30,877	16,103	14,774	＋	1,329
民國69年	39,544	19,811	19,733	＋	78
民國70年	43,811	22,611	21,200	＋	1,411
民國71年	41,092	22,204	18,888	＋	3,316
民國72年	45,410	25,123	20,287	＋	4,836
民國73年	52,415	30,456	21,959	＋	8,497
民國74年	50,825	30,723	20,102	＋	10,621
民國75年	63,954	39,789	24,165	＋	15,624

資料來源：“Taiwan Statistical Data Book”, 1987.

　　臺灣因地處海島，天然資源不豐，國內市場狹小，對國際貿易之依存度極高，故增加生產與擴張對外貿易，為發展臺灣經濟之基本要件。近十餘年來之對外貿易總值，已由六十年之三十九億餘美元，增至七十五年之六百三十九餘億美元，足以顯示我國積極推動經濟發展之成效。在六十、六十一兩年中，由於國內投資及生產之快速增加，輸出入貿易並隨之鉅幅成長，連續呈現出超。六十二年國際經濟趨於繁榮高峯，出超近七億美元，六十三年則發生國際性停滯而又膨脹之經濟萎縮，以及原油之巨幅漲價，各業生產成本提高，致對外貿易深受影響，而有十三億餘萬美元鉅額逆差之出現。六十四年國際能源危機未能解除，經濟繼續普遍衰退，產製成本增高，外銷益形困難，全年貿易總額為一百十二億六千餘萬美元，較六十三年貿易總額減少10.7%，入超六億四千餘萬美元。六十五年國際經濟情況開始好轉，進出口貿易總額增加，呈現五億六千餘萬美元之順差，六十七年因日元與西德馬克鉅幅升值關係，更促進我國有十六億六千餘萬美元之出超。嗣因六十九年再發生第二次能源危機，進口物價大幅上升，致出口相對減少，惟當年之貿易總值，仍較六十八年增加八十餘億美元。七十四年經濟開始復甦，進出口總值高達五百零八億餘美元，至七十五年更高達六百三十九億餘美元，出超增為一百五十六億餘美元。

六、近年輸入貿易概況

　　為配合國內經濟加速發展之需要，近十餘年來之進口亦年有劇增，六十年輸入為十八億餘美元，六十七年則增至二百一十億餘美元，七十五年更增至二百四十一億餘美元，十六年之中，增加十三倍有奇。再就表二貿易結構而言，七十五年資本設備佔進口總額 26.9 %；農工生產原料佔64.5%；消費品最少，僅佔 8.6 ％。輸入生產原料中包括原油進

口，近四年來因油價下降，用之於進口原油之外滙，逐年減少。

　　自民國六十年代開始，我國進出口貿易之值與量均大幅增加，而基、高兩港之吞吐量不敷容納，形成港口之嚴重瓶頸現象，擁塞不堪，影響貿易流量至鉅。政府於六十二年開始十項建設，除基、高兩港擴建外，並再新闢臺中港及蘇澳港，以解決貿易上之港口阻塞問題。又爲解決各類塑膠製成品之原料供應問題，政府將發展石油化學工業，列爲十項建設項目之一，現已完成石油下游工業生產計劃，可充分供應產製原料，降低成本，加強其外銷之競爭力。鋼廠與造船廠均已生產，對今後重工業以及其他相關工業之發展推動，已奠定基礎。

　　我國主要輸入來源爲美國、日本與西德，近年來三國合計所佔輸入總值約爲 61.3%。其中美國約佔 22.4%；日本約佔 34.2%；西德約佔 4.7%。我國對其他國家之貿易，每年或多或少均有相當數額之出超，其中以對美國之貿易順差最大。惟與日本之交易，至不均衡，我國每年均發生鉅額入超。又近年經積極推動多邊貿易結果，我國對歐洲、非洲以及中東產油國家之貿易進展甚速。

七、近年輸出貿易概況

　　由於政府之積極擴展外銷以及工商業者之努力配合，近十餘年來之輸出貿易，除六十四年受國際經濟萎縮影響，出口總額較六十三年減少三億三千餘萬美元外，其餘各年均有增長。六十年出口總額二十億六千餘萬美元，六十七年則增至二百二十六餘億美元，七十九年更增至三百九十七餘億美元，十六年之中，增加十九倍之多，較之進口貿易成長尤爲快速。商品輸出之結構，亦有顯著之變動，早年臺灣之主要輸出產品爲糖、米、茶、鹽、香茅油、香蕉、鳳梨罐頭等農產品與農產加工品，在民國四十三年時期，佔輸出總額 89.4 %，至五十八年輸出值增加一

表二　貿易結構的轉變

單位: %

年 別 項目	輸	出		合　計	輸	入	
	農產品	農　產 加工品	工業產品		資本財	農工原料	消費財
民國41年	22.1	69.8	8.1	100	14.2	65.9	19.9
民國42年	13.8	77.8	8.4	100	15.6	67.1	17.3
民國43年	13.3	76.1	10.6	100	15.1	72.3	12.6
民國44年	28.1	61.5	10.4	100	16.5	74.7	8.8
民國45年	18.5	64.5	17.0	100	18.7	73.9	7.4
民國46年	15.9	71.5	12.6	100	20.6	72.5	6.9
民國47年	23.7	62.3	14.0	100	21.8	71.8	6.4
民國48年	23.6	52.8	23.6	100	25.1	67.5	7.4
民國49年	12.0	55.7	32.3	100	27.9	64.0	8.1
民國50年	14.8	44.3	40.9	100	26.4	63.5	10.1
民國51年	11.9	37.6	50.5	100	23.4	68.3	8.3
民國52年	13.5	45.4	41.1	100	21.4	72.1	6.5
民國53年	15.0	42.5	42.5	100	22.1	71.8	6.1
民國54年	23.6	30.4	46.0	100	29.3	65.6	5.1
民國55年	19.8	25.1	55.1	100	29.4	65.5	5.1
民國56年	15.2	23.2	61.6	100	32.1	63.2	4.7
民國57年	11.1	20.5	68.4	100	32.5	62.9	4.6
民國58年	9.3	16.7	74.0	100	34.7	60.8	4.5
民國59年	8.6	12.8	78.6	100	32.3	62.8	4.9
民國60年	7.9	11.2	80.9	100	32.0	62.9	5.1
民國61年	6.8	9.9	83.3	100	31.1	63.2	5.7
民國62年	7.5	7.9	84.6	100	28.6	65.8	5.6
民國63年	4.8	10.7	84.5	100	30.7	62.4	6.9
民國64年	5.6	10.8	83.6	100	30.6	62.6	6.8
民國65年	5.0	7.4	87.6	100	29.1	64.7	6.2
民國66年	5.4	7.1	87.5	100	25.8	66.4	7.8
民國67年	5.0	5.8	89.2	100	24.7	68.5	6.8
民國68年	4.4	5.1	90.5	100	24.6	69.0	6.4
民國69年	3.6	5.6	90.8	100	23.4	70.8	5.8
民國70年	2.4	5.4	92.2	100	25.7	68.2	6.1
民國71年	1.9	5.7	92.4	100	24.8	67.3	7.9
民國72年	1.8	5.1	93.1	100	23.6	68.8	7.6
民國73年	1.6	4.5	93.9	100	23.7	68.8	7.5
民國74年	1.5	4.7	93.8	100	23.8	67.7	8.5
民國75年	1.4	5.1	93.5	100	26.9	64.5	8.6

資料來源: "Taiwan Statistical Data Book", 1987.

倍，但所佔輸出總額之比例，則銳降爲 26%，六十八年已降爲 9.5%，代之而起者爲工業產品。當前工業產品輸出佔出口總額 93.5 %，農產加工產品佔 5.1%，純農產品之輸出額年約五億七千萬美元左右，僅佔輸出總額 1.4%。出口之工業製造產品，主要爲紡織品、電器、機械器材、夾板製品及家具、金屬製品、塑膠及其製品、水泥、糖及糖製品等爲其大宗。

我國外銷之產品，由於生產資源短乏，多屬輕工業產品以及進口原料加工後之勞務輸出，故易遭國外市場之強烈競爭壓力，同時因工資逐爲上升，利潤亦日趨微薄。十項建設工程中之造船廠與大鋼廠已次第完成，今後重工業發展之原料問題解決，亦爲我國步入高級精密工業之起端。原料可以自行供應，則可達成多次技術加工之目標，獲取優厚之貿易利益。由自製鋼鐵而製造機件，而裝配爲冷氣、汽車之利潤，自遠非進口機件加工裝配之情形所能比擬。

出口地區方面，以七十五年美國佔我國輸出總額47.7%居其首位：其次爲日本，約佔我國輸出總額 11.4%：再其次爲香港，約佔 7.3%。其餘33.6%之輸出，則分散於全球之一百二十餘國家與地區。由於50%出口貿易額集中於一、二國家與地區，故有相當之貿易風險，積極推展多邊貿易，以分散集中貿易之風險，實爲刻不容緩。我國四十六年以前之輸出地區，僅爲三十餘處，至六十二年之輸出地區已廣達一百二十餘國家與地區，最近新開拓之市場，則有馬拉威、甘比亞、加彭及尼日等非洲國家與中東國家，輸出地區如以洲際區域而分，計亞洲三十餘地區（包括中東近東），非洲三十餘地區，中南美洲二十餘地區，歐洲約爲二十地區，北美洲二地區，大洋洲二地區。至七十五年與我國有貿易之國家已增至一百七十餘處，遍布於全世界。

八、當前對外貿易之措施

一國之對外貿易與經濟計劃，係互相支持及發展。對外貿易擴展，係經濟發展之成果，而對外貿易之擴展，又係促進經濟發展之有效工具。所以一國之貿易政策，係隨其本國之經濟情況，而適時加以適當變動或修正，以適應其實際上之需要。一般言之，在正在開發中之國家，由於正進行工業化或經濟計劃，需要充份利用本國資源，擴展生產，以提高國民所得及增加就業，故對外貿易所採施之措施，多爲以行政力量，對本國所需要發展生產之項目，予以管制輸入。對可供輸出之物品，則儘量鼓勵輸出。此種措施，對投資及生產者有利，但對消費大衆則不免有所犧牲，故在工業發展及經濟計劃獲有若干成效後，則應對輸入管制放寬，以促進國內之自由競爭，降低成本，提高品質，以彌補消費者前此所受之損失。對輸出亦減少其特殊之優惠，而採用金融上之援助或其他正常之鼓勵措施，以增強其對外競爭力量。

我國對外貿易之政策與措施，始終係以鼓勵輸出調節輸入爲宗旨，但對外滙管理上之措施，曾迭有變遷，其中以新臺幣改制初期，較爲放任，致使當時之外滙積存，大量減損。由此可知一國之對外輸出入未能接近平衡時，採施外滙管理，實有必要。過去之外滙貿易管理機構職權，因常有變動，對管理功效方面，亦不無影響。政府對滙率之訂定及維持，一方面顧及出口不受阻礙，以求國際收支平衡；而一方面須顧及進口不能過份增加成本，以免刺激物價。同時政府於滙率方面，亦放棄謀求其財政收入之目的；在關稅稅率方面，亦與貿易政策密切配合。

政府爲配合貿易自由化，於七十六年七月開放外滙管制，使滙率在供需調劑下，趨於適當均衡，以促進產業之健全發展。

本篇參考書目

1. C.P. Kindleberger, *International Economics*, Chapters 12, 13, 14, 15, 16, 21, 1958.

2. D.A. Snider, *Introduction to International Economics*, Parts IV, V, 1958.

3. D.A. Snider, *Introduction to International Economics*, 1972.

4. F.W. Taussig, *International Trade*, 1927.

5. G.V. Haberler, *Theory of International Trade*, 1954.

6. H. Heuser, *Control of International Trade*, 1939.

7. H.R. Heller, *International Trade Theory and Empirical Evidence*, 1984.

8. J.B. Condiffe, *Commerce of Nations*, 1950.

9. J.P. Young, *The International Economy*, 1942.

10. J. Viner, *Dumping-A Problem in International Trade*, 1923.

11. J. Viner, *International Trade and Economic Development*, 1952.

12. League of Nations, *Quantitative Trade Control*.

13. Liefmann, *International Cartels Combines and Trusts*, 1927.

14. L. Tarshis, *Introduction to International Trade and Finance*, 1955.

15. Miltiades, Chacholiades, *International Trade Theory and Policy,* 1978.

16. P. Finzig, *The Exchange Control,* 1949.

17. P.H. Lindert & C.P. Kindleberger, *International Economics,* 1983.

18. P.V. Horn, *Foreign Trade Principles and Practices,* Chapter 5, 6, 7, 8, 1962.

19. R. Richter, W. Goodearl, and others, *International Trade Handbook,* Part 2-Chapters 10, 11, 1963.

20. R.T. Ellsworth, *International Economics,* Chapters 8, 12, 19, 24, 25, 26, 27, 1958.

21. S.J. Anjaria, *A New Round of Global Trade Negotiations, Finance & Development, International Monetary Fund and the World Bank,* June 1986.

22. 白俊男，《國際經濟學》，1979年。

23. 李穎吾，《國際貿易》，1980年。

24. 周宜魁，《國際貿易理論與政策》，1986年。

25. 林炳文，《國際貿易理論與政策》，1978年。

26. 林鐘雄，《貨幣銀行學》，1985年。

27. 黃智輝，《國際經濟學》，1980年。

28. 歐陽勛、黃仁德，《國際貿易理論與政策》，1983年。

29. 楊樹人，《國際貿易理論與政策》。

30. 劉純白，《國際貿易》。

第三篇
國際滙兌

第一章　國際滙兌與外滙滙率

第一節　國外滙兌之意義

　　國際貿易之交往，須以本國貨幣兌換國外貨幣，或以國外貨幣兌換本國貨幣，以清算其國際間之債權債務，實現其國際商品貨價之支付行為。此種不同國家之通貨兌換，謂之國外滙兌，簡稱之爲外滙(Foreign Exchange)。

　　國外滙兌係透過外滙銀行，以委託付款或收款之方式，清結國際間商品交易之貨價或債權債務之移轉讓與，就其滙兌之處理程序而言，有順滙 (Remmitance) 與逆滙 (Buying Exchange) 之分：前者爲債務人委託銀行付款與債權人，亦卽債務人向銀行以購買滙票方式，以爲支付；後者爲債權人將債權委託或讓與銀行代爲收取，亦卽債權人以委託銀行收款方式或向銀行出售滙票方式，以收回債權。滙兌有國際滙兌 (International Exchange) 與國內滙兌 (Domestic Exchange) 之別：前者爲於不同國家間所爲之滙兌；後者爲同一國家內所爲之滙兌。國際滙兌，由於各國之單位貨幣價值不同，不但兌換之比率各異，且常發生兌換比率之變動。而國內滙兌，由於單位貨幣價值相同，移轉

自由，故其滙兌比率，應爲一與一之比，不能發生變動。其次則爲國際滙兌之彙總綜合，卽構成國際間之借貸關係，影響一國之國際收支情況，此爲國際滙兌之一特徵，亦爲國際滙兌與國內滙兌之重要區異所在。再其次則爲國際滙兌之通貨種類衆多，清算複雜，而國際金融市場，又因各國實施外滙管制之情形不同，不似國內滙兌之有中央銀行機能，可以發生充分之調節作用，所以在國際收支方面之清算，有時尚不能以滙兌方式清結，而須輸運黃金，或國際貨幣基金指定之關鍵貨幣或特別提款權，此亦爲國內滙兌所未有之現象。

外滙之解釋，亦有廣義解釋與狹義解釋之分：凡國際收支、支付協定、平準基金，以及國際貨幣基金，均屬廣義解釋範圍之內；凡僅限以國外通貨，商業滙票，以及銀行對外債務之買賣範圍者，則屬於狹義之解釋。換言之，卽前者之解釋，係包括以外幣表示各種信用工具之實現方法與有關機構；而後者之解釋，係僅指以外幣表示之信用工具與支付手段。當前之國際交往頻繁，致外滙問題牽涉廣泛，故對外滙解釋之範圍，以從廣義之解釋，較稱適當。

外滙問題，並非銀行買賣外幣之單純範圍，乃係整體經濟問題中之重要一環，與國際經濟及國內經濟均發生密切之關係。舉凡國際間之貨物買賣，勞務往來，資金借貸，以及人口移動等因素，均使一國之貨幣與國外之貨幣發生關係，且於有交往國家中之任一國家，如通貨價值發生膨脹、收縮、或評價過高過低之變動時，則引起兩國貨幣兌換比率之變動，進而影響其他有關國家貨幣價值之變動，並從而影響國際間之貿易交往與資金移動。如貨幣價值發生變動之國家，係爲國際金融之重要國家，其貨幣係爲國際間之關鍵貨幣 (Key Currency)，則其影響所及，更爲嚴重。因此，如一國對國際貿易之依賴甚重，則外滙問題對其益顯重要，當國際經濟變動影響外滙變動時，隨而影響一國之對外貿

易、生產事業、通貨價值、物價水準、國民所得、就業機會，以至財政
經濟之情況。

第二節　外滙滙率之意義

　　國與國間之貨幣收支，須根據兩國貨幣滙價之換算，此項不同國家
之不同貨幣交換之換算比率，謂之外滙滙率 (Rate of Foreign Ex-
change)。簡而言之，即爲一種貨幣以他種貨幣表示其價格者，爲外滙
滙率。於外滙市場上，一國以一定數量之本國貨幣與國外一定數量貨幣
之交換價格，稱之爲外滙滙價 (Price of Foreign Exchange)。由此
可知「外滙滙率」與「外滙滙價」之名稱雖爲不同，而在實質意義上，
則少有區異。

　　外滙滙率有收入滙率 (Receiving Quotation, or Rate of Re-
ceiving Account) 與給付滙率 (Giving Quotation, or Rate of
Giving Account) 之分：前者以本國定額單位貨幣所交換國外貨幣單
位之多寡爲基準，表示其滙率或滙價之漲跌，後者以國外定額單位貨幣
所交換本國貨幣單位之多寡爲基準，表示其滙率或滙價之漲跌。例如一
定數額之本國貨幣交換國外貨幣之數額較以前增多，以本國之收入滙率
立場而言，即爲外滙滙率或外滙滙價之漲價，亦卽本國貨幣對外交換價
值之升高；反之，一定數額之本國貨幣交換國外貨幣之數額減少，以本
國之收入滙率立場而言，卽爲外滙滙率或外滙滙價之跌價，亦卽本國貨
幣對外交換價值之下降。與上述之相同情形，如以給付滙率立場而言，
則以一定數額之國外貨幣交換本國貨幣數額之增加或減少，以表示外滙
滙率或外滙滙價之漲跌，其情形適爲相反。換言之，本國貨幣對外價值
之增降，與收入滙率之漲跌一致，而與給付滙率之漲跌相左。由此可知

外滙滙率之表示，可以本國貨幣爲基準，以收入滙率表示；亦可以外國貨幣爲基準，以給付滙率表示。但於同一書册或論文中，僅能採取一種立場立論，否則，對有關與滙率有牽連問題之討論，當爲之混淆不清。本書係以收入滙率立場，討論有關外滙之問題。

　　兩國之貨幣之交換比率，根據兩國貨幣之價值決定者，稱爲鑄幣之法定平價 (Mint Par of Exchange)，或稱金屬平價 (Metal Parity)；於國際滙兌市場上，一國之定量貨幣與國外定量貨幣之交換價格，稱之爲滙兌市價 (Market Rate of Exchange)。法定平價或金屬平價與滙兌市價之區別：爲前者係指於金本位制度之下兩國單位貨幣所含純金實質之價值比率；而後者係指兩國貨幣於外滙市場上實際交換價格之比率。亦卽前者須有金本位制度 (Gold System) 爲條件，後者則並不限於金本位制度。

第三節　外滙滙率之學說

　　外滙滙率之學說，係自理論上之分析，以說明外滙滙率之決定與變動。於外滙可以自由買賣之前提條件下，其外滙滙率之決定與變動，與一般商品價格之決定與變動情形相同，係根據供需原則所決定。惟影響其外滙供需之因素爲何？以及紙本位制度 (Paper System) 之下國與國間之標準滙率如何決定？學者之間，見仁見智，各有不同主張，通常有國際收支差額學說、購買力平價學說、滙兌心理學說、以及滙兌評價學說。各學說之理論分別內容，概如下述：

一、國際收支差額學說

　　一國貨幣在一國之內之購買力，爲貨幣之對內價值。而在國外之購

買力，即爲國與國間之貨幣交換比率，亦可謂之對外價值。換言之，一國之貨幣對外價值，即一般所稱之外滙滙率 (Rate of Foreign Exchange)。　主張一國貨幣對外滙滙率之高低升降，應由一國於一定時期內對外之收支變動情形以爲決定者，是爲國際滙兌上之收支差額學說 (Balance Theory of International Payments)。此說爲第一次世界大戰以前，英國學者郭升 (G. J. Goschen) 所提出，郭氏於 1861 年，曾著《外滙理論》(*The Theory of Foreign Exchange*)一書，其中對國際滙價之解釋：謂以一國之對外收入增加，支出減少，則表示對本國貨幣之需求，超過其供給，因之本國貨幣對外之價值提高，於是外滙滙率上升；反之，一國之對外收入減少，支出增加，則表示對本國貨幣之供給，超過其需求，因而本國貨幣對外價值下降，於是外滙滙率下落。

當一國之國際收入增加時，在本國之外滙市場，賣出外滙者必然增加，購進外滙者則相對減少，此種情形之下，外國貨幣之相對價格下跌，本國貨幣之相對價格高漲，因而引起外滙之滙價變動，而令賣出外滙者，需以較多之外國貨幣換取本國貨幣；購進外滙者，可以較少之本國貨幣換取外國貨幣。反之，當一國之國際支出增加時，在本國之外滙市場，購進外滙者必然增加，賣出外滙者則相對減少，此種情形之下，外國貨幣之相對價格上漲，本國貨幣之相對價格下跌，則外滙滙價發生與上述相反之變動，而令賣出外滙者可以較少之外國貨幣換取本國貨幣；購進外滙者需以較多之本國貨幣換取外國貨幣。由此可知國際收支差額說所運用於國際滙兌上之理論，純係以供求法則，爲其立論之依據。

郭氏之國際收支差額學說理論，係以國際金本位制度爲前提，對國際紙本位制度下之外滙問題，則少有論及。認爲外滙之價格，係根據供

需數量之變動而變動，偏重於外滙數量之解釋，因此僅能說明外滙滙率變動之原因，而不能說明外滙滙率之成立原因。

二、購買力平價學說

購買力平價學說 (Purchasing Power Parity Theory) 爲瑞典學者開斯爾 (G. Cassel) 所倡導，當時正值世界第一次大戰期中，各國相繼停止金本位制度，滙率變動甚劇，不似戰前有法定平價及現金輸送點之限制，故開氏針對時弊，倡購買力平價之說，此說頗得當時一般經濟學者之支持。開氏曾於1922年著《1919年後之通貨與外滙》(*Money and Foreign Exchange after 1919*) 一書，以解釋其學說之內容。

開斯爾認爲此國貨幣之所以在國外市場爲人所需用，乃係國外需要者須以其貨幣購買此國貨品之故，如此國物價由通貨膨脹而漲價，則一定數量貨幣所購買之貨品，較諸漲價以前爲少，故此國貨幣在國外市場上之評價降低。所以一國貨幣對外滙率之升降，卽反映其一國貨幣在國內市場上購買力之大小，換言之，卽兩國貨幣之交換比率，係根據兩國貨幣所具有購買力之平價，以決定兩國間之對外滙率。意卽一國之物價或購買力變動，係爲外滙滙率漲落之因，而外滙滙率漲落，係爲物價或購買力變動之果。如甲國每一單位貨幣之購買力爲乙國之二倍，則甲、乙兩國之貨幣交換比率，應爲一比二，亦卽甲國一單位之貨幣購買力等於乙國二單位貨幣之購買力。惟兩國間之商品實際價格，不易正確把握，其價格可能由於運費、關稅及其他原因發生差異，故購買力平價之推算，除商品價格之不同因素外，主要尚須考慮兩國之通貨膨脹因素，再據以推算現在購買力之比較。故兩國之外滙滙率，如因通貨膨脹，購買力變動時，則兩國之新滙率計算公式爲；

$$新滙率＝各基準年度之平均滙率× \frac{本國現在物價水準}{外國現在物價水準}$$

　　根據上式所計算之外滙滙率，開斯爾認爲係兩國間之新外滙平價（New Exchange Parity），亦爲兩國滙率因物價水準變動所引起滙率變動之平衡點（Balance Point）。換言之，此項新平價，卽爲兩國當前之貨幣購買力平價。學者對購買力平價學說，甚多批評，或謂國內物價水準之性質與一般國際貿易商品之性質不同，不能作爲計算平價之基礎。或謂需要外國貨幣，不一定重視其購買力，有時係爲償付外債，有時係爲移動資金，有時又係爲投機取利或逃避資金。又有謂物價之波動，固可影響滙率，但滙率之變動，更可影響物價，究竟何者爲因，何者爲果，殊不易辨別。且購買力平價學說之有效運用，尚須具備外滙貿易自由，無關稅壁壘，無物價管制，無市場獨佔之各項條件。

三、滙兌心理學說

　　一國貨幣對外交換比率之決定，旣非根據國際收支之差額，亦非根據其貨幣之購買力平價，而係由其一國國民對其貨幣未來價值之心理因素所決定，謂之滙兌心理學說（Theorie Psychologique d'exchange）—（Psychological Theory of Exchange）此說爲法國學者艾夫特倫（A. Aftalian）所首創，艾氏於 1927 年所著之《通貨、物價與外滙》（*Money, Price and Exchange*）一書中，提出此項學說之理論。其學說之淵源，爲法國於 1924 年至 1926 年之數年之中，國際之收支，均爲順差，而法郎之對外滙價，反而下降，而外滙滙價下降後，繼之又爲物價上漲。因此在國際收支之有利順差時期，法郎對外滙價下降，則非國際收支差額學說所能解釋；由對外滙價下降而引起物價上漲之情形，又非購買力平價學說之以物價變動爲因，滙價變動爲果之理論所能說明。

故艾氏於此兩種理論學說之外，從主觀之心理評價，以說明一國貨幣對外滙價之升降關係，艾氏認爲一國國民之所以需要外國貨幣，並非因外國貨幣在本國市場上具有對商品購買之能力，而係需要用以支付在外國購買貨物之貨價，其所以購買外國貨品之原因，係爲滿足其某種之慾望，爲求對某種慾望之滿足，致使外國貨幣有其價值之基礎，而外國貨幣價值之高低，乃由其各人在心理主觀價值上之邊際效用大小以爲定。因此，各人對外國貨幣有不同之主觀評價，此種不同之主觀評價，乃構成一國貨幣對外滙率之升降尺度。至影響心理上評價之因素，常爲: (一)國際收支與國內財政收支之平衡情形。(二)國際貿易與資本移動之情形。(三)通貨數量之變動與供需情形。(四)財政、金融、以及外滙等之政策與措施。(五)國家經濟之盛衰情況。

滙兌心理學說，以個別經濟主體之心理因素，解釋對外滙之供需，並考慮各種可以影響滙率之因素，在理論上可以成立，但心理上之主觀評價變動，則須先有客觀之事實與趨向，然後方有變動之目的所在。

四、滙兌評價學說

滙兌評價說 (The Valuation Theory of Exchange)，係經濟學者開奧 (W. Keilhau)於 1952 年所提出，爲自主觀之效用價值，以解釋外滙滙價之決定與變動，對購買力平價學說，則力予批評。開氏認爲需要外滙者，不僅爲進口之貿易商，尙有國際投資者，外債負債人，以及從事外滙之投機買賣者，除進口之貿易商購買外滙時，重視兩國貨幣購買力之平價，與物價有關外，其餘之投資者則重視其投資之收益，債務人則旨在達成清償債務之目的，而投機之外滙買賣者，則目的在獲取買賣之差額利潤，均與購買力及物價無關。

購買外滙者，如以其需要外滙之性質而言，則有自由需要與強制需

要之分：前者對外滙之購買，常係於有利之條件下行之，其購買與否之決定，則視其對外滙評價之高低，而評價高低之決定，則又基於需要者對外滙之使用價值之大小；後者對外滙之購買，係有被迫之強制性，諸如外債償本付息之期限屆臨，外滙投機賣出之補空，以及戰敗國家對外之賠款等情形，對外滙之需要，均缺乏彈性。換言之，前者係依其需要程度，以評定外滙價格；後者則係非購買不可，無評價之選擇。由此可知，自由需要影響其外滙滙價之變動，較強制需要影響其外滙滙價之變動為輕。

外滙價格之評定，既係根據購買者之需要情形與對外滙之使用價值以為決定，故外滙滙價之變動，係基於各需要外滙者之不同目的與主觀效用。因此滙兌評價學說，亦可稱之為效用評價學說 (The Valuation Theory of Utility)。不同目的之需要外滙者，對外滙有其分別不同之效用評價，投資者重視投資收益之評價，貿易商重視購買力之評價，而外滙滙價之決定與變動，係為各種不同評價之綜合。

滙兌評價學說，基於分別個人之主觀效用價值，以解釋外滙滙價之決定與變動，過份偏於主觀觀念，少客觀之標準。

綜國際收支差額學說、購買力平價學說、滙兌心理學說，以及滙兌評價學說四者之區異之點：為國際收支差額學說，係根據外滙供需數量變動久已發生事實，解釋其滙率之變動原因，但不能說明滙率之成立原因；購買力平價學說，為根據本國貨幣購買力實質變動之已發生事實，說明滙率之成立與變動，而疏視其量之因素；滙兌心理學說，則強調以各人對未來趨勢之預測，以解釋滙率之變動，亦不能說明滙率之成立基礎；滙兌評價學說，則本於個人之主觀效用，以解釋滙率之問題，偏於主觀觀念，缺乏客觀標準。惟四種學說之中，對於紙本位制度之對外標準滙率如何決定，尚僅有購買力平價學說，自物價水準與購買力關係，

以解釋滙率之決定與變動，並說明標準均衡滙率之計算方式，提供滙率成立之理論依據，係爲其他三種學說所未討論及之者。於無其他理論更能釋說紙本位制度之標準滙率如何成立前，購買力平價學說之理論，雖有其缺點，仍不失爲決定滙率之有相當價值學說。

第四節　外滙滙率之分類

外滙滙率之類別，依其所具之性質不同，可以歸納分爲四類: 一、固定滙率 (Fixed Exchange Rate) 二、變動滙率(Fluctuating Exchange Rate), 三、管制滙率 (Controlled Exchange Rate), 四、均衡滙率(Equilibrium Exchange Rate)。所謂固定滙率，係指金本位制度下之滙率; 所謂變動滙率，係指不兌現紙幣制度下之滙率; 所謂管制滙率，係指一國政府基於國情需要，實施外滙管制下之滙率; 至於均衡滙率，乃爲一國貨幣之對外滙率，係與有關國家之貨幣購買力及物價水準接近之滙率。

一、固定滙率

於金本位制度之下，一國之貨幣對外滙率，可以自動調整，如有波動，其波動之幅度亦微，其原因爲: (一)每一單位貨幣中有法定之純金含有量，(二)黃金之價格，可依據法律之規定，(三)黃金可以自由輸出或輸入，(四)貨幣可以自由申請鑄造，(五)中央銀行可根據法定價格及適應市場之需要買賣黃金，(六)紙幣兌換硬幣，不加限制。故滙率之設定，有一較爲穩定之基準，兩國間貨幣之評價 (Monetary Parity)，亦有其鑄幣之法定評價 (Mint Par of Exchange)。 例如，英國於1929年之英磅規定重量爲 123.274 克令 (Grains)，成色爲十二分之十

一，所含純金爲 113.0016 克令，美國美元之重量爲 25.8 克令，成色爲十分之九，所含純金爲 23.22 克令，故英磅對美元之法定平價爲：

$$1 （英磅） = \frac{113.0016}{23.2213} = 4.8665 （美元）$$

英、美兩國之貨幣交換比率，以此法定平價爲基準，其變動亦以此爲中心，不能相離過遠。亦卽滙率變動之範圍，不能超過黃金本身法定平價加運費保險費以及利息等之合計數額，如因供需失調，致滙率之漲跌，超過黃金輸出點 (Gold Export Point) 與黃金輸入點 (Gold Import Point) 之範圍，則當發生直接輸出入黃金之情形，而停止外滙買賣，直至滙率恢復均衡爲止。換言之，在金本位制度之下，滙率之變動，僅能在黃金輸出入點之限度以內。

金本位制度於第一次世界大戰期中之1914年曾一度停止，至1925年恢復，於1930年代發生世界性經濟恐慌以後，英國1931年首先停止金本位制度，美國於1933年停止，隨卽爲法、德、義等國亦先後停止。

二、變動滙率

於使用不兌現紙幣國家之間，貨幣兌換比率之決定與變動，旣無鑄幣之法定平價爲其基準，又無黃金輸出入點爲其限制，通常係憑市場之供需情形以及購買力之比較，以決定其滙率之標準，市場情形之變動，以及貨幣購買力之轉變，均可使滙率有重新之調整。由於不兌現紙幣制度下之滙率，不似金本位制度之有法定評價基準，故於國際貿易發生不平衡時，亦不能發生黃金外流內流之作用，以自動調節國際收支之均衡；同時由於不似金本位制度之有黃金輸出入點之限制，故滙率變動之程度，亦無一定之極限。於不兌現紙幣制度之下，究應如何決定其滙率之標準與滙率變動之均衡，一般言之，其依據有二：一爲兩國間之貨幣

單位購買力之比較，一爲外滙市場上外滙數量之供需。前者爲兩國間每一貨幣單位所購買相同商品勞務之比率，例如甲國每一單位貨幣所購買之商品勞務，高於乙國每一單位貨幣所購買之相同商品勞務五倍時，則甲國貨幣之購買力標準，等於乙國之五倍，亦卽兩國之貨幣滙率標準，應爲五比一。 基於此種因素所決定不兌現紙本位制度下之兩國外滙滙率，稱之爲外滙平價 (Par Value of Exchange)。 後者則爲於自由買賣外滙之條件下，外滙市場上外滙數量之供需，可以決定其滙率之升降，當外滙求過於供時，則滙率上升，反之則爲下降。此一外滙之供需法則，亦爲不兌現紙幣制度對外滙率所賴以自動調整平衡之因素，因爲根據供需法則之原理，當外滙供不應求，則滙率上升，而因滙率上升之故，卽發生供多於求之現象，因之滙率又再下降，如此反復循環，滙率亦自動調節均衡。

三、管制滙率

外滙管制下之滙率，旣非基於金本位制度下之法定平價，亦非基於不兌現紙幣制度下之外滙平價，乃係政府依據國情之需要，並參照政治上及經濟上之因素，所決定之滙率 (Official Exchange Rate)。此項滙率係以法令公佈實施，故爲具有國家性與強制性之滙率，介於金本位制度下之法定平價與紙本位制度下之外滙平價之間之制度。實施管制外滙之國家，通常由政府直接干涉及限制外滙數額之供需，以控制其滙率之穩定。

管制外滙滙率，於第二次世界大戰以前，各國多採滙率低估之滙兌傾銷方法，以爭取輸出。但於二次世界大戰發生以至當前爲止，各國之管制外滙滙率，均採高估方法，以謀國內經濟之安定。至管制外滙滙率之調整標準，常以環境之需要，物價之變動，以及購買力平價或收支差

額之情形，爲其調整之依據。但亦僅能爲其調整之參考，而不能達成絕對合適之要求，因之有人謂以管制外滙制度下之滙率決定與調整，係根據其有權決定滙率與調整滙率者之選擇（Selection）與逕行決定（Arbitrary）。惟實施管制外滙所決定之滙率，常非萬不得已，決不輕易調整，其有調整措施，亦係處於被動地位，追認其市場滙價之既存事實。且其調整之時機，尚應於有利時機爲之：㈠於生產或收穫之旺盛時期調整，以緩和物價上漲之程度。㈡於出口貿易旺盛季節調整，以減低產地物價上漲幅度並增加外滙之收入。㈢於稅收旺征時期調整，以便通貨及時回籠，減少對物價之刺激。

四、均衡滙率

　　均衡滙率爲紙本位制度下兩國間之標準合理滙率，依據購買力平價學說之理論，兩國貨幣購買力之平價，則爲兩國貨幣之均衡滙率，而在事實上，如不具備其計算購買力平價之條件，則其所得之平價，並非正確之均衡滙率，僅可作爲決定均衡滙率之參考。由此可知均衡滙率係爲紙本位制度下之產物，但實施紙本位制度國家間之滙率，則不一定均衡。自經濟之均衡觀點言之，其均衡之滙率，應具有下述之性能：

　　㈠滙率須能穩定相當長久時期，而不須耗用一國之黃金外滙準備，同時尚須不使國內之信用過份緊縮，影響一國之產業發展。

　　㈡滙率須能適應國內之經濟穩定程度，如國內之生產與就業情形發生較其他國家不景氣時，則應考慮其滙率之正確性。

　　㈢滙率須對有關國家價格體系間之物價、成本、需求等關係，完全處於中立地位，不發生競爭性之低估（Undervaluation），而在國際市場中，既不求人爲之有利，亦不謀人爲之不利。

　　基上所述，一國之穩定均衡滙率，即爲與有關國家之貨幣購買力及

物價水準接近，不影響國內之經濟安定，無損於黃金外滙之準備，不構成人爲之有利或不利因素之滙率。

維持一國均衡滙率之穩定，常係採取輕度經濟性之外滙管理，例如設立外滙平準基金 (Exchange Equalization Fund)，由國家之中央銀行參加外滙市場之外滙買賣，以調劑外滙之供需，穩定滙價之波動。惟此種經濟性外滙管理之實施，又須具備下述之相當條件，方克有效：

（甲）所穩定之滙價水準，確爲均衡之水準，國內亦無基本上之不均衡情形發生。

（乙）國內之資本逃避現象並不嚴重。

（丙）無打擊本國貨幣價值之強烈持久因素存在。

一國在戰爭即將發生之前或於戰爭時期，資本逃避情形嚴重，損及大量黃金及外滙準備之外流，且戰事本身即爲具有打擊本國貨幣價值之強烈持久因素，故此種經濟性之外滙管制辦法，無法採用。換言之，即爲於此種情況之下，一國之穩定均衡滙率，將不能維持。

第五節　外滙滙率與外滙買賣

於自由外滙買賣之前提下，一國之外滙滙率，常有其基本之滙率 (Basic Exchange Rate)。所謂基本滙率，即國與國間之一種標準滙價。在金本位制時代，此種標準滙價，即爲鑄幣之法定平價 (Mint Par of Exchange)，於實行紙本位制之現代，則稱之爲外滙平價 (Par Value of Exchange)。惟外滙市場上之實際買賣，常發生較基本滙率略高或略低之情形，其原因如下：

㈠以銀行之買賣外滙而分，可分銀行賣出之滙率 (Bank Selling Rate) 與銀行買入之滙率 (Bank Buying Rate)，因銀行經營

買賣外滙之業務，須收取手續費與賺取差額利潤，故賣出之滙率常略高於買入之滙率。

㈡以獲得外滙之時間而分，有電滙滙率 (Cable or T.T. Rate)，卽期滙票滙率 (Sight Draft Rate) 以及遠期滙票滙率 (Time Draft Rate) 等，其間因有利息之因素，故遠期滙票出售之滙率，則較卽期滙票與電滙之出售滙率為低。

㈢以外滙之安全及流動性而分，則國際信譽素著為滙票付款者之銀行滙票，其出售滙票之滙率，高於在國際間不熟識之銀行滙票。如滙票之付款人非為銀行，則其滙票出售之滙率，常又低於以銀行為付款人之滙票。

上述之三種情形，為外滙市場上之不同滙率，亦為致成外滙市場之滙率與一國之基本滙率略有高低不同之原因所在，惟此種之滙率，雖與基本滙率略有高低之出入，但相差之距離極微，在正常情形之下，常係在小數點或小數點數位以下之差額，不能與實施管制外滙所採行複式滙率之差別情形，同日而語。

外滙之買賣，因買賣外滙之主體不同與目的有別，可分為三種不同情形之外滙買賣:

(一) 外滙銀行之外滙買賣: 外滙銀行之經營外滙買賣，目的固在賺取買賣外滙之差額利潤與服務費用，但主要之作用，尚在為國際間滙兌之居間橋樑，以便利國際間債權債務之移轉清償，促進國際貿易之交流與發展。

(二) 進出口貿易商之外滙買賣: 國際貿易之進出口商外滙買賣，係基於事實之需要，以購買因輸入所需支付貨價之外滙，或出售因輸出所獲貨價之外滙。換言之，以買賣外滙為其必要之手段，以達成經營輸出入貿易求利之目的。

（三）投機者之外滙買賣: 於相同時間不同地區買賣外滙，以賺取其差額利潤者，屬於外滙之投機買賣，一般稱之爲套滙 (Exchange Arbitrage)。惟此種外滙買賣之經營，僅能行之於自由外滙買賣之國家，爲管制外滙國家法令所不許，故於外滙自由國家之買賣外滙投機，係爲合法套滙 (Legal Arbitrage)；而於外滙管制國家則爲違法套滙 (Illegal Arbitrage)。

在外滙自由買賣之條件下，於相同之時間，於不同地區之外滙市場，作外滙買賣之經營，除賺取其不同地區外滙市場滙率之差額外，並有調整外滙市場滙率之作用，例如於特定相同時間之滙率，1英磅在紐約市場可賣 1.62 美元，而在倫敦，僅能賣 1.60 美元，因此外滙買賣經營者，可於倫敦購進英磅，於紐約出售，以賺取其間之差額，如經營是項外滙買賣，以賺取差額者人衆，則倫敦之英磅滙率將上升，紐約則將趨下降，以致兩地之市場滙率趨於均衡。

此外則爲國際間之無形商品交易，諸如航運、保險等之服務收支，亦發生外滙之供需，而構成外滙之買賣。其次則爲單方面之外滙需要，所發生之外滙購買，諸如償付國外債務，資金向外逃避之情形屬之。

第六節　滙率制度與國際貨幣基金

二次世界大戰結束以還，各自由國家之貨幣對外滙率，亟待建制，國際貨幣基金 (International Monetary Fund) 之成立，即爲建立國際貨幣基金制度，供給會員國家短期信用，穩定各國之通貨價值，促進各國之對外滙率正常。凡參加基金之會員國，對外滙滙率之制度，均與基金發生密切關係，並須遵守其規定。

國際貨幣基金制度創議於 1944 年 7 月於美國布雷頓森林 (Bretton

Woods）所舉行之國際貨幣與金融之會議。正式成立，係爲 1945 年之 12月，其基金之開始運用，則爲1946年。當時參加國家爲五十四國，至 1968年爲止，已多達一五〇國。

一、基金之目的

㈠謀求國際間之貿易均衡發展，並促進世界各國維持高度就業及眞實所得水準。

㈡對國際間之通貨問題，謀求協議與合作，並促進世界各國對通貨之通力合作。

㈢對於經常交易商品及勞務之輸出與輸入，鼓勵採施多邊淸算方式，並援助其貿易之發展。

㈣謀求國際間外滙滙價之穩定，協調各參加基金會員國間之外滙協定，並防止各國競將本國貨幣之對外價值貶低。

㈤於有適當保證之下，使各參加國有利用基金機會，以平衡其國之國際收支，並防止有破壞他國或國際繁榮之行爲。

㈥輔助參加基金國家之國際收支平衡，其原爲收支不平衡者，則協助減低其不平衡之程度與縮短其不平衡之期間。

二、基金之規定與限制

國際貨幣基金，初由各參加國共同出資，資金數額，相當八十億元之黃金與外滙（至 1981 年已增爲三千億餘 SDR），各會員國根據出資數額，於規定條件之下，可獲得一定數額之資金，作爲維持通貨價值之用。凡參加國際貨幣基金國家，在原則上，不能隨意變更其外滙制度與外滙滙率，且須經常提供有關貨幣方面之資料消息，以供研究，其他有關之政策，亦須經過協議後，方能實行。

參加基金國家之出資，係各按其攤派總額之25％付出黃金與美元，其餘則繳付本國之貨幣，參加國家每年可按出資總額之25％借用共同基金，最高數額，不能超過出資攤額之二倍，但其使用不得違反貨幣基金原有之目的。其借用方式，係以本國基金購買國外通貨，且不限定償還日期，但借用基金，必須遵守下列之條件：

㈠參加國家於一年間或若干年間，其可借用之基金，有一定之最高限制數額，認爲有必要時，借用數額可以超過最高數額。

㈡參加國家以基金購買外滙，須按其數額，征繳手續費。

㈢參加國家借用基金時，須付利息，其利率依借用數額而定。

㈣凡借用基金國家，將來須將其由基金購買外滙時所支付之本國通貨，再以黃金或外滙贖回。

㈤如參加國家，將借得之資金，不用之於適當之用途，基金會可拒絕援助。

㈥基金會可採用適當之措施，使參加國將其借得之資金，用於國際收支平衡方面。

會員國之外滙滙率，基金規定採平價制度(Par Value System)，以黃金 1 盎斯等於 35 美元之基準，由各會員國設定本國貨幣之平價，各會員國所決定之平價由基金公佈後，則非經基金之同意，不得變更，但如會員國國際收支不能平衡，其原因係由於在外滙滙率上將本國貨幣價值評價過高，則可與國際貨幣基金會協商，將其貨幣之對外滙率，貶低10％，倘於採取此種措施之後，國際收支仍不能平衡，尚再須將貨幣對外滙率貶值時，國際貨幣基金會，亦不能反對，但其貶低之程度，須與國際貨幣基金會協商。

國際貨幣基金會規定各參加之國家於第二次大戰終止後之五年內，可以繼續實施外滙管制，其後則希望協議逐漸廢止，但不強制各參加國

家有廢止外滙管制之義務。又凡參加國家之國際收支，如由於長期資本或短期資本之移動而不能平衡，仍可對外滙之供需，加以管制，但一般屬於經常收支之項目，則不能列入管制。

第二次世界大戰以後，各國之間由於生產力之不均衡以及國際貿易上之種種阻碍因素，僅有極少數國家每年輸出能超過輸入，而有對外之投資，其餘國家之國際收支，經常多爲入不敷出，於是乃有「稀少通貨」（Scarce Currency）之發生。因爲輸出力及生產力強大國家之貨幣，常爲生產力及輸出力弱小之國家所爭取，以致供給常感不足，而國際貨幣基金會所持有此種通貨之數量，亦可能不敷應用。二次世界大戰結束後，發生美元缺乏之嚴重現象，卽係由於上述之原因。因此，國際貨幣基金會爲減少由於稀少通貨所引起之國際收支不平衡因素及使基金會本身避免喪失供給稀少通貨之能力起見，規定必要時須公開宣佈某國之通貨已陷於稀少狀態及基金會可能斷絕該種通貨之供給，並承認其他國家不論其國際收支是否平衡，可以限制使用該種通貨充當對外支付。但於該種通貨，不再爲稀少通貨之時，則應撤銷其限制。又當某國之通貨，可能成爲稀少通貨之時，國際貨幣基金會對該種通貨，亦可能採取配額方法，對其需要國家實施分配，或向該國洽借此種通貨，以應其他國家之需。惟基金自成立以來，尚未有此項情形之發生。

三、基金與滙率之制度

基於上述之基金目的與各項內容觀之，凡參與基金會員國之滙率制度，係以基金爲中心所構成，在原則上應具有金本位制度時代之固定滙率、紙本位制度之變動滙率，以及實施外滙管制之管制滙率等三種滙率制度之特性。易言之，卽參加基金會員國之滙率制度，係溶合此三種滙率制度於一爐之混合滙率制度。

(一)就基金之內容與金本位制度之滙率特性而言：

1. 參加基金會員國之通貨，須決定其外滙平價，此項平價，係以黃金或美元爲其計算基準，且一經宣佈決定，不能輕易變更。

2. 國際外滙準備金，部份係以關鍵通貨（Key Currency）保存，因此各會員國之通貨對外滙率，與國際上之關鍵通貨發生連繫。當前之國際關鍵通貨，係指美元與英磅而言。

3. 基金維持各會員國之實際滙率於外滙平價之上下有限幅度以內，有似金本位制度時代之黃金輸出入所發生之限制作用。

4. 基金會員國之國際上經常帳戶交易，應自由支付，不能有數量上之限制或差別之待遇，具有金本位制度時代之自由貿易精神。

(二)就基金之內容與紙本位制度之變動滙率特性而言：

1. 基金會員國對市場外滙滙率之調整控制，可以金融政策措施，透過中央銀行買賣外滙或設平準基金調劑，以維持實際滙率接近於所定之平價水準，發生紙本位制度下之自動調整功能。

2. 基金會員國之外滙滙率，因市場之供需原因，發生滙率之暫時性變更，則以前項方式維持滙率穩定；但如發生持久性之國際收支不能平衡，則可於基金規定限度內，調整滙率。其調整之幅度，如需超過其限度，亦可與基金協議。

(三)就基金之內容與實施管制外滙滙率特性而言：

1. 基金參與之會員國，於二次大戰結束後之五年內，可以繼續實施外滙管制，其後則希能於協議之原則下，逐漸廢止，但並不強制各會員國實現。戰後迄今，僅有二十餘國廢止外滙管制，其餘國家，均繼續實施管制中。而放棄外滙管制之國家，亦非絕對廢止外滙管制，僅爲管制之程度放寬而已。

2. 基金會員國之國際資本移動，如有不利於國際收支之平衡時，

可由各國之政府實施管制措施，予以限制移動，以收控制之效。

綜上以國際貨幣基金爲中心所構成之滙率特性，如予簡要歸納，則當前參與基金會員國家之滙率制度，應爲：

(一)滙率應維持與平價接近之穩定，以保持有限幅度之變動，並無使滙率完全固定不動之意。

(二)滙率之管理控制，各國可因國情不同，而異其程度，但國際貿易之經常帳戶，則應維持自由交易。

(三)外滙管制爲經濟開發國家所必經之階段，由於各國之經濟發展階段不同，基金並不限制會員國絕對廢棄外滙管制，而希能以外滙管制爲其促進開發成長之工具，以有利今後國際貿易之發展。

四、滙率調整與基金監督

基金於 1978 年 4 月 1 日開始實施第二次修訂協定條款，對滙率制度具有革命性之改變，除承認浮動滙率外，並允許會員國自由選擇滙率制度，以降低黃金之地位。惟會員國一經決定其滙率制度或有所變更時，應卽通知基金，接受基金之監督，目的在確保國際貨幣制度之有效運作。

目前各會員國所採施之滙率，大致可分爲：（一）釘住一國通貨：如釘住美元、法郎等。（二）釘住一組通貨：如釘住 SDR 或其他通貨組合。（三）依據自訂指標調整滙率。（四）貨幣合作，如歐洲貨幣制度（EMS）之聯合浮動。（五）具有適當管理之浮動滙率。

基金雖然同意會員國採施浮動滙率，但仍要求各會員國有穩定之滙率制度，以維持其經濟、金融環境之秩序。同時亦期許各會員國能克盡

其應盡之義務：（一）會員國對經濟、金融政策之制定，應致力於達成經濟之穩定成長。（二）安定經濟、金融秩序，不使貨幣制度發生激烈變動。（三）防止利用外滙滙率或國際貨幣制度，阻擾其國際收支之有效調整，或自其他會員國獲致不公平之利益。

基金原則應每年分別與會員國舉行一次諮商，由基金派員至會員國之財政部或中央銀行會商，並完成一份有關經濟成長、工資與物價趨勢、財政及貨幣情況、以及國際收支、對外滙率暨貿易情形等方面之評估報告，提交基金執行董事會，作爲對會員監督指導之依據。

除以諮商方式對會員國進行監督外，基金亦採多邊監督方式（Multilateral Surveillance），對主要會員國家之國際收支與滙率政策方面深入研究分析，編成「世界經濟展望（the World Economic Outlook）」報告，提供各會員國制定中期政策之參考，又基金近年來亦參與經濟高峯會議，提供興革意見，並與關稅暨貿易總協定（GATT）合作，處理國際貿易障礙及保護政策等問題。

基金執行對會員國之監督指導任務，目的在維持國際貨幣制度之穩定，但因情況複雜，工作推動至爲艱鉅。就個別國家之監督而言，對方是否接受其監督指導，係由對方之意願決定，並無強制力。同時基金對單一國家之政策提出建議，常須顧及是否對其他國家或全球經濟發生影響。至於多邊監督之能否有所成效，則端賴各國之合作有否誠意，尤是各主要國家在採取相同措施時，是否考慮基金意見，兼顧其他會員國立場，考量世界整體經濟趨向，基金亦並無制裁能力。簡言之，會員國如無合作誠意，則多邊監督亦僅爲形式。凡此，均爲當前國際貨幣制度所面臨之問題。

第二章　國外滙兌與國際貿易

第一節　外滙之發生與變動

一、外滙之發生

國外滙兌之發生，其因素雖衆，但以商品之來往交易，爲其主要之因素。當一國對他國輸出貨物，雖可獲得他國一定數額之貨幣，但不能將他國之貨幣，直接移於國內使用；而一國自他國輸入貨物，必須支付一定數額之本國貨幣，但亦不能將本國貨幣直接移付外國。因此，凡輸出貨物者，必須將其獲得之外國貨幣，透過外滙銀行，滙兌爲本國貨幣；凡輸入貨物者，必須將應付之本國貨幣，透過外滙銀行，滙兌爲外國貨幣，故國際間之滙兌交易，因而發生。

國際間之交易，雖以商品貨物爲主，但有關國際間之其他交易來往，亦爲當前國際外滙收支上不可忽視之因素。一般言之，國際間之交易來往，可分爲下列三類：

(一)商業交易 (Commercial Transaction)：爲構成國際收支之最大因素，其範圍包括貨物、勞務、旅行費用、國際投資收

益、僑滙、捐贈、以及政府在外國之各種開支等均屬之。

(二)金融交易 (Financial Transaction)： 包括國際間長期短期
　　資金之借貸與投資，此項資金借貸與投資之發生，通常多由於
　　國際間利率與利潤之不同。

(三)投機交易 (Speculative Transaction)： 包括預測外滙滙率
　　漲跌之事先買賣以及因金融危機之資金逃避等。

依據上述之國際交易項目，其外滙供需之發生，又可分析如下：

甲、外滙供給之發生

(一)商業交易： （甲）商品輸出，（乙）向國外提供勞務，（丙）外
　　　　　　　人於本國之旅行費用，（丁）持有外國證券之收益，
　　　　　　　（戊）外國對本國之雜項支付。

(二)金融交易： （甲）外人對本國證券之長期投資，或外人購本國
　　　　　　　國所持有之外國證券，（乙）外國對本國之短期貸
　　　　　　　款，或歸還本國對外國之短期貸款。

(三)投機交易： （甲）預測外國貨幣下跌之投機售出，（乙）外國資
　　　　　　　本因避免金融上之危機或其他因素之危機，向本進
　　　　　　　流入逃避。

乙、外滙需要之發生

(一)商業交易： （甲）商品輸入，（乙）外國向本國提供之勞務（諸
　　　　　　　如運輸、保險、銀行、以及各項服務等），（丙）國
　　　　　　　人於國外旅行之費用，（丁）外人持有本國證券之
　　　　　　　收益（包括股息，紅利），（戊)本國政府之國外費
　　　　　　　用，對外僑之滙款，對外之慈善捐贈。

(二)金融交易： （甲）對外國證券之長期投資，或購進外人持有之
　　　　　　　本國證券，（乙）本國對外國之短期貸款，或歸還

國外短期借款。

(三)投機交易：（甲）預測外國貨幣上漲之投機買進，（乙）本國資本因避免金融上危機或其他因素之危機，向國外逃避。

國際間由於各種交易活動之繼續進行，以致國際間之收支往來關係，亦綿延不絕。由於一國之有國際收支往來，而發生外滙之供需，由外滙之供需，可反應一國對外之各種交易活動情形。

二、外滙之變動

於自由貿易外滙之條件下，當一國對他國之輸出入貿易增減有所變化，則必影響其兩國間外滙滙價之變動。一國對他國之輸出貿易增大時，由於輸出貨物者，須將輸出所獲得之外滙交換爲本國貨幣，勢必影響外國貨幣與本國貨幣在外滙市場上之供需變動，換言之，供給外國貨幣者與需要本國貨幣者，必同時增加，於此種情形之下，則使外國貨幣與本國貨幣之交換比率發生變動，亦卽外滙滙價發生變動，因之，外國貨幣之相對價格，勢必下跌，本國貨幣之相對價格，勢必上漲，以本國之收入滙率立場而言，此卽所謂「外滙漲價」。反之，當一國自他國之輸入貿易增大時，則須以外滙支付輸入貨物之貨價，亦卽須將本國之貨幣，交換爲外國貨幣，因而影響外滙滙價與上述相反之變動，亦卽所謂「外滙跌價」。

通常外滙買賣供需數額之變化，除基於商品輸出入之增減因素外，尚受國際資本及勞務等交易（資本及勞務之輸出與輸入）之影響，故各種對外交易所產生之外國貨幣需求總額，遂構成外滙之綜合需要，由於各種對外交易而獲得之外國貨幣總額，遂構成外滙之綜合供給。滙價雖然多由於兩國商品輸出入之增減而引起變動，但亦可能由於兩國之其他

交易發生而引起變動，不論引起滙價變動之原因爲何，其結果必對輸出入發生有利或不利之影響。

滙價之變動，亦有由於貿易關係國家之通貨發生變動而形成者，凡有貿易關係之國家，不論其間之任何一國，如其通貨有發生膨脹、收縮、或對外評價過高過低之變動時，則引起兩國貨幣兌換比率之變動，甚或引起其他國家對外滙價之變動。至於政治、社會、軍事上之重大事件，以及其他一切足以影響國際關係之非經濟因素，均可對滙價發生影響。

外滙之買賣，實質上卽爲外國貨幣之買賣，故外滙滙價，亦卽以本國貨幣所表示之外國貨幣價格，於外滙可以自由買賣之市場，其滙價之漲落，主要根據供需數量之變化，與市場一般商品之價格漲落情形相同。

貨幣經濟時代之現代國家，乃運用其貨幣之力量，以控制其經濟之發展，而一國貨幣力量之形成，則有賴於豐富之物資資源與雄厚之生產力。由於豐富之物資與雄厚生產力結合所生產之產品，爲其他國家所需要，則其國之貨幣乃爲其他國家所爭取，而其國之貨幣對外價值，卽因之而提高。換言之，一國貨幣力量之基礎，係建立於資源與生產力之上，亦卽一國貨幣對外滙價之漲落，係隨一國國力之消長。而所謂國力，卽指一國物資資源與生產力之情況而言。一次世界大戰以前，爲英國國際貿易之黃金時代，英鎊價值穩定，爲各國所爭取，各國之貨幣多與英鎊發生連繫，致英鎊成爲國際上之通貨，原因卽爲其時之英國，具有雄厚之國力，輸出大量之成品與勞務，以促進其他國家對英鎊之需要，而穩定並提高其英鎊對外之價值。二次世界大戰以後，時移勢易，美國之國力增長，英國之國力消退，致美元爲其他國家所爭取，代替英鎊之地位，成爲國際上之關鍵通貨 (Key Currency)。美國自 1960 年

代開始，亦出現國際收支逆差，至 1980 年代國際貿易逆差更形擴大，加以美國政府預算赤字龐大，自 1985 年開始，美元對英鎊、日元、馬克大幅貶值，由強勢貨幣逐漸轉為弱勢貨幣。可知一國貨幣對外滙價之增降，除受其他因素之影響外，而國力之消長，實為其主因。

自 1973 年以來，各主要工業國家多實施浮動滙率，滙率波動之因素變為複雜，波動幅度提高，且不易控制。有關短期、中期、長期影響滙率波動之因素摘要分述如下：

(一)短期因素：影響滙率波動之短期因素為利率，特別是短期利率，在國際金融市場發達，短期資本移動佔國際收支比率大之工業國家，尤為明顯。自 1980 年以來，國際間經常有龐大之游資或熱錢 (Hot Money)，為數約一～二千億美元，掌握於各國之銀行、多國公司、以及富有者之手中，經常在國際間游動，追求最高之短期利率或套利。

(二)中期因素：中期因素係指一國之經濟活動對滙率波動之影響，亦即輸出貿易增加率與輸入貿易增加率所生之影響，一般稱之為順差或逆差。逆差則對外滙之需求增加，本國通貨之滙率趨向貶值。反之，順差則對外滙之供給增加，本國通貨之滙率趨向升值。此外，一國貨幣對他國貨幣之相對擴張率，(即貨幣供給量 (M_{1B})) 亦為影響中期滙率變動因素之一。惟此種擴張率，將不直接影響外滙市場之即期滙率，而係透過貨幣所得流通速度之變動、本國與他國利率差距之變動、以及對物價預期之變動等連瑣性影響，再推及滙率變動。

(三)長期因素：長期因素係指購買力平價說所指之滙率決定因素。亦即一國通貨在國內市場之購買力，與他國通貨在他國國內市場購買力之比較。在理論上，於完全自由貿易下，相同之商

品，　在國際間之價格應屬一致。　如有差異，　滙率將自動會調整。如在本國市場價格較高，本國之通貨滙率下降，反之則升高。

第二節　外滙對貿易與物價之關係

一、外滙與貿易之關係

外滙買賣自由之國家，其外滙滙價之升降，常隨進出口貿易之增減而變動，故在正常狀態之下，進出口之增減，常爲外滙滙價變動之主要原因。但外滙滙價一旦由於進出口貿易之增減發生變動後，又轉而影響進出口貿易之增減。例如外滙滙價，由於出口增加而發生變動，使本國貨幣之相對價格上漲，則必反使本國之出口減少及進口增加，因爲在此種情形之下，　雖然本國出口貨物之價格　（以本國貨幣表示之價格）　未變，但外國購買者購買本國貨物，須以較多之外國貨幣交換本國貨幣，始能償付貨價，而購買同類同量之本國貨物，較在外滙滙價未變動以前所付出之外國貨幣爲多，因而感覺本國貨物之漲價，而減少其購買，故可使本國之輸出減少。同時由於外國出口之貨物價格（以外國貨幣表示之價格）不變，故本國購買外國之貨物，只須以較少之本國貨幣交換外國貨幣，卽可償付貨價，而購買同類同量之外國貨物，較在外滙滙價未變動以前所付出之本國貨幣爲少，因而感覺外國貨物之低廉，而增加其購買，因而可使本國之進口增加。由此可知外滙滙價之變動與進出口貿易之變動，常係互爲循環。一國外滙滙價之變動，可由進出口貿易之變動而發生，而進出口貿易之變動，亦可因外滙滙價之變動而發生。外滙滙價之變動，由於可使進口減少出口增加或使進口增加出口減少，故有

平衡進出口貿易之作用，同時進出口貿易之變動，由於可使外滙滙價上升與外滙滙價下降，故有調整外滙價格之作用。

外滙滙價發生變動，則使國際商品之移動與資金之移動亦發生變動，而此兩者之變動，則影響一國國際上之收支，國際上之收支之變動，又影響外滙滙價之變動與進出口貿易之增減。當一國之外滙滙價由於國際支出增加而發生變動，使外國貨幣之相對價格上漲，本國貨幣之相對價格下降時，則其國之輸出必然增加，而輸入必然減少；反之，當一國之外滙滙價由於國際收入增加而發生變動，使外國貨幣之相對價格下降，本國貨幣之相對價格上漲時，則其國之輸入必然增加，輸出必然減少。

茲就外滙滙價變動與進出口貿易以及國際收支變動之循環情形，圖示如下：

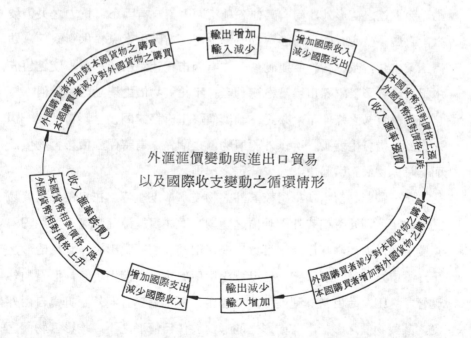

二、外滙與物價之關係

　　一國貨幣對外滙價下降，則對國外輸入貨物所需支付之本國貨幣數額增加，其輸入貨品之售價則隨之上漲，同時並引起本國國內產品之漲價。反之，一國之貨幣對外滙價上升，則對國外輸入貨物所需支付之本國貨幣數額減少，其輸入貨品之售價自亦隨之而下降，同時亦引起本國國內產品價格之下降。因此，國際間之外滙滙價變動，影響一國貨品輸出輸入之變動，而輸出入之變動，又影響一國物價之漲落。

　　一國之通貨發行數量超過其需要，則使通貨價值下降，物價普遍上漲，以促使本國貨幣對外價值之降低，其直接影響所及者，則為進口物價之上漲，而進口物價上漲，又影響國內一般之物價。惟一國之物價變動，除上述之情形外，尚有其他各種不同因素，有因不可抗力之災害發生，致農業生產減產，而影響物價變動者；有因生產原料供應缺乏，妨碍工業生產，致影響物價變動者；亦有因市場運銷組織不善，使銷售成本提高，致影響國際市場價格變動者。不論其物價之變動因素為何，於自由外滙貿易之條件下，必對外滙滙價發生直接或間接之影響，使一國之對外滙價發生變動。所以外滙與物價之關係，有時係滙價影響物價，而有時係物價影響滙價，殊少一定之準則。

　　當一國之物價水準相對較國外之物價水準上漲時，在自由外滙貿易之條件下，則同時引起外滙滙價之變動；惟如實施外滙管制，雖然國內物價上漲，而外滙管制滙價可以不變，則其滙價不受影響，此種情形之下，滙價雖不受物價影響，但易發生滙價與物價脫節之現象，而增加外滙管制之困難。但當外滙滙價發生變動，則不論為管制外滙抑為自由外滙，其對物價之影響，有如影之隨形，於任何情形之下，均影響物價之變動。次就兩者影響之速度而言，在具有條件下之物價上漲影響外滙滙

價，常爲迂緩而間接，而外滙滙價變動之影響物價，則係迅速而直接。

綜如上述，外滙與物價，係互有影響，惟物價之影響滙價，究屬間接遲緩，而外滙影響物價，則爲直接迅速，故一國之外滙滙價，應以穩定爲原則，不可任其自由波動，以滙率自由波動之結果，常發生下列之不利影響：

(一)輸出入之商品價格，隨滙率之波動而波動，旣影響國內之經濟安定，又不利於國際貿易之競爭。

(二)國際交易之收付，係以外滙計算，涉及兩種通貨之收付。如滙率波動，則貿易兩方之一方，必然遭受損失，因而妨碍國際貿易之發展。

(三)滙率波動不定，易於引起資本逃避，促使實施滙率管制，妨害自由貿易之發展。

(四)滙率如爲下降之波動，則易引起國內物價之上漲與通貨之不穩定，其影響所及，則爲一國之生產成本增加，輸出困難。

(五)滙率波動無常，影響一國通貨之幣信，使國外對本國之長期投資，觀望不前，損及一國之資本形成與經濟發展。

第三節　國際滙兌之功能

國際間之債權收回與債務淸償，除直接之易貨方法與直接現金輸運外，均爲以信用之交易制度，爲其居間之媒介，以完成其債權債務之淸結，所謂信用交易制度，實際上卽爲金融市場 (Money Market) 之別稱。金融市場之活動範圍廣泛，其中之外滙市場 (Foreign Exchange Market)活動範圍，卽爲經營國際收支之淸結或債權債務之移轉業務。凡持有外國貨幣債權者，則可按外滙滙價售與外滙市場，而獲得本國之

貨幣; 凡須淸償國外貨幣債務者, 則可按外滙滙價, 向外滙市場以本國之貨幣購買外幣債權。因此, 國際間之債權債務, 由於外滙市場之居間媒介, 而完成雙方之收支淸結手續。

國際間之滙兌, 在原理上與國內滙兌並無區異, 但由於涉及兩國以上之貨幣交換以及國與國間之貨幣比價問題, 致其間之關係, 較諸國內滙兌遠爲複雜。 外滙市場, 不僅爲淸結或移轉國際債權債務之居間媒介, 而外滙市場上之外滙供求變化以及滙率升降, 對國際間之貿易動態與國際收支之平衡, 均發生重大影響。

所謂外滙市場, 通常卽經營外滙業務之銀行, 而銀行之所以能經營此一業務, 係由銀行之有國際分行制度 (Branch Banking) 與國際聯行或代理行制度 (Correspondent or Agency Banking) 之關係。前者則本國總行所購之外幣債權, 可交由國外分行代收, 以增加其國外外幣之數額, 而本國總行所售出之外幣債權, 亦可通知國外分行代付, 以減少其國外外幣之數額。相同之情形, 國外分行所購進或售出之本國貨幣債權, 則可通知本國總行代收代付。後者則爲一國之銀行與國外銀行簽訂互爲代理業務之契約, 通常稱爲聯行或代理行協定 (Correspondent or Agency Agreement), 以相互代理與上述總分行之相同業務, 且可在一定之限度內相互透支金額。此爲銀行在國際滙兌上之所以具有橋樑功能之原因所在, 亦爲銀行制度之所以能輔助國際貿易發展之基要因素。 至其銀行外幣債權之主要供給來源, 於外滙自由買賣之國家, 則由外滙所有者, 自由出售供應。 於實施外滙管制之國家, 多爲向本國出口商強制收購其外銷貨物之外幣債權或本國勞務輸出之外幣債權。

至國際滙兌對國際貿易上所發生之功能, 可歸納爲:

(一)*移轉購買力之功能*: 使一國之通貨可隨時交換其他國家之通

貨，以為國際上之支付，亦卽使國際上之購買力可以移轉，而建立國際間之貨幣經濟。

(二)發展國際貿易之授信功能：國際貿易上，所有定期滙票之使用與買賣，均為一國對他國之授信。出口商對進口商所開發之滙票，卽為一國之出口商對他國進口商之授信。但如出口商希望以此定期滙票提前獲得現款，則可向外滙銀行申請貼現。

(三)隔離風險之功能：國際上之支付，須以外幣計算，故授受雙方，必有一方須負擔外幣滙價變動之風險，外滙銀行之期貨外滙買賣，可使國際貿易經營者，避免滙價變動之損失。

(四)移轉債權債務之功能：使國際間之債權債務關係，轉變為國內之債權債務關係，便利債權之收授與債務之清償。

(五)免除現金輸送風險與費用之功能：以國際滙兌方式，清結國際上之收支，使國際間輸送現金之危險與輸送之費用，獲得避免與節省。

(六)調劑國際資金供需之功能：便利國際間資金之流通與投資，不但具有穩定國際經濟金融之功效，抑且輔助國際經濟之開發與繁榮。

所謂隔離風險之期貨外滙買賣 (Forward Exchange Transaction)，卽出口商可出售其期貨之外幣滙票，以防滙票屆期後有外幣滙價變動之風險。而進口商亦可按事先同意之滙價，購進期貨外幣滙票，以防異日支付時有外幣滙價變動之風險。外滙銀行於賣出期貨外幣滙票後，常隨時購進相當數額之期貨外滙或卽期外滙，以消除其本身所負擔之外滙滙價變動風險。

第四節　滙票之制度與類別

　　國際貿易所開發之滙票 (Bill of Exchange)，係用爲國際貿易經營之信用工具，與一般滙票 (Draft) 之開發程序有別，其性質類似簡單之契約，由出票人簽字，要求被通知人於見票時或將來一定之日期，付與所指定人之一定金額。國際貿易滙票與一般滙票具有相同之轉讓性 (Negotiable)，於轉讓時由原持有人（最初卽爲收款人），於票據之背面，加以背書 (Endorsement)，可不指定讓與人 (Endorsement in Blank)，亦可指定讓與人 (Endorsement in Full)。票據之受讓人，又可再加背書後再爲轉讓。凡曾於票據加具背書者，如付款人將來不能如期兌付或拒絕兌付時，均輪次對最後持票人負有被追索 (Recourse) 之責任。但如於背書註明不負被追索之責 (Without Recourse)，則可免除被追索之責任，惟有此註明之背書，於轉讓時，常不易爲滙票受讓人所接受。

　　滙票制度對國際貿易發展之助益極大，其具體之貢獻，概如下述:

　　(一)滙票爲獲得現金之工具，卽爲未到期之滙票，亦可以貼現方式獲得現金。

　　(二)滙票爲投資之工具，因信用良佳之滙票，有似流動性之貨幣，可代替現金投資。

　　(三)滙票具有通貨之形態與相同之功能,於國際市場上可輾轉讓受，相互支付。

　　滙票通常可分爲兩類: 一爲銀行滙票 (Banker Draft)，一爲商業滙票 (Bill of Exchange)，前者係由銀行所發行之滙票，後者常爲經營國際貿易之售貨人向付款人所開發之滙票，用以向有關係銀行委託收

款或申請貼現，然後由付款人（債務人）承兌或付現。

　　銀行滙票，係爲一國之國內銀行對國外之分行或聯行或代理行所開立一定金額並給付其指定受款人之一種簡單支付命令，實際上即爲銀行所開發之支票。其與商業滙票之區異爲：（1）發票人不同，銀行滙票之發票人爲銀行，商業滙票之發票人爲售貨商人。（2）受票人不同，銀行滙票之受票人爲銀行，商業滙票之受票人則不一定爲銀行。（3）支付發動人不同，銀行滙票之發動人爲滙款者，商業滙票之發動人爲出口商。（4）附件有無之不同，銀行滙票爲光票，不附附件，商業滙票，通常須附有提單、發票、保險，以及包裝清單等附件。

　　滙票因係一種委託付款（Order to Pay）之證券，故其間之關係人常涉及三方面：（一）發票人（Drawer），（二）受票人（Drawee）或承兌人（Acceptor）或付款人（Payer）（三）收款人（Payee）。

　　經營國際貿易所開發之滙票，即前述之商業滙票，依其性質之不同，又可分爲下列數類：

一、依單據之有無而分：

（一）光票（Clean Bills of Exchange）　即不附任何貨運單據之滙票，如不附提單、保險單等，其應附之各種單據，通常多爲售貨人直接寄送購貨人。

（二）押滙滙票（Documentary Bills of Exchange）　亦名「跟單滙票」，附有各項貨運單據（Shipping Documents）。

二、依單據交付之條件而分：

（一）付款押滙滙票（Documents Against Payment Bills——簡稱 D/P）　亦稱爲付款後交單之滙票，即購貨人須將滙票金額付清後，銀行始能將貨運單據交與付款人提貨。

（二）承兌押滙滙票（Documents Against Acceptance Bills——

簡稱 D/A) 亦名承兌後交單之滙票, 卽購貨人於貨物運到後，可於滙票上簽章署名承兌後，卽可向銀行取得貨運憑證提貨。滙票仍由收款銀行持有，至承兌期限屆滿，再行收款。

三、依滙票之付款期限而分：

(一)卽期滙票 (Sight Draft or Demand Draft-D/D) 此種滙票，卽爲見票後卽須付款之滙票。

(二)遠期滙票 (Time Draft or Usance Draft)，卽爲見票若干日付款或爲按發出滙票之日期計算若干日後付款。

上述之分類，並非平行性之分類，而係從屬性與交互性之分類，因一種類別之滙票，可以同時兼有數種之性質，例如一紙商業滙票，可同時具有「押滙」、「承兌」、及「遠期」等滙票之性質。

第五節　國外滙兌與進出口貨價之清結

國際貿易如以國家爲主體，則爲一國以出口貨物換取所需之進口貨物，以調劑國際間物資之盈虛，並收國際經濟之分工利益。但以經營貿易者之個別主體言之，其輸出貨物者係以出口貨物換取外國貨幣，輸入貨物者係以本國貨幣換取外國貨物。且輸出貨物者所取得之外國貨幣，因不能於本國通行，故又必須將外幣兌換爲本國貨幣；輸入貨物者因本國之貨幣不能通行於外國，故亦須將本國貨幣兌換爲外國貨幣。因此，進出口貨價之清結，必發生國內外貨幣之兌換，而構成外滙買賣。貨物輸出者常爲外滙之賣出人，貨物輸入者常爲外滙之買進人，兩者之買進賣出，均須透過外滙銀行。

外滙銀行爲經營外滙交易之金融機構，如爲自由外滙買賣，則一國貨幣對他國貨幣之交換比率，係由外滙供需之情形所決定，故通常稱之

爲外滙自由滙價。外滙供需之變動，可以變動外滙之自由滙價，同時外滙自由滙價之變動，亦可變動外滙之供需，此與一般商品之供需，可以變動商品之價格，而一般商品價格之變動，又可變動其供需之情形完全相同。

進出口貨價的淸結，有由進口商主動者有由出口商主動者，亦有約定於國際金融市場淸償者，其分別之淸結情形分述如下：

一、進口商主動淸結貨價

由進口商主動淸結貨價，則必須以一定數額之本國貨幣，向外滙銀行購買外滙，其方式又分下列數種：

(一)電滙 (Telegraphic Transfer, T.T.)：爲進口商以一定數額之本國貨幣，依當日銀行電滙賣價 (T. T. Selling Price)，購買一定數額之外滙，並述明外國出口商之姓名、住址，然後由滙兌銀行以密碼電報通知其外國代理行或分行，付款與指定之出口商。電滙通常須在三天之內完成其交付行爲。

(二)信滙 (Mail Transfer, M.T.)：進口商以一定數額之本國貨幣，按銀行電滙賣價爲基礎所定之滙價，購買一定數額之外滙，並塡具滙單，註明外國出口商及滙款人之姓名住址，然後由外滙銀行將滙單郵寄外國代理行或分行，委託付款與指定之出口商。

(三)滙票撥滙 (Draft Transfer, D. T.)：由進口商以一定數額之本國貨幣，依當日銀行電滙賣價爲基礎所定之滙價，購買一定數額之外滙，由外滙銀行出具滙票交與進口商，然後由進口商將滙票郵寄外國出口商，外國出口商憑票向指定之付款銀行（發票銀行之代理行或分行），兌取外國貨幣。

(四)支票撥滙 (Check Transfer, C.T.)：係由進口商將本國貨幣交付外滙銀行，外滙銀行根據收入之貨幣數額，開具本國貨幣票面金額之支票，交與進口商，然後由進口商郵寄與外國出口商，外國出口商可將收得之支票，按照當地當日之外滙滙價，賣與指定銀行。收購此種支票之銀行，常爲發票銀行之代理行或分行。

外滙銀行對進口商賣出外滙，雖然有以上各種方式，但實際賣與進口商者，係爲存放於外國代理銀行或分行之外幣資金。上述各種方式之中，如爲電滙，則對方能於三日之內獲得價款，其餘方式，均須較長時間。如爲「支票」之滙款方式，尚有外滙滙價變動之風險，故進出口貨價之清結方式，應先有約定，以避免糾紛。

二、出口商主動收回貨價

進出口貨價，如由出口商主動收回，則爲出口商將應得之貨價，開發滙票，申請外滙銀行貼現，或委託外滙銀行代爲收回。通常出口商簽發滙票，有下列兩種類別：

(一)押滙滙票 (Documentary Bill)：亦名跟單滙票，爲出口商於出口貨物裝船後，憑進口商事先寄來之信用狀 (Letter of Credit-L/C) 或雙方所定契約之規定，簽發附有裝船單據及其他出口所需單據之滙票，其票面必須記載出口商應由外國進口商所應收回之金額。出口商如將簽發之押滙滙票，持向當地之外滙銀行申請墊款或貼現，則外滙銀行將此已墊款或貼現之押滙滙票，寄往國外開發信用狀之銀行，收回其墊款或貼現之金額；出口商如將簽發之押滙滙票，委託當地之外滙銀行代爲收回債權，則外滙銀行於接受委託後，卽寄往國外之分行或代

理行，向進口商收取滙票所載之金額。此種委託收款之押滙滙票，又分兩種不同性質：一爲付款押滙滙票 (D/P)，一爲承兌押滙滙票 (D/A)，前者進口商須向銀行先付淸滙票之金額，方能取得貨運單據提貨；後者可於滙票上簽署承兌後，卽可先行取得貨運提單提貨。

(二)出口託收 (Outward Collection)：爲出口商與國外進口商之交易，係契約行爲，未經銀行信用介入開立信用狀，規定收回貨款之條件爲買方付款交易 (D/P) 或買方承兌交易 (D/A)，於委託銀行代收時，銀行僅爲被委託收款之性質，與有銀行信用介入開發信用狀之情形不同，銀行不負任何風險。

(三)光票 (Clean Bill)：亦名信用滙票，爲出口商於貨物裝船之後，將有關貨運單據先行寄給購貨人，或爲約定不需檢附貨運單據，所簽發不附單據之滙票。光票之開發方式與票面所載之內容以及向外滙銀行申請貼現或委託收款之程序，均與押滙滙票相同。惟光票因無貨運單據之附隨，外滙銀行爲避免風險，通常多不願接受其貼現之申請。

進出口貿易商不論爲向外滙銀行申請滙票墊款或貼現，或委託收款甚或買賣外滙，均須負擔外滙銀行依規定所收取之墊款或貼現利息或手續費用。

通過外滙買賣，出口商將其所得之外滙售與銀行，卽爲將輸出所得之外幣債權移讓銀行；進口商自銀行購買外滙，卽爲將輸入所負之外幣債務移讓銀行。故銀行可以出口商所移讓之外幣債權，以抵償所承受進口商之外幣債務，平衡其外滙買賣之數額。

三、國際金融市場淸償貨價

　　進出口貨價之清結，有時由交易雙方當事人，以契約規定於其他國家之金融市場履行，並以第三國之貨幣清償貨價。此種情形之發生，多由進出口之貿易關係國家，對外貿易均不發達，或由於兩國之通貨價值均欠穩定，故須利用國際上對外價值最爲安定之貨幣，作爲清償貨價之工具。　例如於第一次世界大戰以前，　有很多國家之對外貿易，　多利用英鎊清結貨價，此乃由於英國爲當時對外貿易最發達之國家，與世界各國多有發生貿易關係，世界各國之外滙銀行，多於倫敦設有代理行或分行，於倫敦市場隨時均可根據一定之滙價，以英鎊換取其他國家之滙票或電滙，故倫敦成爲國際金融市場，又英鎊爲當時對外貨幣價值最穩定之貨幣，國際上甚多商品之價格，均以英鎊表示，故貿易貨款之清結，亦以利用倫敦金融市場最爲便利。但今則時移勢易，昔日倫敦在國際上之重要金融地位，由於英鎊在國際上之價值，已不及美元價值之穩定，當前國際間甚多商品之交易，常約定於紐約以美元清結貨價，紐約乃逐漸代替昔日倫敦世界金融市場之地位。以自第二次世界大戰以後，美國成爲世界之唯一債權國，同時亦爲對世界各國供給資金與物資之主要國家，其優厚之生產力與經濟之發展，足以支持其幣信對外之穩定，故美元成爲世界甚多國家對外貿易清結貨價之工具。

第六節　　國際通貨制度與國際貿易關係之分析

一、國際通貨制度之淵源

　　自一次大戰結束後之 1930 年代發生世界性經濟恐慌以還，各國均先後被迫放棄金本位制度，致國際通貨之信用制度破壞，各國爲保護本身之利益與經濟之危機，乃競相實施外滙管制，以通貨貶值之滙兌傾銷

方式，謀輸出之增加：以外滙複式滙率與進口嚴格管制之措施，求收支之均衡，因此，使金本位制度時代之自由貿易與自由外滙買賣制度，爲之完全瓦解，阻碍國際貿易之發展，亦影響國際上之經濟互惠利益。

　　二次世界大戰結束以前，英美國家之專家學者卽開始致力於戰後國際通貨制度與經濟制度重建之研究。於 1943 年之 3 月，英國發表其名經濟學者凱因斯 (J. M. Keynes) 之國際清算聯盟計劃 (Proposals for the International Clearing Union)，一般稱之爲凱因斯計劃 (Keynes Plan)；於同年之 4 月，美國亦發表其懷特教授 (Professor H. White)所擬之國際共同安定基金計劃(Proposals for the United and Associated Nations Stabilization Fund)一般稱之爲懷特計劃 (White Plan)。兩者之計劃方案，均以設立國際經濟合作機構，建立國際通貨制度，安定各國外滙滙率，擴大國際貿易交流，促進世界經濟發展爲目的，但兩者對實現目的之運用方式，則互爲區異。前者之計劃方案，係以建立國際清算制度 (Clearing System) 之方式，以達成其目的之實現；後者係以建立國際基金制度 (Fund System)之方式，以達成目的之實現。

　　玆就兩者之計劃方案簡要內容，概述如下：

甲、凱因斯計劃方案

(一)實現方式：設立國際性之金融機構，負責執行各國之國際收支清算，當一國於清算時發生貸方餘額，則另一國家應發生同額之借方餘額，以國際多邊支付之清算方式，清算各會員國之借貸，故此一負責執行清算之國際金融機構，本身不須有鉅額基金之設置。

(二)清算方式：參加國際金融機構清算之會員國，均於清算機構設立帳戶，並向清算機構繳納一定攤額之清算外滙準備金，如會

員國之借貸清算餘額超過其攤額準備金四分之一時，則須繳納百分之一之手續費，藉以促使各會員國均致力於國際收支之平衡。

(三)滙率基準：設定有國際性之標準貨幣單位，名之爲班可 (Bancor)，並以定額之黃金表示「班可」之價值，各會員國之貨幣價值均直接與「班可」發生連繫，並允准各會員國調整對外滙率。

乙、懷特計劃方案

(一)實現方式：設立國際性之共同外滙基金，其外滙基金之來源，則由各會員國依照一定之基準，攤繳黃金與本國貨幣。

(二)基金運用：參與共同外滙基金之會員國，可依照所規定之條件，以黃金或本國貨幣向基金購買其他會員國之貨幣。

(三)滙率基準：設定與美元10元等值之國際性標準貨幣單位，名之爲攸力他斯 (Unitas)，各會員國之貨幣價值，均以「攸力他斯」表示，非經基金之許可，不得變更以「攸力他斯」所表示之貨幣價值，並規定各會員國應廢除外滙管制措施。

上述之兩計劃方案，經由三十餘國之共同研討結果，曾於 1944 年之 4 月發表關於國際貨幣基金設立之共同申明，於此項申明中之國際貨幣基金，原則上採取懷特計劃方案之基金制度，惟實施之詳盡內容，則並非完全一致，此爲1944年 7 月於美國紐漢堡州 (New Hampshire)之布雷頓森林 (Bretton Woods) 所舉行之國際貨幣與金融會議，與會之五十四國代表簽訂布雷頓森林協議(Bretton Woods Agreement)，而成立國際貨幣基金 (International Monetary Fund) 與國際復興開發銀行 (The International Bank of Reconstruction and Development) 之淵源所自。

二次世界大戰後之國際經濟合作制度 (The System of International Economic Cooperation)，除所述國際貨幣基金與國際復興開發銀行之環球性 (Universal Approach) 國際經濟合作機構外，尚有區域性 (Regional Approach) 之國際經濟合作機構，諸如歐洲共同市場、歐洲支付同盟、歐洲自由貿易協會，以及拉丁美洲自由貿易協會均屬之。前者之環球性經濟合作，係採懷特計劃方案之基金制度原則；而後者之區域性經濟合作，係採凱因斯計劃方案之清算制度原則。

國際通貨制度初創之時，係以國際貨幣基金 (I. M. F.) 為中心之金滙本位制度，參與之會員國，多係以黃金、美元、英鎊為其國際貨幣準備 (International Monetary Reserves)，所以除黃金以外，美元與英鎊乃成為國際上之主要貨幣，稱之為關鍵通貨(Key Currency)。國際貨幣基金規定各會員國應以黃金 1 盎斯等於 35 元美元為基準，以設定本國貨幣之對外平價 (Par Value)。於基金成立後之 1946 年12月各會員國所申報本國貨幣對外之滙率，多依據二次世界大戰以前之物價水準，由於戰爭期中各國物價之上升，故對美元而言，均為滙率高估，但以戰爭結束初期，各國生產未能恢復，輸出能力缺乏之問題，完全係受生產力之限制，而非價格因素之影響，當時之具有龐大輸出能力國家，僅美國一國，因之即各國貶低本國貨幣對外價值，亦不能促進輸出增加；再就各國之輸入情形而言，多為經濟重建與生活所必需，即降低本國貨幣之對外滙率，亦不能減少輸入，故就各國當時之情況而言，維持高估之滙率，係對恢復戰後之經濟重建有利，此亦為各國當時申報對外滙率高估之原因所在。於戰爭結束數年以後，各國之生產力漸次恢復，致原有之高估滙率，形成輸出之不利，英國首於 1949 年調整英鎊對美元之滙率，由原有 1 英鎊等於 4.03 美元，調整為 1 英鎊等於 2.80 美元，其降低之比率為30.5%。繼英國之後，法國亦將對美元之滙率貶

低23.3%，隨之則爲加拿大、比利時、澳洲、丹麥、荷蘭、盧森堡、印度、南非、埃及等國家均相繼爲滙率降低之調整。

二、國際通貨制度與國際貿易之問題

在基金制度下之國際通貨，各國旣係以關鍵通貨之美元與英鎊爲其國際貨幣準備，則美元與英鎊在國際貨幣準備之重要性，實舉足輕重，影響國際貿易之興衰。換言之，如國際貨幣準備中，無此關鍵貨幣之存在，則國際貿易將停止交流，而陷於癱瘓之境地。此爲基金成立以來，對關鍵通貨價值維持不遺餘力之原因。世界國家中以英鎊爲清結國際貿易價款者，仍有十餘國家，其貿易額約佔國際貿易總額之25%，故除美元外，英鎊仍爲國際準備之關鍵通貨。英鎊於二次大戰後，曾迭次發生危機，均由基金強力支持渡過，英鎊於 1965 年年末發生之最嚴重一次危機，爲歐洲持有英鎊國家之競相兌現，基金雖再貸予五億美元，但仍感杯水車薪，最後由國際銀聯共同籌出四十億美元，方解除此次之嚴重危機。一國貨幣之價值穩定與其貨幣爲其他國家所需要，係以其國之國力爲後盾，英國自第一次大戰以後，國力卽日趨式微，以迄於今，有江河日下之勢，而當時英鎊發行之總額，約爲五十一億，此五十一億數額，約半數流通於國內，半數爲國外所持有，其發行之準備，僅爲十一億，與發行額相差至鉅。於此種情形之下，欲維持其幣信之穩定，自極困難。由於英鎊乃關鍵貨幣，如予貶值，則對國際經濟發生重大之影響，而繼續維持，殆亦非力之所逮，此爲國際通貨制度問題，所隱藏已久之危機，不能不於最短期中，以謀解決之途。

次爲美元問題，美國於第二次大戰結束後之最初數年，由於其他國家多直接遭致戰爭之破壞，戰後生產力不能立卽恢復，美國本土因未遭致戰爭之直接破壞，乃有強大之生產力，輸出物資產品，以援助戰後國

家之經濟重建，故自戰爭結束後之 1944 年開始至 1950 年爲止，爲世界各國殷切需要美元之時期，發生所謂美元缺乏 (Dollars Shortage) 之嚴重現象。自 1950 年開始，由於歐洲國家經濟能力先後恢復，對外競爭力增強，而美國本身則因生產成本上升，對外之競爭力，則相對下降；同時由於對外大量軍援與經援之故，致資本鉅量外流，乃發生國際收支不能平衡之現象。尤是自 1958 年西歐共同市場國家與歐洲支付同盟國家恢復通貨對外自由兌換以後，美國之短期資本，由於國際收支之惡化，而大量流入歐洲，致使國際收支不能平衡之情況，而日趨嚴重。美國之黃金準備存量，於戰後初期數年之國際收支有利時期，曾高達二百四十餘億美元，嗣後由於國際收支逐年發生逆差，致黃金大量外流，曾一度減至一百一十億左右。因黃金大量外流，外滙準備日漸下降之故，使各國對美元之價值信心，又發生搖動，此爲由戰爭結束初期之美元缺乏，轉爲當前之美元危機 (Dollars Crisis) 之演變，終於1971年12月及 1973 年 2 月先後兩度貶值。

美元之持續疲勢，直至 1978 年爲止，仍無法擺脫，而西德馬克、瑞士法郎、日本日圓則不斷升值，成爲國際上之強勢貨幣。1978年之11月美國聯邦準備爲挽救美元頹勢，採取五項穩定措施：(一)實施緊縮性之貨幣政策，以遏止通貨膨脹與擡高利率。(二)增加黃金出售之數額。(三)與西德、日本、瑞士等國增加八〇億美元之通貨交換 (Swap Arrangement)。(四)向國際貨幣基金提取外國通貨三〇億美元。(五)出售以外國通貨計值可達一〇〇億美元之債券。及至 1979 年 8 月，新任美國聯邦準備理事會主席更動後，新任更不斷提高重貼現利率，加強緊縮性之貨幣政策，造成其時美國以及國際性之高利率。加以國際局勢動盪不安，兩伊戰爭、黎巴嫩戰爭以及波斯灣油運遭受威脅等等，使美元在國際外滙市場求過於供，情勢復再轉強。此一現象持續至 1985 年 9

月，由於美、英、西德、法、日五國貨幣管理當局達成協議，公開指出美元滙價應予降低，自此美元開始自發性之下降調整。下表爲近十餘年美元國際滙價變動情形。

三、國際通貨制度改革之方案 (1960-1967)

國際通貨所賴以支持之關鍵通貨，發生上述之危機，尤是英鎊之情形，較之美元尤爲嚴重，故國際通貨制度之改革問題，乃成爲國際經濟問題研究之重心。 各國之財經學者與專家， 均針對問題， 提出改革方案。各學者專家之一般見解，均認當前國際通貨制度之問題焦點所在：一爲現行國際通貨數量之不足，不能適應國際貿易發展之需要；一爲關鍵通貨幣信之不安定，影響國際通貨準備價值之動搖。基此問題之焦點所在，歸納各學者專家所提之改革方案，可分爲兩大類： 一爲就現行之國際貨幣基金制度加以改進；一爲澈底改革現行之國際通貨制度。前者之改進方案，前任國際貨幣基金總裁賈克森 (P. Jacobsson) 曾提出具體主張，後者之改革方案，美國耶魯大學教授蔡復英 (R. Triffin) 曾提出詳盡辦法：

甲、賈克森之改進方案

(一)增加國際貨幣基金之資金數額，平時則利用此項充分之資金，以增進各會員國國際貿易之發展，各會員國如遇有緊急情況發生，則利用資金予以挽救。其資金增加之來源，可由會員國增加攤額，必要時基金可向會員國借入特定之貨幣。

(二)基金對會員國之資金利用限制，予以放寬，各會員國如有需要資金之正當理由，應依照其需要融通，解除現行規定之數額限制。

(三)通貨使用之類別，應致力於多邊化，因自 1958 年歐洲國家通

表一　每一美元兌換各國貨幣之滙價表

年別	日圓	英鎊	馬克	新臺幣
一九七〇	三六〇.〇〇	〇.四一六七	三.六六〇〇	四〇.〇〇
一九七一	三四九.八三	〇.四一〇八	三.四九〇八	四〇.〇〇
一九七二	三〇三.一一	〇.三九九七	三.一八六七	四〇.〇〇
一九七三	二七一.二一	〇.四〇七八	二.六七二六	三八.〇〇
一九七四	二九二.〇八	〇.四二七五	二.五八七八	三八.〇〇
一九七五	二九六.七九	〇.四五〇一	二.四六〇三	三八.〇〇
一九七六	二九六.五五	〇.五五三六	二.五一八〇	三八.〇〇
一九七七	二六八.五一	〇.五七一四	二.三二一八	三八.〇〇
一九七八	二一〇.四四	〇.五二一四	二.〇〇八六	三七.〇〇
一九七九	二一九.一四	〇.四七二四	一.八三二七	三六.〇三
一九八〇	二二六.七四	〇.四二九〇	一.八一七七	三六.〇二
一九八一	二二〇.五四	〇.四九四〇	二.二六〇〇	三六.〇〇
一九八二	二四九.〇八	〇.五七一四	二.四二六六	三八.八四
一九八三	二三七.五一	〇.六七一三	二.五五三三	三九.七九
一九八四	二三七.五二	〇.七四四八	二.八四五七	四〇.六〇
一九八五	二三八.五四	〇.七七四九	二.九四一九	三九.六〇
一九八六	一六八.五二	〇.六八〇三	二.一七一〇	三五.八〇
一九八七十一月	一三三.一九	〇.六一四九	一.八〇五四	二九.四六

資料來源：1.何伊仁，貨幣銀行學，p.468頁（1970-1985）。

2.進出口貿易統計年報，76年10月。

貨對外自由兌換以還，在國際貿易之清償方面，已形成通貨方面之多邊支付制度，所以對各會員國之使用通貨種類，應予推廣，不應再拘於所謂關鍵通貨。

(四)基金對會員國之資本交易，亦應列入週轉之範圍，因為自世界主要國家恢復通貨對外自由兌換以來，國際之資本移動益為頻繁，凡因資本移動因素而使一國之國際收支情況惡化時，應予以資金之融通。

賈氏之改進方案，係基於 1961 年以前在基金之任內，親身所體驗之經驗與基金運用所遭致之限制，所提出之改進意見，對現行之國際通貨制度，並無特殊更新之主張，僅為就現行基金制度之運用不靈，效果缺乏之處，予以改進，故僅能謂之改進，不能稱之改革。

乙、蔡復英之改革方案

(一)分析現行國際通貨制度之缺點：於現行國際通貨制度之下，各國之通貨數額增加，須依賴於黃金數量之增加與特定國家關鍵通貨之增加，因此，國際通貨準備之增加，即為發行美元與發行英鎊關鍵通貨國家之對外短期債務增加，故而促使美元與英鎊之價值發生不穩定性。以關鍵通貨之美元而言，各國持有美元數額之增加，係以美國國際收支之發生逆差而取得，如美國之國際收支恢復均衡，則國際通貨之增加泉源，即告中斷。而各國所致力獲得之美元，於美國當時 1 盎斯黃金等於 35 美元之金滙本位制度下，又必須確保兌現，因之如美國發生經濟不景氣現象時，仍須維持美元之對外滙率，不能以調整滙率之方式，為其恢復經濟繁榮之手段，否則即影響現行國際通貨制度之維持。

(二)解決現行國際通貨制度缺點之辦法：設立世界性之國際中央銀

行，各國應以現有通貨發行之一定金滙準備數額，強制存入國際中央銀行，其應存數額之多少，依發行通貨之準備比例定之。此項準備存款，表示代替黃金之儲存，由國際中央銀行付予利息。國際中央銀行並以此代替黃金儲存之準備，發行代替黃金與關鍵通貨之新國際通貨，以清算各國在國際上之來往收支，惟不能實際兌付黃金。除所述之強制性準備存款外，各國並可任意存入美元或英鎊之外幣，國際中央銀行對此項外幣存款予以外滙保證並給付利息。

蔡氏之改革方案，雖有提出改革現制之新法，但其新法之內容，實脫胎於前述凱因斯計劃方案之清算制度。由此可知國際通貨制度之改革，雖有各種不同方案，而綜合其基本原則，終不外基金制度與清算制度之範圍，僅分別在其處理方法與內容上，有所出入而已。

基上所述情形，可知國際通貨制度之有待改進或改革，乃係時不容緩，問題在於究宜採施所述兩項制度中之何一制度。如就現行基金制度加強，則牽動較小，實現較易，但對現行國際通貨制度所發生之問題，則並非徹底解決之方，如採施清算制度之徹底改革，則與現實之經濟情況距離稍遠，牽動至鉅，但不失為徹底解決問題之根本之方。

丙、施維茲之改革傾向

1967年之4月，國際貨幣基金董事與世界十大貿易主要國家之中央銀行總裁與經濟部長舉行第三次代表聯席會議時，當時國際貨幣基金董事兼總裁施維茲 (T.T. Schweitzer) 即宣稱國際通貨之改革計劃，現正擬訂之中，可能於 1967 年之 9 月草擬竣事，其改革之內容，傾向於建立國際通貨準備，並謂於此會議中，已對建立國際通貨準備之問題，達成意見協調上之重大進步。此項第三次代表聯席會議之世界十大貿易國家，為美國、英國、西德、法國、日本、加拿大、瑞典、荷蘭、義大

利、比利時。國際貨幣基金總裁於 1972 年由荷蘭前財長魏特芬繼任，（H. J. Witteveen) 在職 5 年，任內加強特別提款權之實施，於1978年退休，由法國之拉羅席瑞（Jacques de Larsiére）繼任。

四、1967年英鎊貶值後國際通貨制度改革之趨向（1967-1971）

於 1967 年11月18日，英鎊終於不支，而宣告貶值，由原每英鎊比 2.80 美元，降爲 2.40 美元，其貶值幅度，爲 14.3%，此爲二次世界大戰結束以來英鎊之第二次貶值。第一次爲 1949 年 9 月18日，由原每英鎊比 4.03 美元，降爲 2.80 美元，貶值幅度爲 30.5%。此次英鎊之不支貶值，有其遠因與近因，如加以分析，其遠因爲：（一）戰時消耗大量黃金及美元，致國際外滙準備，大爲減少，同時因戰時向英鎊地區及其他國家大量舉債，利息負擔沉重，影響其國際收支之惡化。（二)生產力因戰爭之摧殘而降落，戰後未能有所積極改進與更新，致產品在國際市場上之競爭力削弱，對外貿易之逆差日增。自 1963 年至 1966 年之 4 年間，國際收支逆差總值達十三億五千萬英鎊，以貶值前之滙率計算，爲美元三十七億八千萬元。（三)戰後各殖民地均先後獨立，致產品在海外之市場，日趨縮小。（四)工黨政府執政，實施社會福利政策，增加財政鉅額支出，同時又因投資率之減低，致成經濟成長率之下降與出口之不振。（五）由於維持在國際上之地位，而須維持海外駐軍與發展國防設施，致增加其財政上之負荷。

至於英鎊貶值之近因，主要則爲：（一）於 1967 年 6 月中東戰爭爆發與蘇伊士運河關閉，使英國在經濟上蒙受重大損失，估計在海運與貿易方面，全年約損失六億美元。（二）1967 年 9 月倫敦與利物浦之碼頭工人罷工，使英國之輸出幾陷於停頓，致貿易上之逆差，益爲擴增。（三)向國際貨幣基金及歐洲工業國家借款，以挽救英鎊危機，但以緩不

濟急或因條件過苛，均未能及時有成。

　　由於英鎊貶值，引起歐洲市場黃金搶購風潮，威脅美元信用與價值之搖動，美國政府有鑒於情況之緊迫，乃於 1968 年之 3 月於國內採取兩項緊要措施：㈠政府提請國會通過取消聯邦準備銀行發行通貨之25％黃金準備規定，使所存一百一十餘億美元之黃金，可作必要時之對外支付。㈡貼現率由四厘五提高為五厘，以收縮信用，緩和通貨膨脹之壓力。美國並發表申明，保證繼續維持 35 美元等於 1 盎斯黃金之兌換比率。但歐洲市場黃金搶購之風未戢，倫敦與瑞士之黃金市場已被迫停業，使世界之金融情況，為之動盪不已。

　　美國政府復邀請黃金同盟國家（美、英、西德、義、瑞、荷、比）之中央銀行總裁於華盛頓舉行黃金會議，決議採行之措施為：採施黃金兩價制度，將黃金分為貨幣準備與商品兩種，各國政府持有之黃金，僅能用於金融當局之移轉活動，各國政府不再以黃金供應任何黃金市場，但各國政府間之黃金交流，仍維持35美元兌換 1 盎斯黃金之比率。㈡由國際貨幣基金創設「特別提款權」，以補救國際間通貨流通量之不足。同時並議決為英國融通四十億美元，以維持英鎊貶值後之價值。關於第一項決議，一般經濟學者，認為黃金兩價制度措施，僅能對當前之金融動盪危機，給予時間上之緩衝，尚非根本解決問題之辦法。因如各國不能竭誠合作，則金融當局之貨幣準備黃金，將因市場黃金價格之上漲而流入市場，而使兩價制度無法維持。故對世界金融危機之穩定與美元信用之維持，端賴有關國家之真誠合作與美國本身國際收支之改善與財政赤字之減少。

　　關於第二項決議措施「特別提款權」（Special Drawing Right ISDR）之問題，於 1967 年 9 月於巴西首都舉行國際貨幣基金年會時，卽已提出討論，由於法國堅持「特別提款權」之行使，歐洲共同市場國

家須保有否決之權，其他國家亦多主張延至美國國際收支臻於平衡時施行，故原則雖已通過，而實施則有所阻礙與等待。此次因英鎊貶值，引起世界金融危機與美元之負荷加重，乃於1968年3月之杪，十國（美、英、西德、法、義、比、荷、加、日、瑞典）財長於瑞京集會，再度提出討論，期能提早實施，以助國際通貨問題之解決。會中經九國贊同通過，法國雖仍持異議，但應以與會國家之多數決定為決定。特別提款權之正式合法化，係於 1969 年 7 月28日生效。

第七節　國際新準備資產—特別提款權

特別提款權 (Special Drawing Right)，係由於現行國際貨幣制度之下，通貨流量不足，不能適應國際貿易發展之需要，用以作為國際之新準備資產，為其補救。國際貨幣制度之形成方式有二：一為循自然之演進，一為有計劃之創造。以黃金及關鍵貨幣為國際清算工具，則屬於前者；當前之特別提款權制度，則屬於後者。由於特別提款權，係人為之創造，故在本質上係為基金帳戶之一種紀錄。

一、特別提款權之特質

依照 1968 年國際貨幣基金協定之修正條款，特別提款權係由基金按照基金會員參加國家之攤額分配，不須繳納任何款項即可取得，較之基金原有協定條款，會員國家須照攤額繳25％黃金，75％本國通貨，方獲得一般提款權之規定遠為容易。凡基本會員國家參加特別提款權者，於國際收支或國際準備有所需要時，不需協議與事前審查，即可動支，且無須按規定日期償還。

特別提款權之運用，所能達成之目的為：㈠、於國際準備資金發生

不足情況時，可透過分配方式，以解決國際流動量需要之增加，避免國際經濟交流之停滯與通貨之緊縮；㈡、於國際資產發生過剩之現象時，則可以收回方式，以削減其國際之流通量，避免國際性之通貨膨脹；㈢、減少關鍵貨幣國家之發行數量，協助穩定關鍵貨幣國家之通貨價值。

　　基金分配特別提款權，原則以五年爲一基本期，自1969年以來，基金共分配 2,143,400 萬 SDR，其中 1970 年至 1972 年間分配 931,500 萬，爲分配之第一基期。1973 至 1977 年之第二基期，由於基金認爲其時國際流動性充裕，故未作分配。1979 至 1981 年之第三基期，分配 1,211,900 萬，此後卽未再作分配。至是否再作第四基期分配，會員國之意見不一，開發中國家主張繼續分配，並希望分配數額提高，以協助舒解外債。而以美國爲首之多數工業國家，則認爲當前國際流動性不虞匱乏，有準備不足之國家，應透過經濟政策調整克服，或以有條件之融通方式解決，不宜仰賴特別提款權之分配，以免過度創造特別提款權，引發不利之通貨膨脹。又特別提款權自第二次修正協定條款生效後，已合法取代美元及黃金之地位，成爲主要國際準備資產。

二、特別提款權之規定

　　特別提款權係透過國際貨幣基金所創造，於基金決定參加國家之分配數額以後，卽分別將各國所獲得之數額，記入其特別款帳戶。各國接獲基金通知之後，可將此項特別提款權視爲準備資產，隨時可動用分配數額之一部或全部，如某國之特別提款權爲五千萬美元，現需動支二千萬元，卽可洽請基金以二千萬美元換爲等值之可兌現通貨，基金卽指定一國提供二千萬美元，或指定兩國分別提供一千萬美元，撥入某國中央銀行之帳戶，同時亦將某國帳戶之特別提款權減少二千萬美元，亦卽某國準備資產中之二千萬美元特別提款權，爲其等值可兌現之通貨所代

替，隨時可以動支。

為使特別提款權能充分發揮其國際準備資產之功能，一如黃金與關鍵通貨為參加國家所樂於接受起見，規定特別提款權之單位價值等於純金 0.888671 公克，亦卽等於 1 美元，使其有黃金價值之保證，就提供可兌現通貨之放款國家而言，不論借款國家之滙率如何變動，均可收回放款之等值。 在借款國家而言， 動支特別提款權， 亦須愼重考慮，將來須以可兌現通貨或黃金收回，且須負擔利息。

參加基金特別提款權國家，五年期內之特別提款權平均持有額，不得低於同一期間特別提款權淨累積平均分配額30%，如低於此額，應以可兌通貨收回補足。指定提供可兌通貨之國家，其提供義務，係以持有特別提款權所超過其淨累積分配額之部份，並以不超過其淨累積分配額之兩倍為限。

美元於 1971 年 12 月對黃金貶值 8.6%（純金每盎斯由 35 美元提高為38美元）， 特別提款權對美元之價值， 由 1 美元提升至 1.08571 美元；1973年 2 月美元對黃金再度貶值11%，其價值再調高為 1.20635 美元。1974年 6 月，二十國委員會建議基金，在第二次修正案內，取消黃金在國際貨幣制度中之地位，自同年 7 月 1 日起改採以基金十六個會員國之通貨加權計值（十六個國家係以出值在基金排前十六名者），通稱十六國通貨籃。1981年 1 月 1 日起，復將通貨籃減為美國、西德、法國、日本、英國等五國。1986年 1 月，五國通貨在 SDR 之權數，分別為美元佔42%，馬克佔19%， 日圓佔15%，法郎與英磅各佔12%。

三、特別提款權之分析

特別提款權之目的，係以有規劃之信用創造，以適當補充現行國際準備流量之不足， 以協助解決國際收支之困難。 惟此項國際新資產準

備，係採分年創造方法，最初數年之數量不大，須經多年累積，方能顯現其重要性。由於規定提供可兌現通貨國家之義務爲其分配淨額之兩倍，故對主要國家國際收支困難之融通彈性甚大，歐洲共同市場國家發生國際收支困難，可由美國提供通貨融通，美國發生困難，亦可由共同市場國家融通，其彈性較過去之基金融通制度超出一倍以上。

特別提款權之實施，固可使國際流通量不足之問題，獲得相當程度之解決，但對收支失衡國家之調整，仍無濟於事。以現行提供關鍵通貨之英、美國家而言，於本身國際收支未能基本解決前，而僅賴特別提款權之融通，將難使國際關鍵通貨價值長久穩定。由此可知國際通貨問題之解決，基本上有待於提供關鍵通貨國家之國際收支均衡。

第八節　國際貨幣制度之改革

一、國際貨幣制度之第二次改革 (1971～1978)

1971年10月，國際貨幣基金理事會交付基金執行幹事會負責研擬改革國際貨幣制度，次年9月，執行幹事會建議在華盛頓成立「國際貨幣制度暨有關問題改革委員會（簡稱二十國委員會）」。至1974年6月，公佈「改革大綱」，基金另成立臨時委員會，依據改革大綱繼續基金協定條款第二次修訂工作。1976年4月，基金理事會批准基金協定條文第二次修訂案，並於 1978 年 4 月 1 日宣佈第二次修正條文正式生效。此次修正，就其內容而言，係對於 1971 至 1973 年以來，國際貨幣制度業已普遍存在之事實，給予承認與合法化，基本上待決之問題，並沒有解決。其內容要點爲：

㈠滙率制度：基金協定修正條文，對於外滙制度，改採任由會員國

自由選擇之辦法，不受必須建立外滙平價之拘束。會員國實行浮動滙率者，可繼續浮動; 願建立平價者亦可。滙率在平價上下波動之幅度放寬爲上下各 2.5%，願意釘住於某種貨幣或多種貨幣之綜合價值者，亦不受限制。

㈡對會員外滙政策之監督: 其重點有三: (1)任一會員國，應避免用操縱滙率或國際貨幣制度之辦法，來阻止對外支付之有效調整，或由其他會員國取得不公平之競爭利益。(2)任一會員國，必須於必要時，干預外滙市場，以維持滙率因短期破壞性之失序現象所產生之波動 。 (3)會員國之干預政策 ， 必須考慮其他會員國之利益。此外，對於監督原則與程序，亦有詳細規定。

㈢降低黃金貨幣之地位: 依據新訂基金協定，基金及會員國不得再對黃金制定官價，並正式廢除 1944 年布雷頓森林會議所建立以黃金爲基礎之美元本位制度。自 1974 年將原釘住黃金方式改由十六國之通貨籃計值以來，基金與會員國之間之一切交易，已不再以黃金作支付的工具。

㈣提升特別提款權之地位: 第一次修正條文，僅以創造特別提款權爲目的。第二次則將特別提款權提升爲取代美元與黃金，成爲主要國際準備資產。各會員可利用特別取款權進行下述各項業務: (1)以特別取款權從事放款並清償債務。(2)以特別取款權作爲債務之擔保。(3)以特別提款權從事換滙協定 (Swap)。(4)以特別提款權從事遠期業務 (Forward Operation)。(5)以特別提款權從事捐贈。會員國從事上述各項業務時，不需基金核准，但應將所處理業務之內容要點通報基金。

二、1980年代國際貨幣制度之改革

　　國際貨幣基金雖於 1978 年 4 月 1 日修訂第二次協定條款，允許會員國滙率可以浮動，並將特別提款權提升爲主要之國際準備資產，以降低黃金地位。惟國際金融環境，近十年來之兩大變遷，對基金形成極大挑戰。一爲歐洲通貨市場與其他境外金融中心之發展，使商業銀行之國際金融業務快速成長，致對國際金融與基金發生如下之影響：㈠由於銀行間競爭激烈，使開發中國家與東歐各國易於獲得資金，而造成其債臺高築。㈡大部分之境外金融中心，政府未加管制，使政府對國際金融之影響力微弱。㈢由於國際收支中之資本流動性增大，影響滙率變動頻繁。㈣多數國家爲規避基金「制約條件」之限制❶，轉向民間市場借貸，無形中降低基金對國際金融之影響力。基金在整個國際貨幣體制中，所能掌握之流動能力有限，自無法對國際流動能力有所控制。

　　次爲主要國家普遍採行浮動滙率，而各主要國家間之金融措施並不協調，以致滙率起伏不居，波動幅度偏高，不能與經濟情況配合。基金雖有權益監督各國維持滙率穩定，惟實際上，基金對主要會員國並無實質之約束力。近年爲解決國際滙率不穩定之問題，有力倡改革滙率制度者，有建議恢復固定平價者，有提議擴大歐洲貨幣制度（EMS）聯合浮動者，亦有主張訂定滙率之「目標區域（Target Zone）」者。❷

　　由於國際金融環境之變遷，現行國際貨幣制度已面臨必須檢討之階段。目前國際貨幣制度之檢討改革，係以十國集團會議之研究爲中心，

---

❶　制約條件 (Conditionality)，係指會員國使用基金之資金時，必須遵守基金之要求，以協同克服國際收支問題。凡基金之有關要求，即稱爲「制約條件」。其目的在協助會員國採取適當措施，以改善國際收支，確保其償還能力，並促使資金循環使用。

❷　所謂滙率之「目標區域 (target zone)」，係指國家公佈國內貨幣供給額成長之目標時，由各國先行會商並預測達成均衡滙率前之變動幅度與範圍，使其形成「目標區域」，然後公佈之。「目標區域」可以每隔一段時間調整之，以反映各國比較利益或競爭地位之變遷。

雖然十國集團會議尚非基金正式組織，但十國對基金決策具有實質影響力，故所研討國際貨幣之興革意見，具有舉足輕重地位。

關於國際貨幣制度之改革，基金前任總裁魏特芬與十國集體，均提出長程規劃意見，其內容為：

甲、魏特芬之改革方案

魏特芬 (H,J. Witteveen) 之改革方案，主要著重於㈠強固國際信用市場，㈡基金未來之工作方向，㈢穩定滙率等三方面：

(一)強固國際信用市場：依據國際信用情況，採限制或鼓勵措施，以強固並穩定信用市場，促進世界經濟成長。由於目前國際債務問題，引起貸放業務萎縮之情形觀之，基金應採鼓勵措施，以提高商業銀行之貸款意願。諸如制定保險辦法，以保障對商業銀行放款之政治風險，而債務國亦須符合協議之績效標準，方可同意承保。

就長期需要而言，國際間必需有控制國際信用市場之工具，以配合保險辦法之運用。控制國際信用市場，首須針對境外金融中心之兩項缺失，加以解決：一為法定準備之提存。一為償債比率 (Solvency Requirement) 應依合併之資產負債表計算❸。準此，則在資產方面，各國均有統一之償債比率，並可在上下限內彈性調整，而境外金融中心亦隨之納入管理，由於償債比率可作彈性調整，則國際貸放之成長，亦可加以控制；而在負債方面，亦有規定法定準備之提存。

(二)基金未來之工作方向：就短期而言，應提高基金之分攤金額，以強化基金之影響力，並恢復特別提款權之分配。就長期而言，第一、簡化基金業務——將特別提款權業務單位與一般業務單位合併，使未來

---

❸ 合併之資產負債表，係指母公司與國外子公司合併之資產負債表，並非單獨計算之資產負債表。

基金作業，完全以特別提款權爲基礎，當基金對會員國提供融資時，完全以創造特別提款權支應，不以交換通貨進行，償還貸款時，則註銷其特別提款權；而會員國之融資限額，亦以特別提款權持有之多寡爲其基準。第二、加強特別提款權之功能——允許民間機構持有特別提款權，並可作交易之籌碼，使其可以自由轉換，而成爲廣泛使用之資產。同時亦提高各國中央銀行持有特別提款權之數額，作爲準備資產之用。第三、提高特別提款權交流之限額，使其能於金融市場上自由使用，如此，則各國中央銀行持有之意願，自然提高，基金亦不須再強制各會員國持有，特別提款權自然成爲廣泛流通之國際貨幣。其功效除降低轉換通貨之壓力，並可穩定外滙市場之動盪因素，同時，基金亦可以運用特別提款權之分配，控制國際準備之消長。

　　(三)穩定滙率：基金如能有效控制國際信用與流動能量，則滙率將可逐步趨於穩定，惟滙率之干擾因素，極爲複雜，通常對滙率變動因素之研討，首先應分析是源自經常帳戶抑或資本帳戶，再針對問題，採取措施。就經常帳戶收支之調整過程而言，由於進出口數量調整之時間有所落差，常造成滙率之循環波動。次爲進口成本之調整常較出口價格之調整快速，致使貿易條件有所變化，亦影響滙率之不居。再次則貿易量之調整，涉及國民所得水準之升降等因素，亦造成滙率之波動。基此分析，如滙率波動之因素係源自經常收支，則必須政府於融資貸款方面，採取適當之干預措施。反之，如源自資本收支之因素，則應考慮調整利率，以求回復均衡。至因資本移動，引發通貨轉換所發生之滙率波動，則應運用貨幣政策調整。

乙、十國集團之研究報告

　　1983年9月，十國集團之財長與央行總裁在華盛頓集會，交換改革

國際貨幣制度之意見，並指派代表繼續集會討論後，於 1986 年 6 月在東京集會之十國集團之財長與央行總裁提出最終報告，其主要內容共分下列四大部分：

(一)浮動匯率之運作

1. 浮動匯率制度之評估：由於匯率浮動不定，造成分歧之經濟政策，使名目匯率常發生短期波動，實質匯率則產生中期變動之現象。一般認為匯率之波動，影響投資意願及貿易意願。就實質匯率波動而言，雖可反映基本經濟條件之變遷，並促成政策之調整，但如波動幅度過大，則影響國際交易之正常進行，對國內經濟造成不利，同時尚易導致資源配置不當。

　　匯率具有彈性變動，對國際收支之調整以及維持自由開放之貿易制度，確有助益。又在彈性變動情形下，可使各國物價水準與國外物價不易發生關聯，而國內之貨幣政策，即可針對本國之需要，發揮其直接之效果。反之，缺乏彈性之匯率制度，一方面難以維持長時不變，另一方面亦增加各國貿易交流與資本移動之限制。基此，匯率穩定固然有其重要性，但若穩定之要件與基本經濟條件或市場情況不符，仍將弊多於利。

2. 匯率穩定性之提高：解決前述浮動匯率缺點，在政策上，雖可採施歐洲貨幣制度 (EMS)，訂定「目標區域」(Target Zone)，並透過多邊監督，促使各國政策能互為協調。惟歐洲貨幣制度之維持，係具有特殊之政治及經濟環境為其背景，而「目標區域」，係指議訂一項各國均可同意之目標匯率，各國之代表多認為合理目標匯率之議訂，極為困難，因為匯率之變動因素眾多，不可能有效掌握，抑且對各國加諸約束，妨礙其本國之適當匯率政策實施。同時如何訂定合理目標匯率以及基金會員國間之責任如何分

配與調整，亦遭致不易解決之難題。如勉爲議訂，最後仍須付諸現實市場測試，其變動不定之情況必然發生，如以人爲措施，維持與市場情況不符之滙率，不但所付之代價極高，且將徒勞無功。此一問題各國代表所作之結論，認爲：外滙市場之穩定，有賴各國之密切持續合作，基金應對國際監督，作有效之加強，藉以促進各國滙率政策之適宜性以及經濟發展成效之一致性。

(二)國際監督之加強

目前國際監督之執行情形，爲有能力自行取得融資之國家，實際上不受監督，基金亦無執行監督之能力。再就監督之政策而言，係偏重對個別國家之監督，忽略各國金融外滙政策之相互影響關係以及經濟結構上之問題。

十國之全體代表均認爲監督之有效執行，必須借重各會員國之力量，並輔以溝通疏導，進而以互相協議方式進行其監督，不能以訂定契約之機械方式，作爲表面上之監督約束。

1. 雙邊監督：爲基金與會員國家分別之諮商，其重點爲特別注意資本交易之變動情形、妨礙外滙市場與資本市場之運作措施，以及有關影響國際收支調整之貿易限制與保護行爲。

　　　爲求監督工作有效加強，對資料之蒐集分析，訂有相當具體原則：(1)利用各國之諮商報告，分析各會員國之有關情形。(2)對會員國進行政策判斷時，所引用之實證資料與分析基礎，應力求明確。(3)加強對會員國之中期外債情況及其償債能力之有效分析，必要時可與世界銀行合作，參考世銀之分析技術及分析內容。

　　　此外，爲使與會員國諮商之結論，能發生作用與影響力，基金所爲之各項評估，應具體眞實，所作有關之改進建議，亦宜明

確肯定。會員國對建議之執行情形，應定時向基金提出報告。

2.多邊監督: 基金對世界經濟影響力較大之國家,應特別加以偏重。
為加強多邊監督功能，十國代表建議改變現行之監督作業方式，
代以定期分析十國集團之國內政策措施; 所引起之國際反應，並
進而分析其外滙制度對國際收支調整所發生之影響。同時基金應
繼續與關稅與貿易總協定 (GATT) 合作，共同致力促進貿易自
由化。

(三)國際流動能力之管理

在浮動滙率制度下，滙率決定於供需，各國無須保存外滙，但由
於: (1)仍需干預外滙市場。(2) 預備不時之需。(3) 作為國際信譽之表
徵。因此，對國際準備之需求，並未減少。由於大部分外滙之供給，係
由國際信用市場提供，故國際流動能力，包括貨幣機構實際持有之準備
資產，以及自民間或官方取得之外滙。信譽良好之國家，可自金融市場
取得所需外滙，至市場之供給狀況，則受準備通貨國家之金融政策所左
右。

國際流動能力之供給，自 1970 年代之通貨膨脹至 1980 年代之債務
問題發生情形觀之，國際流動能力相當充裕。至國際信用則仍有萎縮現
象發生，係由於各國基本政策之缺失以及信用供給方式之不當所造成。
對國際流動能力供給之改進; 不須在制度上再作改革，僅在金融市場與
特別提款權方面改進，即可收效:

1.金融市場改進: 未來金融市場,仍將充分繼續供應國際流動能力，
唯必須改進市場運作，督促各國採取正確政策; 始能強化國際貨
幣制度。就金融市場之改進言: (1) 應加強蒐集及傳送有關各國
信譽評估之資料，商業銀行應隨同改進風險評估方式。(2) 各國
應繼續促進資本移動之自由化，並解除資本市場之管制。(3) 貨

幣機構應監督銀行經營之國際業務，規定適當資本比率，並強化資產負債之統一管理。（4）各國採施健全通貨政策，促使金融市場之流動能力，保持供給平穩。

2.特別提款權之地位：特別提款權目前仍未能成為主要之國際準備資產，除受限於本身之特性及可用性外，國際金融市場能彈性並迅速提供國際準備，以及在多種準備通貨制度下，國際清算與國際準備之持有，已不再倚賴單一通貨，是其重要之影響原因。

　　由於環境變遷，特別提款權作為主要國際準備資產之必要性，受到影響，但目前以借入為主之國際準備制度，特別提款權具有「自有」國際準備資產（Owned-reserve）之特性。為因應將來全球性國際準備之長期需要，仍將扮演極為重要之角色，因此，十國與會代表考慮將特別提款權作為未來應付緊急事故之需（如民間市場發生無法提供足夠之國際流動能力情況）。

　　至於目前是否仍繼續分配特別提款權之問題，十國與會代表意見至為紛紜。有關將基金之一般部門與特別提款權部門合併，使基金藉貸放關係，再創造特別提款權，會員國無須再繳付本國通貨之建議，與會代表認為此舉並不能增強基金之能力，反而可能破壞基金之互助特色，目前尚無實施之必要。

(四)有關國際貨幣基金 (IMF) 之功能

　基金為全球性之貨幣機構，對會員國作普遍之援助，其資金係循環性運用，於當前國際債務問題不易解決之情形下，資金多集中運用於開發中國家，而債務國家由於調整能力不速，均要求延長融資期限及增加融資額度，使基金與開發融資機構之功能，混淆不清，與會代表認為債務國家問題解決後，基金仍應以傳統之任務為重。有關強化國際貨幣基金功能之建議為：

1. 基金能力之強化: 與會代表建議基金應研擬較理想之方式, 以應付緊急之需, 不宜再以應付本次債務危機方法, 以增加攤額及安排借款為之, 因其不但程序複雜且費時過長。此外, 與會代表亦認為制約條件之重要性, 並強調應徹底進行合理、高品質之經濟調整方案, 俾有助於國際收支之迅速改善。

2. 基金與世銀之合作: 此二機構之宗旨不同, 資金之運用方式自應有所差異, 惟對同一國家之援助, 兩機構可以相互合作, 並交換意見。

綜合以上十國集團代表之報告, 其在穩定滙率及國際流動能力之管理上, 並不主張作重大之變革, 公認應由市場之自然調整決定。但均主張運用各國之政策合作, 共同促進國際貨幣制度之穩定。至於特別提款權, 目前仍無法成為國際準備之主要資產。基金本身之業務, 亦無須進行基本上之改革, 而與魏特芬 (H. J. Witteveen) 主張極力提升基金及特別提款權地位之興革建議, 大異其趣。再就當前十國集團所具有之影響力觀之, 國際貨幣制度在短期內, 體制上將不致有重大之變更。

第三章 國際資本與國際貿易

第一節 國際資本之移動

　　國際間資本之移動 (International Capital Movement)，除贈與性之經援外，必須付息償本，如國際間之資本發生內流，則能增加其一國之國內資本存量，使其生產數量增加，效率提高，促進一國對外貿易之發展，此種國際間資本之移動，對其資本內流之國家而言，實如舉債經營企業，利用舉債資金之運用，以謀求事業之盈餘，然後再行償還。

　　資本在國際間之移動，常係為高額利率與利潤所吸引。凡勞力稀少而資本豐富之國家，其專業生產之趨向，係為生產需資金多而勞力少之產品；反之，凡勞力豐富而資本短少之國家，其專業生產之趨向，係為生產需勞力多而資金少之產品。前者之情形，則其國常為資本之輸出，勞力之引進；後者則其國常為勞力之移出，資本之吸進。

　　國際間資金之移動，可改變一國國際貿易之環境與國際收支之現狀，例如資本貧乏之國家，由國外獲得長期貸款，用於國家工業經濟之發展，則昔日須由國外輸入之貨品，則可自行生產，在此種情形之下，常

能使一國之眞實所得增加，並使一國之消費質量有所變動，因而引起對國內國外之財貨勞務，增加其新有之需求，以促使對外貿易之內容有所更變，且其貿易之數量，亦因而增加，其結果常能造成國際收支上之順勢。

資本之輸出入，在國際收支上不屬於經常科目，故由於長期資金及短期資金之移動所發生之國際收支，不能視爲經常收支。一國之輸入長期資本，目的在謀國內經濟之開發或復興，而短期資本之輸入，常爲彌補國際收支一時之不足。

一國之國際收支，如在短時間中，支出超過收入，則由外國輸入短期資本，以抵銷其收支之差額，其方式爲由外國銀行借入短期資金，或提用在外國銀行之存款。

長期資本之輸入，因爲償還期限較長，常可用以發展經濟，增加生產，以平衡國際收支。短期資本，因在國際間之流動性甚大，如用以平衡國際收支，則至不穩定。且國際間資本之移動，不似一國以內資本移動之容易，必須在具備一定之移動條件之下，始能實現。一般言之，國際資本之移動，須有下述之條件：

(一)在經濟之移動條件：須國際間交通、通訊、金融等機構完備與技術發達。

(二)在地理之移動條件：須爲兩國地理位置接近，因地理位置互相接近之國家，彼此之法律、習慣、以及文化風尚，亦可互相接近，使能相互瞭解對方之實際情況，而便利資本之輸出與輸入。

(三)在政治之移動條件：須爲兩國政治關係密切，使資本之移動，有安全感，無危險之顧慮。

所述之三項因素，雖爲國際間之資本移動主要條件，但當資本移動

附有特殊目的或爲一國對外政策所左右時，亦可不依上述之條件，而實行移動。

第二節　國際長期與短期投資

國際間之長期投資，有私人長期投資與公共長期投資之分，前者係由個人或個人集合組織之企業團體，於國際間之長期投資，後者爲由政府、公共機關，或國際經濟合作機構所爲之國際長期投資。私人於國際間之長期投資，又有直接投資與間接投資之分，兩者之主要區別爲：直接投資爲國際間之產業資本投資，投資者有直接控制所投資產業經營之權，其目的在獲得產業之最大利潤；間接投資係爲利用國際間之利率差距，投資者以資本之從事貸放，以達成利率差距之收益目的。

國際間私人長期投資原因形成，通常不外下述之因素：

(一)各國資本之供需情形不同：資本之供需情況，決定其資本利率之高低，因而發生各國之各種不同利率差距。而決定資本之供需，又有其決定之因素，故決定各國資本供需情況之因素，卽爲決定國際長期利率差距之因素。決定資本供給之主要因素，爲儲蓄之供給。至儲蓄供給之大小，則視國民所得之水準，國民所得之分配情況，以及儲蓄之傾向而定。決定資本需要之主要因素，卽爲投資需要。而投資需要之增減，常以人口之多寡，工作績效之高低，以及資本係數 (Capital Coefficient) 之升降爲定。一般言之，爲一國之投資需要，大於儲蓄，則長期利率水準增高；反之，如一國之投資需要，小於儲蓄，則長期利率水準下降。國際間之私人資本，由於此項利率水準之差距誘因，乃由長期利率水準低之國家，移向長期利率水準高之

國家。

(二)**各國資本收益之風險不同**: 國際間之有利率差距存在, 常係由於國際間之資本移動所負擔風險 (Risks) 之不同。 一般所謂之「利率水準」, 係包括風險之報償在內而言, 而所謂「實際利率水準」, 乃係就無風險之因素而言。 惟各國利率水準之是否具有風險因素以及風險因素程度之大小, 殊無固定之準則, 通常之利率中, 均有或多或少之風險因素存在, 至風險程度之大小, 則因各國國情之不同而有異。 因此包括風險報償在內之國際利率差距, 乃為構成國際間私人資本投資之實現條件。 國際上之投資風險, 一般包括被投資國對國外有價證券利潤停付或延付, 對國外投資之強制征用, 實施外滙管制以限制或禁止國外投資收益之移轉, 對國外投資資本實施特別課征, 以及設定外滙複式滙率等均屬之。

(三)**各國財貨相對價格之不同**: 各國間各種財貨相對價格之差異, 係因各國生產要素之價格不同所致成。 各國財貨相對價格之差異, 係發生國際貿易交流之基礎; 而各國生產要素價格之不同, 係發生國際利率差距之原因。 於自由國際貿易之先決條件下, 由於貿易之交流, 可以縮短各國財貨相對價格之差距。 但如實施管制貿易, 以提高關稅方法, 以限止或禁止其他國家財貨之輸入, 則可促使原輸出國家之輸出者, 直接投資於輸入國, 以從事原輸出受阻產品之生產。 就輸入國而言, 發生促進對方國家對本國投資之作用。

至長期與短期資本之移動內容, 一般言之, 長期之資本移動, 可以分為三類: (一)直接投資: 凡購買國外公司之股票或投資合作或直接於國外設廠, 以及直接於國外購買各種資產等均屬之。 直接投資之優點,

為投資者對投資之事業或資產具有直接控制之權，其缺點則為具有虧損之風險。(二)間接投資：購買國外政府發行之各種公債或公司債券均屬之。其優點為收益較為可靠，無虧損之風險，其缺點則為無直接控制之權。(三)貸款：貸款係為利用國際間之利息差距，以獲得收益為目的之資金貸放。其優缺之點，與間接投資無何區異。

短期資本移動，通常亦可分為三類：(一)短期投資：資金因受國際市場之利息或利潤差距鼓勵，而購買國外短期公債，商業票據，銀行承兌票據等有價證券屬之。短期資本之移動，基本目的係為獲得收益，附帶具有調節國際資金供需作用，惟此項調節作用之有效性，須以國際市場之利息或利潤差距收益，大於外滙所受損失為其先決條件。(二)投機投資：利用外滙滙率之變動，以獲取外滙投機之利潤，利用國際間有價證券價格之變動，以獲取證券投機之利潤；利用國際間重要商品之價格變動，以獲取商品之投機利潤。於自由外滙買賣之自由滙率情形下，則所述之證券投機與商品投機，可併入外滙投機之內，因於自由外滙滙率情形下，證券投機與商品投機之國際間短期資本移動，與上述之「短期投資」情形相同，必須於所獲得之利潤大於外滙之損失之條件下，方能實現。(三)資本逃避：由於政局之不安定，戰爭之可能爆發，財政經濟之危機等所引起恐懼心理，將資金向國外逃避，以策安全。此種性質之資本逃避 (Capital Flight)，最易擾亂一國國際收支之均衡。

第三節　國際公共投資與私人投資

一國之個別私人資本與民間金融機構之對外長期投資，雖以追求利息與利潤為主要之目的，但於投資之前，常亦考慮下列各種因素：(一)對外投資不僅為注重利息、利潤之獲得，尚須顧慮本國與對方國家之關

係。 通常對外投資多傾向本國之殖民地或與本國有親善關係之國家。
(二)本國政府對外投資所採之政策， 係為放任抑為抑制。 (三)本國對
外投資所實施之外滙管制政策，因實施外滙管制國家，必定禁止資金外
流。(四)接受資本輸入國之經濟政策，諸如外滙管制政策，對外人於本
國經營事業之限制等。 (五)資本輸入國之政治穩定情形與 財政健全狀
況。(六)資本輸入國對投資國之有關資本與稅捐之法令規定以及對投資
國之態度。

至國際間之公共投資目的,則與私人之投資目的有異,因私人投資,
以獲取最大利潤為目的， 而需要外來投資之國家， 常係開發落後或正在
開發期中之國家， 所需之資本， 以社會間接資本 (Social Overhead
Capital)為主， 諸如交通、 運輸、 通訊、 電力、 教育、 衞生等公共設施
之資金，此種公共設施之資金，不但需要之時間甚長，且利潤亦低， 故
不為私人資本所願意投資。國際公共長期投資之目的， 並非以獲利為惟
一目的， 其主要之作用為: (一)基於國家本身之立場，以國際公共投資
之方式， 以加強國際間之合作， 開拓國際貿易市場， 增進彼此國家之經
濟利益與經濟關係; (二)基於協助國際經濟發展之觀點，以公共之國際
投資， 以促進開發落後國家之經濟開發， 提高其生產與所得， 維持其就
業之安定與所得之增加; (三)基於人道主義所為之國際經濟援助與國際
捐贈，以協助落後國家之經濟開發以及因戰爭或其他災難遭致破壞國家
之經濟復興。

二次世界大戰以後，各國多遭受戰爭之嚴重破壞，美國曾以大量資
金援助戰後各國之經濟重建， 對戰後世界經濟之復興與發展， 具有貢
獻。 同時美國為協助落後國家之經濟開發， 於資金援助與技術合作方
面，亦力事協助。此外尚有戰後所成立之國際復興開發銀行，亦係以供
給長期資金， 協助戰後國家產業經濟之重建與落後地區經濟之開發為目

的。由於此種情形之下所需資金，須有低利長期之條件，致與私人投資之目的不合，故僅能適於公共之投資。

　　對外貿易與對外投資之間之相互關係，有認爲對外投資，可以激勵出口貿易；有認爲對外出口貿易，可以激勵對外投資，其觀點不一。一般言之，國際間長期資本之移動，常引起投資國與被投資國間之輸出入貿易情況變動。如需要資金之國家，係基於經濟開發落後或戰後經濟復興或災難重建之原因，則常以其在國外所獲得之資金，用以輸入其所需之物資原料，致形成貿易上之入超；如需要資金之國家，係由國際收支長期不能平衡之原因，則常以自國外所獲得之資金，用以清償對外負債，改善其國際收支之環境，而不輸入物資原料，且於一旦國際收支情況好轉，則增加出口貿易，故往往形成貿易上之出超。又如對外投資國家，係已成熟之金融資本國家，則其資本之輸出，常大於商品之輸出，其國際收支之平衡，亦以資本之收益是賴，故在貿易上常形成入超；但如對外投資之國家，並非成熟之金融資本國家，則其對外投資，常係對外直接投資，爲支持對外之繼續投資，以控制於國外之事業起見，則須擴大貿易輸出，增加其投資能力，故在貿易上常形成出超。

第四節　國際復興開發銀行與國際投資

　　二次世界大戰接近結束之 1943 年 10 月，美國爲謀戰後國家之經濟恢復重建與經濟開發落後國家之援助開發，曾發表其所擬定之聯合國復興開發銀行計劃 (United Nations Bank for Reconstruction and Development)。於戰爭結束後之 1944 年 7 月54國代表於美國紐漢堡 (New Hampshire) 之布雷頓森林 (Bretton Woods) 所舉行聯合國通貨金融會議 (United Nations Monetary and Financial Conference) 中提出前項之計劃, 故在會議中, 除決議成立國際貨幣基金外, 並決議成立國際復興開發銀行。 前者成立之主要目的, 爲解決國際通貨與外滙之問題; 後者之成立, 則爲解決國際資金之融通問題。

國際復興開發銀行 (The International Bank of Reconstruction and Development) 於 1945 年之12月設立, 至 1967 年爲止, 由原有之 54 會員國增加爲 106 國, 由原有之一百億美元資金, 增加爲二百一十億美元。 各參加會員國繳納資金, 須照認股額繳納 2％黃金或美元, 18％本國貨幣, 其餘80％, 則於銀行需要資金時通知繳納。 銀行認爲有必要時, 亦可以發行債券方式籌募資金。 銀行設立之目的, 係在發展國際貸款並擔任國際間投資之居間媒介, 利用各國政府之相互協助及援助, 以保障民間對外投資, 而促成戰後各國經濟之復興與發展, 並對需要復興與開發之國家, 供給長期貸款資金, 惟供給資金之對象, 僅限於參加國際貨幣基金 (International Monetary Fund) 之會員國。 實則凡有參加國際貨幣之會員國, 多已成爲復興開發銀行之會員國, 貸款之時間, 通常爲 15 年至 25 年之間, 償還採分期攤還方式, 利息由 3.5％至 6.25％。 國際復興開發銀行, 係爲各國政府互相保證其信用交易及融通資金之共同金融機構, 其主要業務, 一爲鼓勵國際投資, 以開發各國之生產資源, 促進國際貿易之長期均衡發展, 並改進各會員國生活水準與勞務環境; 其次則爲於自由金融市場援助公債之募集, 並保證其本利之償還, 或貸出本身所有資金及本身募集之資金, 以促進國際間私人資金之投資。

國際復興開發銀行對國際資金之融通, 係側重於國際間私人資本之移動, 對私人之國際貸款保證或與私人資本進行共同貸款爲其主要業務。由於國際經濟之實際情形與設立銀行時之預期情況未盡相合, 私人資金參與借貸者爲數極微, 銀行乃不得不單獨進行國際資金借貸之業務, 以

借款供應其所需之資金。又爲確保其貸款之債權，則貸款之對象，乃偏重於會員國之政府或政府之機構，致對私人事業之貸款極爲有限。此爲銀行未能達成私人投資與大量貸與私人資金之困難所在。針對此一困難，乃於 1956 年成立銀行之補助機構——國際金融公司 (International Finance Corporation)，偏重其銀行因困難所未達成其目的之問題解決。

　　其次則爲銀行之貸款，係以外滙付出，故經常要求借款國家以外滙償付。此點就經濟開發落後之外滙準備短少國家而言，實爲過份嚴格之條件，使開發落後國家減少運用資金之機會；同時開發落後之國家，常欲以所借得之資金，用於生產建設以外之學校、醫院、衞生方面，以充實其經濟開發之社會環境改進設施，但銀行則以資金之運用超越其範圍，而予以限制，致使落後國家對資金之運用，不能發生充分之效能。針對此一問題，故又有1960年國際開發協會 (International Development Association) 之設立，以放寬其資金借貸之限制。

第五節　國際金融公司及開發協會與國際投資

一、國際金融公司

　　國際金融公司 (International Finance Corporation)，成立於1956年之 7 月，目的在援助開發落後國家之民間企業，補助國際復興開發銀行活動之不足，故參加之會員國應以參加國際貨幣基金與國際復興開發銀行爲先決條件。公司之資本爲一億美元，分十萬股，每股千元美元，按各會員國之經濟條件與財力情況分攤，各會員國所分攤之數額，必須全部以黃金或美元繳納。公司對資金之貸放運用，除會員國所繳納

之資本以及投資與貸款之收益外，尚可以發行債券與借款方式，以適應資金運用之需要。

公司投資貸款之對象，以民間之生產營利事業為主，且於投貸資金時，並不要求被投資或被貸款者之政府保證。為加強經濟開發落後國家之資本形成，公司於 1961 年開始，着重於對落後國家民間企業之直接投資，使能充分利用此項資金，以促進資本市場之長成。公司對民間企業之投資或貸放數額，以不超過被投資或被貸放者之全部資本50％，貸款利息均為年息6％，貸款之期間，常在7年至 15 年之間，當被融通資金之民間企業經營成功，股票價值上升，則此企業應以吸收國內之私人資金，以代替公司所融通之資金，增加公司資金於會員國之週轉。公司成立以還，大部份資金均流入中南美洲國家，亞洲及非洲國家，所得甚微。

二、國際開發協會

國際開發協會 (International Development Association)，成立於 1960 年之9月，與國際復興開發銀行有密切之關係，故有「國際復興開發銀行第二」之稱。因協會之各部門負責人及職員，均由國際復興開發銀行各部門之負責人及職員所兼任。其參與協會之會員國亦以參加國際貨幣基金與國際復興開發銀行為要件，對會員國之出資分攤，有先進國家與落後國家之分，前者對分攤之資金，應全部以黃金或具有自由交換性之通貨繳納；後者僅須以10％之黃金或自由交換性之通貨繳納，餘額則以本國通貨交付。此一差別之作用，在於減輕開發落後國家之外滙負擔。協會之授權資本總額為十億美元，其中 76％，由先進國家負擔，各會員國所分攤之資金，分5年繳清，並於每年檢討一次應否增資之問題。協會原則上亦可以發行債券方式調度資金，但由於貸款之時間

甚長而利率亦低，實際上無法運用發行債券之方式籌措資金，故資金之來源，實有賴於會員國中之先進國家分攤提供。

協會成立之主要目的，為國際復興開發銀行與國際金融公司，均少能供應開發落後國家於缺乏收益性經濟開發計劃所需之資金，針對落後國家此一方面之資金需要，以放寬其貸款條件，故其貸款對象，不但包括落後國家之電力、水利、運輸，以及其他經濟生產計劃之資金，並包括學校、衞生、醫院等之重要社會環境改進設施所需之資金，以配合開發落後國家之實際需要。協會為顧及落後國家之國際收支困難，貸款之時限，可長達 50 年，自貸滿 10 年之後，方開始分期償還。自開始償還之年至第 10 年，每年償還 1％，其後 30 年，則每年償還 3％。且償還時不一定須以具有交換性之通貨為之，亦可以本國通貨償還。協會除收取貸款年息 0.75％，以供應其經常經費開支外，不收取任何費用，為對落後國家貸款之時間最長利率最優之資金通融，以協助其經濟上之開發。協會成立以來，以亞洲地區所獲貸款數額為多，其中尤以印度與巴基斯坦所獲尤多。

第四章　外滙管制

第一節　外滙管制發生與目的

一、外滙管制之發生

各國之實施外滙管制，始於第一次世界大戰期中，於第一次世界大戰之前，各國於對外貿易之管制，均係運用關稅政策，以收限制之效，並無直接外滙管制之措施。由於第一次世界大戰發生後，世界上之參戰國家與未參戰之中立國家，為保護本國之經濟安定，鞏固通貨幣信，防止資金外逃，均陸續採施外滙管制，是為發生外滙管制之淵源，亦為各國開始採施外滙管制之張本。自1930年代發生世界性之經濟危機以後，金本位制度崩潰，各國為控制紙本位制度對外滙率之穩定，不得不以政治力量，直接實施外滙管制。迨至二次世界大戰結束，國際局勢，仍波瀾不定，故各國之國際貿易，均在管制外滙之情形下進行。綜合外滙管制發生之各項原因，則為：

(一)自第一次世界大戰以後，多數國家發生經濟危機，失業問題嚴重，不得不採施外滙管制方法，控制國外貨品輸入，以維持國內之市場與挽救經濟上之危機。

(二)在一次世界大戰以後，二次世界大戰以前之期間，各國多在積極備戰之狀態下，國際情勢緊張，為適應環境之需要，各國多仍繼續採施外滙管制。

(三)各國深切體驗第一次世界大戰後通貨膨脹之慘痛教訓，均不願再以貨幣貶值方式，謀求國際收支平衡，均實施外滙管制，以維持幣信，安定經濟。

(四)國際信用制度，因戰爭因素，遭致破壞，各國之資金需求，不能緩急相濟，各國各自互行外滙管制方法，以謀補救。

(五)國家之集權思想盛行，各國之經濟計畫，悉以本身之目前利益是圖，對於國際分工互利之原則，完全漠視，致各自採行管制方法。

(六)世界二次大戰以後，和平理想未能實現，一切之反常現象，仍繼續存在，各國對外滙之管制，不但不能撤除，大多均在加強實施之中。

管制外滙國家與自由外滙國家，在理論言，可以我行我素，互不相關。而在事實上，實施外滙管制國家，對於輸出輸入，均採施嚴格管制，對非管制之國家而言，則處於特殊有利之貿易地位，故非管制國家，為謀保護報復起見，亦採施外滙管制以為對抗。

二、外滙管制之目的

當一國之幣信不穩，經濟落後之特定環境下，對外滙管制，可收相當之功效，當為不容諱言之事實。至於外滙管制所具有之目的，則為:

(一)保護本國之工業與經濟之發展，阻抗外來之競爭，謀求國內就業機會之增加，並控制國際收支上之均衡。

(二)用為貿易經營之工具，藉以要求外國修正關稅稅率，商品輸入

限額或其他有關之限制。

(三)防止國家資本外逃，避免本國人民動用外滙資產，並控制國內通貨之膨脹或緊縮。

(四)配合國家經濟措施及對外之雙重清算協定，以高估幣值，促成貿易入超，收取向國外變相貸款之效，及至入超過鉅，與貿易往來國之間之支付無法平衡時，則利用債權國急於清算之心理，爲輸出爭取優惠條件。

(五)爲國庫吸收並保存外滙，備供政府財政上之運用與戰時戰爭經費之開支。

(六)穩定國內幣信與物價水準，避免受國際經濟或國際市場價格波動之影響。

(七)以進出口結滙之差別滙率，賺取盈餘，再用以津貼輸出，獲取外滙。

(八)藉外滙管制爲手段，以對有關國家採行貿易上之不利或優惠待遇，促其有關國家，調整對外政策。

外滙管制之目的，基於上述之歸納，實爲具有貿易性、經濟性、政治性、外交性，以及軍事性之多種目的，爲求多方面目的之達成，則須以外滙管制爲工具，在平時如此，在戰時尤爲其然，此爲當前各國均採施外滙管制之原因所在。

第二節　自定之外滙管制

凡一國之外滙管制，依據其國情之需要，完全由本國政府決定，不徵求其他國家之同意者，謂之自定外滙管制。自定之外滙管制，如就其管制之性質而分，則有屬於經濟性之間接外滙管制與屬於政治性之直接

外滙管制。前者係以穩定外滙市場價格爲目的之措施，例如由一國之中央銀行設置滙兌穩定基金 (Exchange Stabilization Fund) 或滙兌平準基金 (Exchange Equalization Fund)，以調劑外滙之供需與價格之穩定，國際性之外滙基金協定（1936 年美、英、法、三國曾成立三國之外滙基金協定，其後有瑞士、荷蘭、比利時等國參加），亦屬於經濟性之廣義外滙管理；後者則係政府直接對外滙買賣之管制，卽一切之外滙買賣，必須在政府許可之下，始得進行，亦卽政府對外滙之滙率與外滙之買賣方式，均由政府以法令規定，強制執行。通常所謂之自定外滙管制，乃指實施政治性之直接外滙管制時，一國政府所自行決定之外滙管制方式。此種自定之外滙管制方式，計有外滙行政管制 (Administrative Control)，外滙數量管制(Quantative Restriction)，及外滙價格管制 (Cost Control) 三種，其分別之內容爲：

一、外滙行政管制

政府以行政力量，執行其外滙管制之措施，以達成其管制之目的者，謂爲外滙行政管制。其方式爲：

㈠政府管制外滙買賣及私有之外滙資產：政府對於一切外滙之買賣實行獨占，並規定對外滙率，強制收購金銀等貴金屬，限制本國通貨及外國通貨之輸出，禁止金銀等貴金屬之自由買賣，輸出所得之外滙，應賣與政府指定之銀行，輸入所需之外滙，須經申請許可。政府如需要掌握外滙來源時，常強制私人申報其持有之外滙、外國通貨、貴金屬、外國有價證券及存放於外國之資金等，必要時政府得依一定之價格收購。

㈡政府強制監管進出口之外滙：當外滙管制實施對外滙價高估時，出口商自不願以所得外滙，按照公定外滙滙價，換取本國貨幣，

而政府爲控制外滙來源，常以強制手段，強制出口商依公定滙率，向政府結售外滙。當外滙管制實施對外滙價低估時，則政府自出口商收購外滙時，需增加其本國貨幣支出之數量，致易引起通貨膨脹，因此，政府於收購外滙時，常僅支付一部份現金，部份則強制折付公債或劃爲凍結存款。所謂凍結存款，卽非經政府許可，不能動支。

二、外滙數量管制

實施外滙管制時，政府爲調節外滙之供需與分配，則須對外滙數量，予以管制，其方式爲:

㈠政府控制外滙配售：當對外滙價高估時，則輸出利益減少，輸入利益增加，發生進口商競相申請進口，結購外滙。因此，政府對進口商輸入所需之外滙，需控制分配，通常控制分配所採取之方法爲：(1) 根據各貿易商於一定基準年度之輸出入實績，決定其外滙分配之比率。(2) 根據進口商品之種類，決定其外滙分配之比率。(3) 採用公開標售方式 (Auction Market)，凡報價最高獲標者，則獲得外滙之分配。所述三種分配方式之中，前兩者之運用，較爲普遍；後者則除非有財政上之目的，殊少採施。

㈡政府控制外滙結滙：當政府控制之外滙，有供不應求之現象時，則停止某些貨物進口之結滙或自某國輸入貨物之結滙。又當外滙數額充裕，供過於求，不欲輸出過多，而使特定地域之債權增加時，政府亦可採取臨時措施，停止某些出口貨物之結滙或對某國出口貨物之結滙。於外滙供求相當均衡之時，則對進出口之結滙，僅予以適當之調節限制。惟對進口結滙之停止，有時係因國外產品之進口，影響本國相同生產事業之發展；亦有時係非必需

品或奢侈品，以節省不必要之消費。

三、外滙價格管制

政府以控制外滙滙價，達成其實施外滙管制之目的，其方式不外採施差別滙率，或對外滙價高估、低估，其分別實施之內容，則有：

㈠政府設定差別滙率： 由於政府直接控制外滙買賣，故對外滙買賣之價格，常以差別之滙率操縱，此種差別滙率，卽爲在外滙滙率上所採之複式滙率制度 (Multiple Rate)。所謂複式滙率者，爲一國對於外滙之買賣收付，適用兩種以上之滙率，以適應其差別之對象。凡對國外需求彈性最大之輸出品或本國需求彈性最小之輸入品，均予優惠滙率(Preferential Rate)，而所謂優惠滙率，對輸出而言，則爲結售外滙之優惠，亦卽折合本國貨幣最多者之滙率； 對輸入而言，則爲結購外滙之優惠，亦卽折合本國貨幣最少者之滙率。複式滙率係由單式滙率不能適應各種不同之需要演變而來，對部份不同對象之外滙收付，適用其不同之滙率。又當國家爲實現財政上之利益，常將外滙之買進賣出滙率，有所差別，以賺取其買賣之差額利益。此外尚有對不同之貿易交往條件國家，實施不同之滙率，凡屬記帳外滙之貿易來往國家，因不能直接獲得外滙，用爲自由處理之故，則予對方國家較爲不利之滙率，凡屬使用外滙交易之貿易來往國家，因可直接獲得外滙收入，用供自由處理，則予對方國家較爲有利之滙率。

㈡政府對外滙率高估或低估： 實施管制外滙之國家，爲兼顧貨幣價值之穩定及防止物價之上漲，在貨幣交換價值之滙率上，不以購買力平價及國際收支之均衡爲依據，而常故意將本國貨幣對外之價值， 作過高之評價， 爲維持此種脫離現實之對外滙率， 故又

必須在外滙與貿易方面或其他經濟政策方面，採取特別加強之管制。其次則爲實施外滙管制之國家，爲達成增加輸出之目的，常在貨幣對外交換價值之滙率上，故意將本國貨幣作較低之評價，惟維持此一低估之滙率，雖然對於輸出之生產者及出口商有利，但常易引起國內之通貨膨脹，物價之波動，故政府常於收購出口外滙時，以差別滙率收購，或不全部付給現金，以避免通貨膨脹之危險，並減少輸出之利益。

各國實施外滙管制之負責執行機構，有授權中央銀行執行者，有專設機構掌理者，依國情之不同，以決定其負責機構之設置。我國當前之外滙貿易管理，係由中央銀行設立外滙局，負責外滙業務之管理與執行。

第三節　協定之外滙管制

外滙之管理，係根據兩國之協議決定者，爲協定之外滙管制。其協定之方式，通常計分清算協定、支付協定、以及易貨協定三種：

一、清算協定

清算協定(Clearing Agreement)係兩國協定一定期間之商品交易及勞務交易所發生之債權與債務，可以互相抵銷，而對所餘差額，於期限終止時，另以其他方法清償之。清算協定之締結，必須規定兩國貨幣之換算比率，兩國之進口商，將其應付之進口貨物價款，以本國貨幣向指定之清算機關（普通均爲中央銀行）繳納，兩國之出口商，將其應收之出口貨物價款，折計爲本國貨幣，而向指定之清算機關具領，因此，兩國之清算機關，一方面係承受本國進口商因輸入所發生之債務，一方面係承受本國出口商因輸出所發生之債權，故在帳册上，可將獲得之債

權與所負之債務相抵，在期限屆滿，尚有收支不能平衡之餘額時，則可以：(甲)暫時減少本國對對方國家之輸出；(乙)如實施輸入配額，則增加對方國家對本國之輸出配額；(丙)增加對方國家對本國輸出之商品及勞務之種類；(丁)暫時停止本國對對方國家之一切輸出，直至對方國家用商品或勞務完全清償其所負之債務爲止。實施清算協定，則兩國之進出口商，不需以普通買賣外滙之方法，清結其債權債務，向清算機關授受者，均爲本國貨幣，而負責清算之中央銀行，一面由進口商收入本國貨幣，一面向出口商支出本國貨幣，故一切處理進出口結滙之繁瑣手續及困難，均可避免。

清算協定，可促使財力薄弱之國家相互進行貿易外，並可促使與財力富強國家進行貿易，使兩國間之進出口貿易趨於平衡，同時於清算協定之方式下，可使貿易管制上所採之外滙限制，進口配額，關稅壁壘，禁止輸入等措施，逐漸減少或停止。

二、支付協定

支付協定 (Payment Agreement) 係兩國相互之支付，仍採取買賣外滙之方法，而另締結協定，以隨時調整彼此間之債權與債務，即爲兩國之貿易往來借貸，以清算抵銷爲原則。例如甲、乙兩國，締有支付協定，如甲國自乙國輸入較乙國由甲國之輸入爲多時，甲國可根據協定，勸告乙國多輸入本國之貨物，以增加本國對乙國之輸出，藉以平衡貿易收支，倘乙國不聽勸告，甲亦可根據協定，減少自乙國之輸入，而使彼此之債權債務相等。在締有支付協定之國家，一切對外支付，須受指定管理機關之管制，私人不能處理，通常爲兩國之中央銀行設定特別帳戶，以清結來往之債權債務。

支付協定之範圍，較清算協定爲廣，不僅限於貿易上之交往，尚可

擴及兩國間債權債務之淸理，同時對進出口貨價之淸結，仍係循國際滙兌之正常情形進行，不採記帳劃撥方法，惟對兩國間之進出口貿易數額，常有比率之協定。於支付協定之方式下，在實施外滙管制之債務國家，常可因而造成貿易上之順勢，並可以增加出口爲償付對方國家債款或利息爲締結協定之附帶條件，而在債權國家方面，因藉此可以收回積欠債務，亦多樂意爲之。

三、易貨協定

易貨協定 (Barter Agreement) 係兩國締結協定規定，以輸出某種貨物應獲之價款，抵償輸入某種貨物應付之價款，而不令有差額存在。兩國根據此種協定進行交易，須有指定機關（銀行）爲其媒介。出口商須將輸出貨物之名稱、價格、欲輸往之國家及有無交易對象等詳細情形，向指定機關申報，如無固定之交易對象，則由其代爲介紹，同時進口商亦須向其指定之機關，辦理輸入手續，因此，可以使輸出與輸入互求聯繫。利用輸出入互抵協定，可完全不用買賣外滙，以淸結輸出入價款。此制與前述「淸算協定」之區異，則爲並非將一切之貿易收支，均在帳册上予以抵銷，而係僅以金額相同之輸出與輸入相抵，故在實際上，則與以貨易貨之貿易方式，無何區異。

第四節　外滙管制之分析

外滙管制，在一國之國家觀念立場，於特定環境需要情形下，其實施可收相當之功效，自係事實，但利弊相隨，有其功效之處，亦有不能諱言之缺點：

一、外滙管制之功效

(一)外滙管制，可使國內經濟不受外來因素之擾亂，對國際收支經常帳戶不平衡之調整，而實施貨幣上及財政上之擴張政策時，不必顧慮對外收支之平衡問題，而影響政策之實行。

(二)外滙管制，較之自由市場制度具有選擇性，可選定進口之貨品，可削減進口之貨品，可選定某一國貨品進口，亦可選定某一種貨品進口，用以節省外滙開支，並符合其既定之貿易政策。

(三)外滙管制，對國內資本之不均衡或大量之外移情形，可以減低甚或完全阻止。在自由外滙市場情況下，當資本鉅額外移時，則無法阻止或調整，致損失鉅額之黃金外滙準備，其結果常引起滙率之強烈波動。

(四)外滙管制，對輸出入之結滙，常採差別滙率，使發生差額之利益，此項差額利益之收入，可用以協助一國政府之財政，亦可用於補助一國之出口事業，以增加對外輸出，爭取國際貿易收支上之順勢。

(五)外滙管制，對外滙率常係偏高，因而有利於債務國清償債權國之債務，以及用爲購買債權國商品之用。

二、外滙管制之缺點

(一)外滙管制，對各國相對稀少性之生產資源分配，國際分工互利之功能，可使其萎縮與減低。自由外滙市場，爲國內生產成本與國外成本間之比較尺度，如此一尺度廢棄，則其成本價格比較之依據，國際間資源有效分工之機能，卽遭致破壞。同時外

滙管制，在理論上係爲對不正常或破壞性資本外流之阻止，而
實際之管制結果，常使國際間之貿易與生產方式遭受擾亂。

(二)自由外滙市場情形下，國際貿易商品之價格，除運輸費用因素
外，其在所有貿易國家之間，均屬相同，但於實施外滙管制之
後，則商品之進出口，均有限制，使價格自動均衡之作用失
效。

(三)外滙管制，常係支持其一國通貨對外價值之高估，於此人爲高
估滙價之情形下，一切商品之價格，均爲國內高於國外，影響
一國之貿易輸出與一國之有效生產，同時引起外滙走私與黑市
買賣以及違法之套滙。

(四)外滙管制，通貨不能自由兌換之結果，迫使國與國間實行所謂
雙邊貿易及支付協定等之交易往還，違反國際貿易比較利益之
原理。

(五)外滙管制，多實施複式滙率，使滙率套算，漫無準則，致以比
較成本爲基礎之國際貿易，無法正常交易。如滙率偏高,則打擊
出口，而有利進口，偏低則情形適反，有鼓勵輸出作用，但不
利進口，於此種情形之下，雖然可以強爲控制其國際收支之平
衡，但究屬武斷之措施，使國際間利用生產資源之效能降低，
國際分工之利益減少。

(六)外滙管制手續繁複，不但商人深感不便，抑且增加種種費用，
提高貨物成本。

(七)自由外滙情形之下，商人可比較各國之貨物與成本，以選擇其
最有利之輸入，於外滙管制情形下，商人之對外貿易活動，則
深受束縛，同時消費者，亦蒙受高物價之損失。

(八)外滙管制之目的，在於減少入超外滙之差額，並緩和此種差額

之清償時限，但其管制之結果，往往傾向雙邊清算主義，而使兩國間之收支平衡更趨刻不容緩。

(九)各國競相採施外滙管制之結果，使國際貿易經營，逐漸脫離貿易商人之掌握，而淪爲政治外交官員所經常交涉之事務，國際間之猜忌磨擦，勢將與日俱增。

(十)外滙管制之結果，是否減少一國之對外貿易總額，因各國之個別情況不同，殊難定言，惟一般言之，減少國際貿易之總量，係爲不可否認之事實。

第五章 國際收支

第一節 國際收支之意義與內容

一、國際收支之意義

所謂國際收支 (Balance of International Payments)，卽爲國際間之借貸，此種借貸關係之發生，係由國際間之商品貨物交易以及資本與勞務之移轉，故事實上係發生貨幣之實際收支。凡對外之應付債務，則須購買外國貨幣償付，是爲國際支出；凡對外之應收債權，則可以售出國外貨幣收回，是爲國際收入。綜合一國一定時期各種對外收支關係之對照，卽爲一國一定時期之國際收支平衡情形。

於重商主義時代，特別重視國際收支之出超，以謀金銀收入之增加，而揆諸實際，出超未必一定有利，入超未必一定有損，須視其出超與入超之內容而定。一國之國際收支，如就短期之情形而言，有時係爲出超，亦有時係爲入超；但如就長期情形而言，終必趨於平衡，惟是否眞實性之平衡，則須分析平衡之內容，方能有定。

重商主義以後之自由貿易學派，則以黃金內流外流與物價升降之機

能作用，爲其國際收支之自動均衡調節，故對國際收支之差額觀念，不似重商主義之重視。迄至 1930 年代發生世界性之經濟恐慌以後，各國均先後被迫放棄金本位制度，競相實施外滙貿易之管制，以防止資金外流，維持國際收支均衡，方使國際收支觀念，再度爲各國所重視。

當前實施外滙管制之國家，亦係側重於國際收支之出超，但在觀念上則與重商主義之時代有異，重商主義時代之國際貿易出超政策，係爲謀求多金致富；而管制外滙之出超目的，則爲充裕外滙存儲數量，便利調度運用，以穩定其貨幣之對外價值。

國際收支之發生，起源於國際間商品、資本、勞務等之有償移轉。凡輸出商品、資本及提供勞務之國家，必獲有自國外之收入；凡輸入商品、資本、及接受勞務之國家，必負有對國外之支出。一國對外之國際收支，亦如個人或其他任何之經濟主體相同，其收支數額必須平衡，卽爲在收支之總額上，其借方之總額必須等於貸方之總額。因爲國際收支上之帳務處理，亦係採複式記帳方法，每一項目之交易，同時發生一借一貸之相對兩筆記錄，其借貸兩方之數額相等。

國際貿易上收支之平衡與否，係依據一國在特定時期內對外收支之統計比較，如一國在此特定之時期內，在國際貿易上爲出超，則收支平衡上發生順差，反之，如爲入超，則發生逆差。一般言之，順差表示對一國之收支平衡有利，逆差則表示對一國之收支平衡不利，而在事實上，是否如此，則須研究其致成「順」「逆」差額之原因與情形，方能有所決定。

當一國因下述之情形，而發生貿易之入超，致成收支上之逆差者，常對其國不利：(1) 因輸入大量商品之結果，而使國內生產發展受其影響者。(2) 因輸入超過輸出之關係，使本國商品在國際市場遭致排斥，而外國商品日趨增加者。(3) 於輸入超過輸出之情形下，本國對他國所

盡之義務不斷增加，而本國對他國之權利要求並未相對增加者。

　　當一國因下述之原因與情形，而發生貿易之入超，致成收支上之逆差者，常對其國有利：（1）輸入超過輸出之原因，係為提高一國之生產與經濟開發者。（2）輸入超過輸出之情形，係為短暫性質，因此短暫之入超原因，使未來貿易之發展有無窮之遠景者。（3）輸入超過輸出之原因，係為增加一國之社會福利與就業機會以及增加其所得者。

二、國際收支之內容

　　國際間之收支主要內容，為國際間之商品輸出與輸入，除此之外，國際間尚有其他各種經濟上之往來，凡屬因國與國間之經濟往來，所引起此一國家與另一國家之一切收支，均稱之為國際收支。通常構成國際收支之主要內容為：

(一)商品輸出輸入所發生之貿易收支，一般稱之為有形貿易 (Visible Trade)。

(二)運輸費用、銀行手續費用、保險費用、旅行費用等服務勞務所發生之非貿易收支，俗稱「無形貿易」(Invisible Trade)。

(三)無償性移轉 (Unrequited Transfer)，係指贈與或援助，一般稱單邊移轉 (Unilateral Transfer)。

(四)長期國際資本借貸與收益之收支。

(五)金銀及短期資本之移動。

　　前三項目之收支，在國際收支上，稱之為經常帳戶 (Current Accounts)，國際間經常帳戶之清結，常以一年為原則；後兩項目之收支，稱之為資本帳戶 (Capital Accounts)，其清結時間之長短，則視其為長期資本抑為短期資本而定。

　　當一國之國際來往經常帳戶中之國外收入與支付相等，即表示對外

之經常貿易外滙總供求數量相等。換言之,亦卽出口之貨物勞務可與進口之貨物勞務相互抵消。一國之國際來往經常帳戶中,如借方之數額大於貸方之數額,則收支不能平衡,發生經常帳戶中之逆差 (Unfavorable Balance),反之,則謂順差 (Favorable Balance)。通常經常帳戶中發生逆差之彌補方式,不外: (1)向國外輸出黃金, (2)支取國外銀行存款, (3)向國外貸款, (4)獲得國外之贈與援助。

一國在一定時期中,國際貿易上之貨物勞務輸出,超過其貨物勞務之輸入,是爲貿易之出超 (Export Balance),亦卽貿易上經常帳戶之順差。在此一時期之中,如無長期資本之外流情形,則可以經常帳戶中之國際收支盈餘,建立其國際外滙之準備,爲其適後發生貿易逆差時之抵注,使在國際間之貿易交往,可順利繼續進行。

一國之國際貿易,如爲經常性之貨物勞務輸入,多於其貨物勞務之輸出,則成爲經常性之貿易入超 (Import Balance),亦卽貿易上經常性之經常帳戶逆差。於此種情形之下,如不能以國外長期資金內流或國外對本國單方移轉之收入,以爲彌補,而須動支一國之黃金外滙準備或由國外貸款,以爲彌補時,則其國之國際外滙準備將日趨減少,或黃金外流,其影響所及,一方面爲其國之國際收支不能平衡,一方面將引起國際經濟關係之調整。

第二節　國際收支平衡之分析

一、國際收支平衡之分析

一國於一定時期之國際收支,其收支必須互爲相抵,方能收支平衡。所謂「收支平衡」,並非謂實際收入不得超過支出,或實際支出不得超

過收入，　而係謂收入超過支出之時，　則可以剩餘之收入，　提充外滙準備，或輸入黃金、購買外國有價證券、向國外投資、由國外增加輸入；於支出超過收入之時，　則輸出黃金，　動支外滙準備，　出售本國有價證券，　吸收國外貸款，　以及增加輸出等方法使其收支數額，　終能趨於平衡。惟前者屬於有利之平衡，後者則爲不利之平衡，亦卽國際收支上通常所謂之順差與逆差。

重商主義時期，視對外貿易之收支，卽爲國際之收支，實則對外貿易收支之範圍，　僅爲國際收支上之經常帳戶，　而國際收支，　則概括國際收支上之經常帳戶與資本帳戶兩者之收支。因此，一國對外貿易上之平衡，並非卽爲國際收支上之平衡，而國際收支上之平衡，有時亦非貿易收支上之一定平衡。以我國在二次世界大戰以前之國際收支平衡情況而言，係依賴大量僑滙收入，彌補其收支之平衡，而在對外貿易上之收支，則並不平衡；又以美國近十餘年來之國際收支不能平衡情況而言，係由於鉅額對外之經援及軍援所致成，而在對外貿易方面，不但平衡，且每年均有出超。惟一般言之，對外貿易之輸出輸入，係爲國際收支之主要因素。

國際貿易之收支平衡，如就其平衡之內容與性質予以分析，則有帳面平衡與眞實平衡、數額平衡與內容平衡、主動平衡與被動平衡之分：

(一)帳面平衡與眞實平衡

一國對外收支之平衡，有帳面上平衡與實質上平衡之別。帳册上之平衡，係依會計原理處理所獲致之當然結果，而實質上之是否平衡，則須對收支項目之內容，予以詳爲分析，例如收方項目中之收入，如爲出售國外有價證券、提用國外存款、以及向國外借款等所產生之收入，則爲資產減少，負債增加。又如付方項目中之支付，如爲購買國外有價證券，增加外滙存款，償還國外債務等所爲之支付，則爲資產增加，負債

減少。就一經濟主體觀之，由於資產減少或負債增加所產生之收入，係爲財政收支之不健全現象，帳面上雖爲平衡，而實質上則爲不平衡。反之，如爲減少負債或增加資產所產生之支付，常係財務之穩健現象。因之，一國之對外收支，帳面上之平衡，實非重要，重要者爲各收支項目之眞實內容與性質。

(二)數額平衡與內容平衡

國際貿易上之收支平衡，不僅爲求貿易雙方國家輸出入之貿易數額平衡，同時並須謀求雙方之貿易內容平衡。此種貿易內容之平衡，就本國立場而言，卽輸出之物品，須爲對財政經濟均有裨益之輸出，而輸入之物品，亦須不妨碍生產事業之發展。所以一國國際貿易在數額之平衡，僅能謂之表面上之平衡，表面之平衡，不一定對本國之國民經濟完全有利；一國之國際貿易在內容上之平衡，始可謂爲眞實之平衡，眞實之平衡，則對本國之國民經濟有其眞實之裨益。

(三)主動平衡與被動平衡

一國國際收支情況之分析，係根據一國一定時期內之全部國際經濟交易記錄內容，惟分析其全部國際經濟交易之內容時，除注意其收支項目內容外，尚應注意一國政府於此一定時期內所爲之各種貿易外滙管制措施與關稅政策等因素。因此，國際收支之分析，常側重於國際經濟交易之性質，而國際經濟交易性質，又有自發性交易與補償性交易之分：

甲、自發性交易 (Autonomous Transaction)：凡國際經濟交易之中，基於個人獨立之經濟活動，以追求利潤爲目的所爲之商品勞務輸出輸入與資本交易，謂之自發性交易。此種自發性之交易，係本於主動立場所進行，故又稱之爲事前交易 (Ex-ante Transaction)。

乙、補償性交易 (Compensatory Transaction)：凡因國際收支不能平衡發生入超差額時，爲彌補其不能平衡之差額所進行之交易，謂之補償性交易。諸如動支一國之外滙準備，短期資金通融，國際經濟機構援助，以及爲彌補平衡所爲之外滙貿易管制與關稅措施等均屬之。此種補償性之交易，乃由於收支不能平衡，所爲事後調劑性之彌補與措施，係屬於被動之立場，故亦稱事後交易 (Ex-post Transaction)。

基於自發性交易與補償性交易以分析其一國之收支是否平衡，則可知凡以補償性之交易或措施以維持平衡者，僅爲形式上之平衡，而非實質上之平衡。亦卽凡不能以自發性交易維持其一國之收支平衡者，卽爲一國國際收支之逆差。惟補償性之交易或措施之形成，常係由於自發性交易發生缺口之結果。

綜上爲就一國收支平衡之內容與性質所爲分析，可知一國對外之國際收支，不但須爭取主動之平衡，抑且尚須爲眞實之平衡；而對外貿易上之平衡，不僅須求數量與價值之平衡，尚須進而求取輸出入之內容平衡。

二、管制外滙與國際收支

當一國國際收支不平衡，對外鉅額負債，以及國內幣信不穩等因素發生時，常實施外滙管制，將對外滙價高估，以謀補救：

(一)國際貿易發生收支逆差：當一國對外貿易之逆差情形嚴重，貨品之輸出入數額懸殊，因之外滙供不應求，致使本國貨幣之對外滙價降低，亦卽一定數量之本國貨幣，用之於購買外貨則較前所購買之數量減少，使進口物價上漲，刺激出口貨物之成本；一定數量之輸出貨品，換取較前爲少之輸入貨品，使出口貿易，乏利可圖，而須提高銷售價格，致更增加輸出之困難。於此種

情形之下，如將對外滙價高估，以穩定國內物價，降低生產成本，再以津貼補助方式，解決輸出困難，以適當管制，限制輸入，則易使國際收支平衡。

(二)對外有鉅額之外幣債務：一國如對外負有鉅額債務，當在繼續還本付息之中，其本息均以外幣計算，如對外滙價依供需情況決定低落時，則所需支付之本國貨幣增加，但如將對外之滙價予以高估，則其情形相反，可減少本國貨幣之支出，謀取國際收支之平衡。

(三)本國之通貨膨脹：當一國已有通貨膨脹，物價上漲之情形，而其國之對外貿易依賴程度甚高，輸入在國民經濟中有很高之比重，此時如滙價仍以供需情況決定而下降，則輸入貨品價格上漲，出口之利益優厚，而物價上漲，又刺激工資上升，本國貨幣之對外滙價則相對下降，其影響所及，將為物價上漲與滙價下降之惡性循環。反之，如將對外滙價高估，則輸入品之價格較為穩定，可減少輸出之利益及對國內物價之刺激，以隔離滙價對物價之影響，使國內通貨膨脹之管制易於收效，國際上之收支趨臻平衡。

　　一國為謀國際收支上之平衡，而將對外滙價高估，雖然有其有利之處，但亦有其不利之點，以對外滙價高估，則其國內之物價高於他國之物價，其輸出之貨品須提高售價，因而阻碍貨品之輸出，而輸入貨品之價格，則又相對降低，而造成鼓勵輸入之趨勢。因此，維持一國之高估滙價，除實施政治性之直接外滙管制，集中外滙買賣外，尚須對資本輸出及貿易輸入，有嚴格之限制與管理，對出口貿易，採施津貼補助辦法，以及關稅政策之配合運用，方能維持一國對外貿易之收支平衡。

　　當一國之國際收支不能平衡，係源於輸出相對減少，國內經濟不景

氣，以及滙價高估不良後果等因素所致成時，常實施外滙管制，將對外滙價低估，以資補救:

(一)鼓勵輸出: 當一國之國際收支不能平衡，爲避免對外貿易繼續發生逆差，則運用滙價低估方法，以激勵輸出之增加，爭取收支之平衡。此種鼓勵輸出方式，卽通常所謂之滙兌傾銷 (Exchange Dumping)。

(二)挽救國內經濟之不景氣現象: 當國內發生經濟不景氣之現象時，則國際收支不能平衡之情況，亦隨之發生，於此種情形之下，則須以限制輸入之方式，以刺激物價，提高就業機會，增加國民之所得與消費。

(三)消除滙價高估之不利因素: 因爲一國對外維持長期滙價高估之結果，其輸出當日趨困難，國際收支不能平衡，物價水準亦日趨不穩時，則須貶低滙價，以消除前此高估所致成之不良後果。

　　一國以滙價之低估方式，以求國際收支之平衡，亦須適當措施之配合，方克有濟: (一)爲免鼓勵輸出之作用，爲物價上漲之程度所抵消起見，須同時推行國內經濟安定之措施。(二)國內應同時採取刺激投資及物價政策，以迅速增加其所得與就業。同時，因實施滙價低估，至易引起物價上漲與對方國家之報復，故常不能長久實施，務於短時期之內，達成低估之目的，獲得國際貿易上之收支平衡。

第三節　國際收支平衡之調整

　　一國之國際收支，常因各種不同因素之破壞，而影響其平衡，對收支失衡後之補救，則須針對其不同之破壞因素及國情之需要，施予對症

處方之調整，方克有濟。玆將主要不同因素之分別破壞情形及其補救調整之方式，分析如下：

（一）**國內生產結構之變動，對國際收支之影響與調整**：一國基於生產資源條件，技術發展情況，以及一般消費之偏好，其輸出之商品勞務與輸入之商品勞務，在長時期中，有其一定之趨向，在均衡狀態之下，一國之輸出總值與輸入總值，如無資本淨額外流及單方移轉之情形，其供需在其基本結構之內，應可平衡，則一國之對外收支，亦可維持平衡。但如生產資源或商品勞務，在國際上之供需發生變動，短時期中不能適應其變動之供需，則平衡關係，卽遭致破壞。於此種情形之下，所產生之不平衡，常謂之「結構上之不平衡」(Structural Disequilibrium)。其影響所及，則爲國際收支上之發生逆差。

結構上不平衡之發生，係源於生產資源或商品勞務或國際上供需發生基本之變動，其補救之方，則須根據發生之情形，分別採取調整措施，使各種不利之影響減至最小。諸如以各種鼓勵投資方法，誘致資金投入於有比較利益事業之生產，以及對喪失有比較利益之生產勞動，實施有計劃之技術訓練，使能向新有比較利益之事業轉業。其次則爲結構上之不平衡，如係源於戰爭關係，致一國之生產力與資金遭受嚴重破壞，短期之內，無法恢復正常時，則其補救之方，須有長期之外援或國外之長期貸款，且其數額之多與時間之長，應使能維持其最低之消費水準以及所遭致破壞之生產力與資金之恢復重建。

（二）**國內通貨價值之變動，對國際收支之影響與調整**：一國在一定滙率情形之下，生產成本與物價上升，致使國內之生產成本與物價高於國外，結果則由進口商品代替其國內應行生產之供給，同時國外對本國商品之需求，亦移轉由其他國家出口供應，於此種情形之下，則發生輸入增加，輸出減少，使對外收支之經常帳戶發生逆差，此卽謂之「貨幣

性不平衡」(Monetary Disequilibrium)。

此種收支不能平衡之調整補救方法，為壓縮本國之生產成本與物價，並實施貿易管制與外滙貶值。惟壓縮方法之採施，由於工資與物價不易調整均衡，常易造成失業問題，進而影響社會經濟之不穩定。採施外滙貶值方式，須國內無通貨膨脹之因素存在，否則外滙貶值，則引起國內通貨之加速膨脹，而國內通貨之加速膨脹，又肇致外滙之繼續下降，以及國內之資金外流，因而對外支付之壓力增加，使外滙貶值所消除收支不平衡之效果減退。故挽救此種不平衡之有效方法，常為阻止國內通貨膨脹與外滙貶值之兩種措施同時並舉，一方面對外滙價貶值，以消除國際收支上之逆差，同時一方面在貨幣政策與財政政策上，則採安定措施，不使有膨脹情形存在，以免發生上述之互為不利影響。

(三)國內經濟現象之變動，對國際收支之影響與調整：一國在商業循環過程中所發生之經濟衰退蕭條現象，致使其眞實所得與貨幣所得均為下降，引起有效需求在總額上之不斷減少，而形成對外收支上之不平衡，此種情形之不平衡，並非源於生產能力之變動，而係基於商業經濟之起伏循環，故謂之為「循環性不平衡」(Cyclical Disequilibrium)。

此種情形之調整補救，較之國內通貨價值變動所發生之貨幣性不平衡情形，尤為困難，其調整補救，須有其他國家之合作。於發生此種情形之國家，須減少其輸入之數額，而使其與有貿易交往國家之經常帳戶發生逆差，其因此而發生收支逆差之對方國家，對發生此種情形之國家向本國輸出數額，仍不予減少，而僅於國內運用適當之貨幣及財政政策，以維持其所得與就業之水準。於此友好合作之情況下，則因國內經濟現象變動，發生循環性不平衡之國家，即可於國內採取各種強力有利之措施，以促進其國際收支平衡之恢復。

此外，尚有一國因國際資本移動之因素變動，國民儲蓄消費與生活

習好之比率變動，以及天災人禍或戰爭之關係，而破壞其國際收支之平衡者，各種干擾國際收支平衡之因素，其發生之基本原因，雖各不相同，而發生之結果，多爲供需失調，盈虧不濟，一國爲求其國際收支之重新平衡，則須針對其發生之原因以及本國國情之需要，予以有效之調整。

第四節　國際收支記錄與報表

一國之對外收支，係依複式簿記之原理，爲明確之記錄。凡產生國際收支之交易，必包括兩項事實，一爲由國外之「收受」，一爲對國外之「給與」，且其「收受」與「給與」，在交換價值上必定相等。因此，每項交易，必有「收」「給」兩方之記錄，例如此國對彼國輸出商品之時，則商品之所有權，必須由此國轉移於彼國，亦卽此國對彼國有所「給與」。同時彼國對此國必有「支付」，亦卽此國自彼國有所「收受」。基於國際收支之會計原則，此兩種事實，必須同時爲借貸兩方之記錄。

一國經常交易之商品輸出輸入，原則上均須經過海關，故經常交易帳戶之商品輸出入統計，常以海關之統計爲基礎。惟各國海關對商品之價格統計，輸出係以F.O.B.之離岸價格爲基礎，輸入則以C.I.F.之包括保險費及運費價格爲基礎，而國際貨幣基金則規定各國國際收支平衡報表，不論其商品爲輸出抑爲輸入，均須以F.O.B.價格計算，對運費及保險費則另立項目記載。因此，一國如爲向國際上之有關機構提出收支報表，必須自海關之商品輸入統計價格中減除保險費與運輸費，分別載入其保險與運輸費之項目中。

黃金於國際收支之項目中，有貨幣性黃金 (Monetary Gold) 與非貨幣性黃金 (Nonmonetary Gold) 之分。前者屬於資本帳戶的項目，

後者屬於經常帳戶項目。因貨幣性之黃金移動，常係因其他交易所產生之結果，與一國之政府資本移動無異，諸如因國際收支不能平衡之逆差，而以黃金支付，以平衡其收支之情形屬之。由於黃金為一國外滙準備金之一種，故以黃金支付差額，即為一國外滙準備之減少，所以列入資本帳戶之中。至非貨幣性之黃金，係表示國內黃金生產量與消費量之差額，其中包括金礦存量與私人持有量之增減，此項國內黃金數量之增減，雖與國際經常交易無關，但一國之政府於國內收購黃金，則有似輸出商品，可以增加外滙支付準備；反之，如政府於國內出售黃金，則有似輸入商品，可以減少外滙支付準備，所以列入經常帳戶之中。但如一國之主要生產資源即為黃金，視黃金之輸出為普通商品，亦屬非貨幣性黃金，列入經常交易之商品帳戶，惟屬較為特殊例外之情形。

　　一國國際收支之範圍，係包括經常帳戶中之商品勞務輸出輸入與資本帳戶中之長短期資本移動與貨幣性黃金移動 (All International Transaction)。所謂國際收支平衡，係一國在一定時期之內，對外所作之財貨、勞務、債務，以及所有權憑證等之交易往還，經其適當分類後所製成之表報，其內容結構，有如下述:

　　(一)依借貸而分: 一國在一定時期之內與其他國家所為之交易往還 (Exchange and Transfers)，應記錄於借方科目 (Debit Entries) 與貸方科目 (Credit Entries)。即凡屬收受之項目 (即對外有支付)，均為借方科目，通常應包括: (1) 商品輸入，(2) 勞務輸入，(3)資本外流，(4) 對外單方移轉 (包括對外之滙款、賠償、贈與、援助、及捐獻等) (5) 黃金輸入。凡屬給予之項目 (即由外獲得收入)，均為貸方科目，通常則包括: (1)商品輸出，(2)勞務輸出，(3)資本內流，(4)國外對本國之單方移轉，(5)黃金輸出。

　　(二)依帳戶而分: 可分為: (1)經常帳戶 (Current Accounts) 與

(2)資本帳戶 (Capital Accounts)。經常帳戶之中，包括一國與其他國家之所有商品與勞務之輸出與輸入，以及旅行費用與對外贈與等之各項收支記錄。此類之收支或爲有貨物與勞務之補償，或爲無償之贈與，並不引起一國對外債權債務之增減，有似一國表示對外之所得關係，故亦有稱之爲所得帳戶者(Income Accounts)。資本帳戶之中，包括一國與其他國家之所有長短期資本之借貸與各種有價證券之交易，以及貨幣性之黃金移動等各項記錄，此類之支付，均對一國之對外債權債務有增減之作用。其因支付上估計之錯誤與遺漏 (Errors and Omissions)，亦應列一單獨項目，藉以平衡表報之數額。在資本帳戶中之資本項目，又分長期資本帳戶與短期資本帳戶，通常在時間上超過一年者，爲長期資本帳戶，短於一年者，則爲短期資本帳戶。

根據一國之國際收支平衡表報，可分析其一國之經濟情況以及在國際上之經濟地位。而一國在國際上之收支情形，是否均衡亦可自收支平衡表中之個別科目或綜合因素瞭解之。

我國之國際收支摘要平衡表，其科目之排列，卽根據上述之原則分經常帳戶交易與資本帳戶交易兩大類，其中經常帳戶交易尚細分爲貨物、勞務與所得以及無償性移轉帳戶二項，資本帳戶則分爲直接投資與其他長期資本與短期資本帳戶。茲將 1986 年我國國際收支平衡表列示如下。

就 1986 年我國國際收支帳分析，在經常帳戶中，貨物、勞務與所得項之輸出爲46,038百萬美元，輸入爲29,638百萬美元，順差爲16,400百萬美元。其中商品部分所佔之輸出入比例最大，輸出爲 39,482 百萬美元，輸入爲 22,642 百萬美元，順差爲 16,840 百萬美元。其次，無償性移轉部分，係指政府與民間的贈與或援助，其中我國獲得國外之援助或贈與爲 218 百萬美元，支援國外者爲 513 百萬美元，逆差 295 百萬

1986年中華民國國際收支平衡表

單位: 百萬美元

項　　　　　　　　目	貸　　　方	借　　　方
A. 經常帳	16,105	—
a. 貨物、勞務、與所得	46,038	29,638
商品: f.o.b.	39,482	22,642
貨物運輸	754	1,233
其他運輸	643	1,074
旅行	1,125	1,841
投資所得	2,875	890
其他貨物、勞務、與所得	1,159	1,958
b. 無償性移轉	218	513
民間	196	499
政府	22	14
B. 直接投資與其他長期資本*(不包括F)	—	1,409
直接投資	326	66
其他長期資本	—	1,669
合計: A. 加 B.	14,696	—
C. 短期資本*(不包括F)	1,421	—
D. 誤差與遺漏淨額	280	
合計: A. 至 D.	16,397	—
E. 相對科目	223	
黃金貨幣化／非貨幣化	223	—
特別提款權之分配／取消	—	—
合計: A. 至 E.	16,620	
F. 銀行體系國外資產淨額之變動*	—	16,620

註: *表示不包括價值變動。

資料來源: *Taiwan Statistical Data Book*, 1987, p. 201. 經建會編印。

美元。綜合經常帳之貸方餘額爲 16,105 百萬美元，顯示我國商品與勞務在國際上具有競爭能力，其次無償性移轉之逆差，亦表示我國逐漸由接受外國之援助，轉爲援助國外之國家。

再就資本帳而言，可分爲長期資本流動與短期資本流動，因爲長期資本流動之動機與短期不同，不受貿易融通需要、國際間利率水準差距、外滙市場投機活動等因素之影響，故具有高度可靠性，不能視爲金融融通性之項目。故經常帳戶收支差額加長期資本收支差額，即爲一國國際收支之基本差額。我國 1986 年之直接投資與其他長期資本，貸方餘額爲 326 百萬美元，借方餘額爲 1,735 百萬美元，逆差計爲 1,409 百萬美元。合併經常帳戶之順差，國際收支之基本差額 A＋B 爲 14,696 百萬美元。至於所列貸方之誤差與遺漏淨額爲 280 百萬美元，有時固爲錯誤遺漏之數額，但有時則爲報表之借貸兩方總額，發現單方面之移轉，而不能平衡時，則於此一項目列入其不能平衡之數額，以示平衡，故此一項目，又稱爲調整項目 (Adjustment Item)，其所列之數額，不能確定爲貸方之餘額。我國自 1970 年以來，此一項目大部分皆爲借方餘額。

至於最後一項之銀行體系國外資產淨額之變動，係政府準備交易之差額。任何國家在一定時期之國際收支平衡表，其中經常帳戶、資本移動帳戶之差額相互抵銷未盡之差額，最後必由政府準備資產交易之差額予以平衡。任何國家之政府國際準備資產，大部分係由中央銀行握存。我國 1986 年之政府準備差額爲借差 16,620 百萬美元，亦即抵銷表中 A. B. C. D. E. 帳戶後之貸差淨額，爲我國之應收款淨額，通稱順差或出超。

我國國際收支，除 1974、1975 以及 1980 年，由於二次能源危機，發生經常帳入超以外，其他各年均有相當數額之貸方餘額，表示我國對

外貿易均在逐年蓬勃發展中。資本帳方面則相反，在上述三年中，均爲貸方餘額，表示有國外資金之輸入，其餘各年，皆爲借方餘額，表示我國有多餘之資金向外投資或擁有國外之資產。

本篇參考書目

1. C.J. Shelton, *The Financial Structure and Operations of the IBRD, Bank of England Quarterly Bulletin,* March, 1985.

2. C.P. Kindleberger, *International Economics,* Chapters 2,3,7,8,24,25,26,27,28,29, 1958.

3. D.A. Snider, *Introduction to International Economics,* Part II–Chapters 8,9,10,11, Part III–Chapters 13,14,15,16, 17, 1958.

4. F.W. Taussig, *International Trade,* 1927.

5. G. Cassel, *Money and Foreign Exchange after* 1914.

6. H. Heuser, *Control of International Trade,* 1939.

7. International Monetary System, *Federal Reserve Bank of Boston,* 1986.

8. J.B. Condliffe, *Commerce of Nations,* 1950.

9. J.E. Meade, *The Balance of Payments,* 1951.

10. J.M. Peterson, *Money and Bank,* 1949.

11. J.P. Young, *The International Economy,* 1951.

12. L. Tarshis, *Introduction to International Trade and Finance,* 1955.

13. Norman Crump, *The A.B.C. of Foreign Exchange*, Chapters 4,9,10,14,19,21,28,34,37,44.

14. P. Finzig, *The Exchange Control*, 1949.

15. P.H. Lindert & C.P. Kindleberger, *International Economics*, 1983.

16. P.T. Ellsworth, *International Economics*, Chapters 14,15,16,17, 1958.

17. P.V. Horn, *Foreign Trade Principles and Practices*, Chapters 12,13,14, 1962.

18. R.F. Mikesell, *Foreign Exchange in the Post War*, 1954.

19. R. Richter, W. Goodearl, and others, *International Trade Handbook*, Parts 2-Chapters 2, 5, 9, 10, and Part 4-Chapter 3, 1963.

20. 何伊仁，《貨幣銀行學》，1986年。

21. 李麗，《我國外滙市場與滙率制度》，1986年。

22. 林文琇，<國際貨幣基金與國際貨幣制度>，《國際金融參考資料》，中央銀行，20輯。

23. 林鐘雄，《貨幣銀行學》，1985年。

24. 柳復起，《現代國際金融》，1984年。

25. 倪成彬，《國際貿易論》。

26. 曾偉明，《國際貿易與滙兌》，1982年。

27. 楊培塔，《進出口貿易與銀行押滙》，1986年。

28. 鄭正敏，<我國外滙市場開放前後情勢之探討>，《北市銀季刊》，18卷 8 期。

29. 劉純白，《國際貿易》。

30. 歐陽勛、黃仁德，《國際金融理論與制度》，1985年。

第四篇
國際貿易實務

第一章　國際貿易實務概述

第一節　國際貿易之性質

　　國際貿易，乃一國之商品與他國商品之交換或買賣。換言之，卽爲一國對外之貿易 (Foreign Trade)，在經營國際貿易之商人而言，係以營利爲目的，在整個國家之經濟利益而言，則爲國際經濟之分工互利。

　　國際貿易，依其商品之性質而分，常可分爲：有形商品 (Visible Goods) 與無形商品 (Invisible Goods)，前者指國際間商品之買賣，如原料、製品、半製品之運銷承購；後者指國際間之服務或勞務之交換，諸如運輸、銀行、保險以及投資收益等均屬之。

　　國際貿易，係超越國境之買賣經營，故依其商品貨物之出入國境而分，又可分爲：進口貿易(Import Trade)與出口貿易 (Export Trade)。進口貿易與出口貿易，實則係爲一物之兩面，因一項國際交易之成立，必須有輸出輸入之兩面，輸出者爲出口貿易，輸入者爲進口貿易，其貿易成立之條件，必須雙方共同遵守契約之規定與國際上之慣例。

　　國際貿易，依交易之方式而分，則可分爲：商業方式(Commercial

System) 與易貨方式 (Barter System), 兩者之區別, 爲貨價之清算。前者以貨幣爲償付手段; 後者雖以貨幣爲衡量貨價之標準, 而係採用以貨易貨之方式行之。

國際貿易, 就其經營貨品之限制與否而分, 可分爲: 專賣貨品 (Monopolized Commodities) 與自由貨品 (Free Commodities), 前者指政府授權或指定特定組織或機構之專利買賣, 爲一般之商業組織所不能經營者; 後者爲自由經營之貨品, 不受經營上之限制。

國際貿易, 依其經營所負風險之多寡而分, 可分爲: (一)直接貿易 (Direct Business), (二)間接貿易 (Indirect Business), (三)委託貿易 (Consignment Business)。所謂直接貿易, 乃爲本國賣者與國外市場買者所直接完成之交易, 亦卽貨主與貨主間之交易 (Principal to Principal Transaction)。間接貿易, 則爲透過金融機構或中間人或國外代理人(Agent)所完成之交易, 亦稱代理人經手之交易(Transaction Through Agent), 俗稱佣金交易 (Commission Transaction)。又由第三國者介入所爲之交易, 自此國購進, 再向彼國賣出, 亦稱間接交易或仲介交易。至委託貿易, 則爲貨主自負盈虧之風險, 將貨品運往國外代理人或經紀人, 託其代爲銷售, 代銷商不負交易盈虧責任, 對呆帳雖有催索之責, 但無賠償義務。惟當前國際貿易之經營, 多採間接經營方式, 透過金融機構之居間保證, 以減少買賣雙方之風險。又生產技術發達國家, 常以原料進口加工後再行出口, 此種情形之交易, 謂之加工貿易 (Improvement Trade)。

第二節　國際貿易之程序

(一)信用調查(Credit Investigation): 其調查方式, 可透過本國

在國外使館之商務部門，或國外同業商會組織，或與國外有往來之銀行，或徵信機構調查。通常有信用之進出口貿易商，常於詢價或發價之時，即同時提供與其經常有來往之銀行名稱，俾便對方向銀行查其商業信用與財務情況，國際貿易常稱之爲 "Bank Reference"。

(二)詢價 (Bnquiry)：進口商向國外出口商詢價時，應同時告知下列數點之條件：(1) 商品類別；(2) 商品數量；(3) 包裝條件；(4) 貨價條件 (F.O.B 或 C.I.F)；(5) 裝船期限 (附詢價格式──附件一)

(三)發價 (Offer)：出口商根據進口商詢價所列之條件，答復其售貨之價格，謂之發價。發價與開價 (Quotation)，在國際貿易慣例上，亦略有出入，開價通常係爲非正式行爲，無拘束力；而發價則爲正式之報價，對方在一定時之內，須回示是否接受（惟美國在慣例上二者並無差別）。（附發價格式──附件二）

(四)還價或接受 (Counter offer or Acceptance)：進口商於收到對方之發價後，如認爲價格偏高，於答復時提出適當減讓之意見者，謂之還價。進口商收到對方提出之發價，認爲適當，予以同意，或經還價程序後再予同意者，均謂之接受。

(五)定貨 (Order)：進口商接受對方之發價後，即向出口商發出定貨單，其定貨單之內容，通常應包括：(1)貨物名稱；(2)定購數量；(3)貨物品質、等級或標準；(4) 貨價方式；(5) 包裝與標記條件；(6)付款方法；(7)保險類別；(8)裝運時期。（附定單格式──附件三）

(六)定約 (Contract)：出口商於接到進口商定貨單後，即將售貨契約 (Sale Contract) 之正副本予以簽署，寄交進口商簽署

後寄回一份存查。此項售貨契約之主要內容，爲商品類別、數量、品質、價格、包裝、標記、保險、交運、付款等條件之具體規定。通常於契約之背面，均將慣例上之買賣條件，予以印上，以防他日發生爭執時，爲其解決之依據。

（七）申請銀行開發信用狀(Letter of Credit)：進口商根據所簽契約之規定內容，申請銀行開發信用狀，寄由出口商國家之銀行轉知出口商依照信用狀規定條件，準備貨物裝船。

（八）出口商收到信用狀後之應辦事項：當出口商收到銀行通知之信用狀後，其應辦之事項爲：(1) 包裝貨物；(2) 購買保險；(3) 貨物裝船；(4) 依信用狀規定開立發票；(5) 通知進口商之裝貨船名及起運時間；(6) 檢附貨運單據開發滙票，持向通知信用狀之銀行申請貼現或委託收款。

（九）進口商付款提貨：進口商於貨物運抵港埠或接獲銀行通知後，則向開發信用狀之銀行付款或於滙票上簽署承兌後，先向銀行取得貨運提單，向海關辦理報關手續提貨，俟滙票承兌之時限到期後，再向銀行清付貨價。

第三節　國際貿易之應有分析

從事國際貿易之經營，首須對經營國際貿易所須瞭解之問題與事實，有其詳盡之調查，並須對調查所獲之資料，有其正確之分析。商場有如戰場，所謂知己知彼，然後才能進行順利，獲致成果。茲就經營國際貿易所應有之分析，舉述如下：

一、經營者本身應有之生產分析：(一)生產設備，能否適應外銷市場。(二)產品式樣，是否爲國外所需。(三)爲適應外銷，在生

附件一

Inquiry

T. T. Trading Co; LTD.
25 Chung-shan N. Rd.,
Taipei, Taiwan
July 15, 19—

K. P. Corp.
55 Marden St.
New York. U.S.A.
Dear Sirs:

We are on the point of making a large import consignment of various goods, and it is our attention to include a selection of "bleached cotton cloth" in it.

As your firm has been mentioned to us as one of the best in the supply of these articles, we shall be much obliged if you will kindly make a favorable offer to us, according the following details:

1. Commodity: Bleached Cotton Cloth, No.40, Type I.
2. Quantity: 20,000 yards.
3. Price: Please quote on FOB New York basis.
4. Packing: Each 5,000 yards packed in a case.
5. Delivery: Please indicate the earliest available shipment by end August.

We are looking forward hearing your favorable answer, and hoping that you will facilitate business by quoting us reasonable prices.

Yours Faithfully,
T.T. Trading Co.
(Managing Director)

附件二

Offer

ABC TRADING CO., LTD.   August 8, 19—

XYZ Co.
P.O. Box 12. New York, N. Y.
U. S. A.
Dear Sirs:

Thank you for your inquiry of August 7 requesting us to offer you for our SPORT SHIRTS, STYLE A.

In reply, we have the pleasure of submitting to you firm offer on the following terms and conditions subject to your reply reaches us by August 22nd 19-.

Commodity: Sport shirts, style A.

Quality: As per sample submitted to you on July 10th, 19-.

Quantity: 500 doz. only.

Price: US$25.86 per doz. CIF New York. Total amount: US$12,930.00

Packing: Export standard packing.

Payment: Against 100% confirmed, irrevocable and transferable sight L/C in our favor.

Insurance: AR and War risk for 110% of CIF value.

Shipment: During October, 19-.subject to L/C reaches us by end of September, 19-.

Exchange risks: for buyer's account.

We are sure you will find our price very reasonable. The market here is enjoying an upward trend. So, we trust you will not overlook this opportunity and hope to receive your prompt order.

Yours truly,
ABC Trading Co., Ltd.
Manager

附件三

ABC TRADING CO., LTD.

Messrs. Leo Twin & Company Date: July 22, 19—
567 Fox St.,   Order No.: 056
Johannesburg

ORDER SHEET

Dear Sirs:

 We have the pleasure to place with you our order for the undermentioned goods on the terms and conditions stated as follows:

ARTICLE: "NOBEL" brand solid state AM/FM/FM
    STEREO Multiplex Receiver, Model 7303
QUANTITY: 500 sets
PRICE: US$80.00 per set CIF Keelung
TOTAL AMOUNT: US$40,000.00
PACKING: To be packed in wooden cases, suitable for
   export
SHIPMENT: Before December 31, 19—
DESTINATION: Keelung, Taiwan
INSURANCE: Covering marine All Risks and war risk
   for CIF value plus 10%
PAYMENT: By irrevocable letter of credit payable at
   sight
SHIPPING MARK: ABC in diamond
REFERENCE: TELEGRAMS Yours:
        Ours: July 20, 19—
    LETTERS Yours: July5, 19—
       Ours:

 We are going to instruct our bank to open a letter of credit for the amount of this order. You will soon hear from your bank.

      Yours very truly,
      ABC TRADING CO., LTD.
      Manager

產方面應作如何之改進。(四)能否保持經常外銷產品之數量。

二、外銷設施應有之分析：(一)何種外銷設施，能對外銷業務有所助益。(二)應設置何種外銷組織，以推進外銷業務，是採取聯合外銷辦法抑透過經紀人或出口商外銷。(三)以何種方式與國外取得連繫，最為方便。(四)如何選擇其良好之代理商或商品經售者，以發展外銷業務。

三、國外地區應有之分析：(一)地理氣候：一國之天然分工與貿易地區之分佈情形。(二)資源：資源之特性與發展之範圍。(三)工業：工業之種類、數量、產品、特質以及與所外銷產品競爭之程度。(四)人口：人口之數量、都市與鄉村之分配情形、歷史、宗教、語言、風俗習慣之背景、工資水準、購買力、以及生活水準。(五)交通設備：何種交通設備於其國最為便利，費用如何，港口設備如何。(六)商業習俗：經營商業時間及季節，商業公會組織，重要連絡方式，以及各種有效之宣傳方法。

四、國外競爭之分析：(一)與當地產品之競爭：當地工業之效率以及關稅保護之程度。(二)與他國產品之競爭：其他國家之廠商，是否享有關稅上之特惠，以及用何種方法方能與其他國家競爭。(三)商業統計：其國主要貨品之質量、價格以及國外貨品進口之數量、價格與主要供應來源。

五、國外政府法令之分析：(一)政府之組織形式，政局情況，財政地位以及外債之記錄。(二)對國外之投資，經營商業之態度，以及勞工法令之規定。(三)與其他國家所締結之商業條約。(四)關稅係對一般產品課征，抑係對特別產品課征，課征之方式以及其穩定性如何。(五)有關裝運、貨品標示、以及商品樣

品目錄之習慣如何。(六)對國外商業課稅、申請執照以及商標
專利保護等之法令規定。(七)度量衡之制度。

六、**國外財務因素之分析**：(一)收支平衡之分析。(二)通貨之穩定
變化與外滙之管理規定。(三)國內平素信用與在國外之信用情
形。(四)可用之資本與利率之高低。(五)經濟情形，就業狀
況、貿易數量以及產品與價格之情形。

七、**經營外銷成本之分析**：(一)貨物價格之類別（F.O.B.以及C.
I.F.等）以及港口之遠近。(二)包裝、運送、文件費用以及
保險費用。(三)銷貨成本、註冊費用、執照費用、折讓、佣
金、廣告費用、以及財務信用、週轉利息等。

第四節　輸出貿易應有之認識

一、工廠所產生之成品與生產能力，是否已超越內銷之數量，有否能力
作適當之外銷，以及外銷之後，工廠有否增加之能力。

二、有否充分之資本，以支援其生產之增加，以及有否充分之財力，以
支持其外銷業務之經營。

三、對經營外銷之組織如何，有否需要設置特別負責外銷之單位，以負
責其外銷業務之發展。

四、對經營外銷之發展，能否似發展內銷業務之方便。此一問題，並涉
及外銷之宣傳、工作人員之薪津、代銷人員之佣金、以及外銷之信
用等。

五、能否對國外之購貨者，予以國內購貨者之相同服務。

六、有否發展國外市場之忍耐性，因為國外市場，有甚多條件之限制，
非經營國內貿易之情形可比，諸如國外法令對進口關稅之規定，外

滙之管制，稅捐之課征，商業經營之程序，以及地方習俗之偏見等，均爲其發展國外市場之困難所在。

七、對國外市場之研究，是否一如對國內市場研究之詳盡，因每一國家，均有其特殊之情形，諸如地理氣候之因素，人民之習好與特性，交通與市場之條件等。

八、是否應於國外設廠，以擴張其海外市場，則應研究其所擬設廠國家之有關法令規定，權衡其利弊得失，然後再行決定。

九、市場調查之目的，在出口商方面，係爲尋求最有利之市場，瞭解進口對方市場所需要貨品之種類、品質、數量以及銷售季節。在進口商方面，係爲明瞭供應貨品國家所供應之種類與時期，貨品之品質價格與數量。

十、國際貿易慣例及條約或協定之規定，貿易外滙法令之變動，各項手續程序之書面確認，以及有關各類貿易資料之搜集，均爲經營對外貿易所應特爲注意之事項。

第二章　國際貿易之信用狀

第一節　信用狀 (Letter of Credit) 之功能

近代之國際貿易，由於國際金融便利，已普遍探「信用狀」(Letter of Credit)之方式經營之。信用狀方式之採用，即為銀行信用之介入，對經營國際貿易之進出口商，均有減少風險，互有裨益。例如中國之進口商，洽請本國之中國銀行，開出信用狀，於此信用狀內，中國銀行承擔為滙票之付款人，寄發於美國之代理行或分行，美國代理行或分行據以通知美國之出口商，告以收到信用狀，其信用狀之受益人 (Benefi-ciary)，即出口之售貨人。售貨之出口商即依信用狀所列條件，準備貨物，於貨物裝船以後，開發滙票並附有關貨運單據，送交其寄發信用狀銀行之代理行或其分行，該代理行或分行，於審核所有之單據與信用狀所列之條件相符後，即可據以付款或購入所開發之滙票。

由上述關係觀之，吾人可知信用狀係屬銀行信用，因銀行已承擔為滙票之付款人，故美國之出口商，可有把握收到貨款，問題僅為出口商如何履行其信用狀所開之條件，如能確切履行條件，因有銀行信用之依賴，自無虞貨款之不能收到。同時對中國之進口商而言，亦深知出口商

於未履行條件將貨物運出之前，貨款不會付出，亦可依賴銀行，而獲得
貨物運出後方得付款之保障。同時，因出口商人獲有銀行保證之故，其
銷貨價格，亦可能低廉，因此，有銀行信用之介入，進出口之雙方，均
可減低風險。而在銀行方面，亦因開發信用狀，而獲得費用之收入。

信用狀中所應具列之項目，計應包括：(一)貨物品質金額。(二)滙
票期限。(三)應附之各種單據。(四)有關單據之特別附帶條件。(五)價
格條件。(六)裝貨地點。(七)裝貨期限。(八)運貨之目的地。(九)保險
情形。(十)其他特別條件。

信用狀所列之各項條件，應由進出口商雙方事先洽妥，根據所附之
條件及各國法令之規定，出口商通常均須將有關單據證明，檢附於所開
發滙票之後，方可向銀行申請付款或購買滙票。一般所須檢附之單據證
明為：貨運提單(Bill of Lading)，商業發票(Commercial Invoice)，
產地證明書(Certificate of Origin)，領事簽證(Consular Invoice)，
以及有關輸出管制貨物之輸出許可證 (Export Licence)等。

信用狀為融通國際貿易資金之有效工具，對進出口之貿易雙方均有
裨益，但金融機構以信用狀為依據所為之押滙業務處理，係只憑單據，
而不憑貨物，因此，信用狀對於投機取巧與不顧信用商人之防弊功能，
極為薄弱，故國際貿易經營者對交易對象之選擇，仍須特別注意。

信用狀在本質上與商品買賣契約或其他契約，係屬分立之交易行為，
惟信用狀所規定之內容，常係以各該契約為基礎，但銀行僅與信用狀之
規定發生關係，其他契約則對銀行不發生任何拘束力。

根據 1993 年修正之「信用證統一慣例與實務」第十七、十八、十
九等條之規定，銀行對下述之事項發生，不負義務或責任：

(一)對任何單據之格式、充分性、正確性、眞實性、偽造或法律效
　　　力、或對單據上所規定或加註之一般或特別條款，銀行均不負

義務或責任；對單據所記載貨物之說明、數量、重量、品質、狀況、包裝、交貨、價值或存在,或對貨物發貨人、運送人、承攬運送人、受貨人或保險人或其他任何人之善意或作爲及／或不作爲、償債能力、履行能力或信用狀況，銀行亦均不負義務或責任。

(二)對任何消息、信件或單據在傳送中因遲延及／或滅失所致之後果、或對電訊傳送中所生之遲延、殘缺或其他錯誤，銀行不負義務或責任，對專門術語翻譯及／或解釋之錯誤，銀行亦不負義務或責任，並保有不予翻譯照轉信用狀條文之權利。

(三)因天災、暴動、內亂、叛變、戰爭、或任何其他非銀行所能控制之事由，或罷工或營業場所封閉所致銀行營業中斷所生之後果，銀行不負義務或責任。除非有特別授權外，銀行對該營業中斷期間失效之信用狀，於恢復營業後，將不受理付款、承擔延期付款義務、承兌匯票，或讓購。

第二節　信用狀之貿易程序

信用狀運用於國際貿易經營，由於風險減少，貿易雙方互利，故爲近代國際貿易最普遍之方式。茲將以信用狀方式，進行貿易之程序，圖示如下。

圖中之數字，表示程序中之分別步驟與程序，茲依圖中數字順序，配合說明如下：

1. 爲假設臺灣之進口商向美國出口商購買 50,000 美元之貨品，雙方之貿易契約，已經洽定，並取得輸入許可證，臺灣進口商依照契約洽定條件，向中國銀行繳存保證金或辦妥保證手續後，申請開發信用狀。

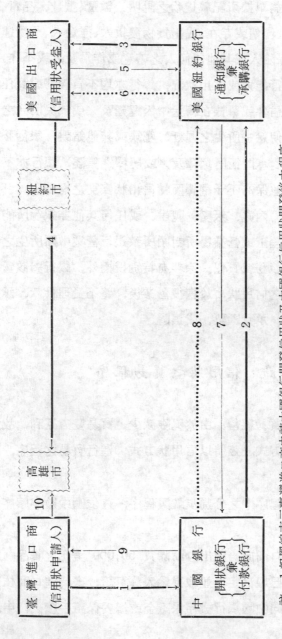

信 用 狀 貿 易 程 序 圖

註：1. 粗黑線表示臺灣進口商申請中國銀行開發信用狀及中國銀行開發信用狀開發後之程序。

　　2. 細黑線表示出口商接得通知銀行之通知後向通知銀行洽售匯票以及通知銀行轉向中國銀行收款之程序。

　　3. 虛線表示通知銀行付款出口商及中國銀行付款通知銀行之程序。

2.為中國銀行開出信用狀，請美國紐約銀行通知美國之出口商。

3.為紐約銀行將信用狀通知出口商。

4.為出口商根據信用狀所規定之內容與條件，將貨品裝船起運，並齊備有關貨運單據。

5.為美國出口商簽發50,000美元滙票，並檢同有關貨運單據向紐約銀行提示，請其承購或貼現。

6.為紐約銀行審核所檢附之單據與信用狀規定相符後，承購美國出口商所簽發之滙票，並收取手續費用。

7.為紐約銀行將滙票及所附單據寄往中國銀行收款。

8.為中國銀行審核單據相符後，撥付紐約銀行 50,000 美元或通知紐約銀行於其存款帳戶中扣撥。

9.為中國銀行向臺灣進口商收取墊款並交付有關貨運單據。

10.為臺灣進口商持有關貨運單據向海關報關提貨，完成貿易之最後程序。

第三節　信用狀之類別

具有銀行信用之信用狀，依據銀行介入交易所負責任之程度不同以及對貿易商之方便與否，可分如下之類別:

（一）「可撤銷」（Revocable) 與「不可撤銷」（Inrevocable)之信用狀: 可撤銷信用狀得由開狀銀行隨時修改或取消，無須預先通知信用狀受益人。惟可撤銷信用狀之撤銷或修改通知書送達時，銀行已依規定之內容付款，承兌或讓購之行為者，則仍屬有效。至於不可撤銷之信用狀，於開狀銀行開發此狀時，即構成其對特定事項之確定義務，非經

受益人及有關當事人同意，不得修改或取消，故對信用狀受益人較有保障，爲當前從事國際貿易者最常採用之方式。又信用狀如未表示爲「可撤銷」或「不可撤銷」，則該信用狀視爲「不可撤銷」。

(二)「**保兌**」(Confirmed)**之不可撤銷信用狀**（格式見附件四）：「保兌」係指由信用狀開狀銀行授權或委託另一銀行爲其所開發之不可撤銷信用狀，再附以保證兌付之承諾；除保兌開狀銀行之原有義務外，並構成保兌銀行對特定事項之確定義務。因此，保兌信用狀對信用狀受益人有雙重保障。此種信用狀爲開狀銀行之國家經濟能力較弱，售貨人不能充分信任，要求購貨人之銀行開發信用狀後，再由經濟能力強盛國家之信用卓著銀行加以確認，以減少貨款不能收回之風險。

(三)**卽期信用狀** (Sight L/C) **與遠期信用狀**(Usance L/C)： 信用狀規定受益人所簽發之滙票爲卽期者(at sight)，卽爲卽期信用狀。所簽爲遠期者（如 180 days after sight）卽爲遠期信用狀。

(四)**可轉讓信用狀**(Transferable Credit)： 可轉讓信用狀係指受益人有權請求被指定辦理付款或承兌之銀行，將信用狀之全部或一部轉由一個或多個第三人（第二受益人）使用之信用狀。依據「信用狀統一慣例」規定，信用狀僅於開狀銀行指明爲可轉讓者，始得轉讓；可轉讓之信用狀僅能轉讓一次，但如信用狀未禁止部分裝運者，則可轉讓信用狀之各部分（總計不得超過信用狀金額）得分別轉讓。除信用狀另有規定外，可轉讓信用狀之第一受益人，得要求將信用狀轉讓同一國內或他國內之第二受益人。可轉讓信用狀由於對貿易之進行有所助益，故使用相當廣泛。

(五)**限制押滙銀行信用狀** (Restricted L/C) **與流通信用狀**(General L/C 或 Open L/C)： 限制押滙銀行信用狀，爲受益人（出口商）對押滙銀行無選擇權，須由特定之銀行押滙。流通信用狀則出口

附件四

The Chang Hwa Commercial Bank, Ltd.

Telex No. 51248 CHBANKHO
Cable address CHBANK TAICHUNG

HEAD OFFICE BUSINESS DEPARTMENT
P. O. BOX XX, TAICHUNG, TAIWAN
XXXXXXXXXXXXXXX

ORIGINAL 7

☐ Advised by Airmail
☐ Confirmation of our Cable/Telex of this date

Taichung _____

DOCUMENTARY CREDIT IRREVOCABLE	of issuing bank	Credit number	of advising bank
Advising Bank		Applicant	

Beneficiary		Amount	
		Date	Expiry
			in the beneficiary's country for negotiation

Dear Sir(s),

We hereby issue in your favour this documentary credit which is available by negotiation of your draft(s)
at _____ sight drawn on us
bearing the clause "Drawn under documentary credit No. _____ of The Chang Hwa Commercial Bank, Ltd."
for full invoice value accompanied by the following documents:

Signed Commercial Invoice in _____ copies indicating Import Permit No(s).
☐ Full set clean On Board Marine Bills of Lading to order of The Chang Hwa Commercial Bank, Ltd. marked "freight and credit number" and notify buyer.
☐ Clean Air Waybill consigned to The Chang Hwa Commercial Bank, Ltd. marked "freight _____ and credit number" and notify buyer.
☐ Insurance Policy or Certificate in duplicate for at least 110% invoice value, blank endorsed and with claims payable in Taiwan, covering ☐ Institute cargo clause (_____) ☐ Institute war clause. ☐
☐ Insurance buyer's care for FAS, FOB & C&F terms.
☐ Packing list in _____ copies.

Covering

Despatch/Shipment from		Partial Shipments	Transhipments
to	latest	☐ Permitted ☐ Prohibited	☐ Permitted ☐ Prohibited

Special Conditions

Drafts to be negotiated within _____ days after date of shipment, but not later than expiry date.

We hereby engage with drawers and/or bona fide holders that drafts drawn and negotiated in conformity with the terms of this credit will be duly honoured on presentation and that drafts accepted within the terms of this credit will be duly honoured at maturity. The amount of each draft must be endorsed on the reverse of this credit by the negotiating bank. Negotiating bank to send the documents required direct to us in one airmail. Except as otherwise expressly stated herein, all banking charges including reimbursement charges outside Taiwan are for account of beneficiary.	The negotiating bank to obtain reimbursement by drawing sight draft on /our FOREIGN DEPARTMENT account with:
	Advising bank's notification
Yours faithfully, **The Chang Hwa Commercial Bank, Ltd.** HEAD OFFICE BUSINESS DEPARTMENT XX	
_____ Authorised Signature　_____ Authorised Signature	Place, date, name and signature of the advising bank.

(國造 64L1) 210×295 K10 77. 1. 2,500×8 (考租)

1

Except so far as otherwise expressly stated, this documentary credit is subject to Uniform Customs and Practice for Documentary Credits (1993 Revision) International Chamber of Commerce Publication No.500.

商可於任何銀行押匯。我國爲方便出口商，經獲得外匯銀行協議，亦允許限制押匯銀行信用狀可至其他銀行押匯，再由受理銀行將所有單據轉交其特定銀行發送國外。

(六)**重複週轉信用狀** (Revolving Credit)、**按時限額信用狀** (Periodic Credit)、**累積（或不累積）信用狀**(Cumulative or Non-Cumulative Credit)：購貨人有時因係經常按期分批進貨，發狀銀行不願將全年進貨額一次發出信用狀,而購貨人亦不願每月開一次信用狀，則可用「重複週轉信用狀」辦法。例如某進口商每年自外國輸入之機器零件，全年約爲廿四萬美元，係按月辦貨一次約二萬元，由外滙銀行開給美元信用狀四萬元，但附帶申明，須開發信用狀之外滙銀行，於每次向購貨人收得滙票還款後，卽通知外國聯行，恢復信用狀之原開有效數額，如此週而復始，購貨人始終有四萬美元之信用狀，以備外國售貨人按期裝貨之用，此卽謂之 「重複週轉信用狀」。 既爲重複週轉性質，則於信用狀內規定每期運出機器零件之最高數額，以免購貨者有一次感覺運貨數額過多，發生銷售困難，故又謂之 「按時限額信用狀」。 但如售貨人之工廠工人罷工或碼頭工人罷工，以致貨運不能如期發出時，故又再加規定，凡未能如期運出之貨物，可於下次貨運中累積補足，或不須累積補足，故又謂之爲 「累積信用狀」 或 「不累積信用狀」。

(七)**跟單信用狀** (Documentary L/C) **與不跟單或光票信用狀** (Clean L/C)：跟單信用狀係指動支信用狀所列之價款，必須檢附貨運單據。亦卽押滙銀行須依據出口所檢附之裝貨單據付款。不跟單信用狀則無須檢附貨運單據，現行之擔保信用狀 (stand-by L/C) 卽屬之。國際商會已將擔保信用狀，列爲新型之跟單信用狀。

(八)**轉開信用狀**(Back to Baek L/C)：亦稱國內信用狀 (Local L/C)，卽憑原信用狀 (Master L/C) 開發另一張或數張之信用狀 （

Secondary Credit)。由於國內信用狀係本地外滙銀行，依據國外信用狀之條件與申請人之意思所開之信用狀，故本質上，國內信用狀與國外信用狀，並無特殊差別。但貿易商爲業務上之保密，不願國外進口商之名稱、地址或成交價格爲製造商獲悉，發生直接交易，乃要求外滙銀行另行開發國內信用狀。

國內信用狀之開發，係信用狀之變相轉讓，且同一原信用狀可開二張以上之國內信用狀，分給不同之廠商，因此，不可轉讓之信用狀，經由國內信用狀之開發，卽發生變相之轉讓。惟國內信用狀之開發，須特別注意原開狀銀行之信用，如原開狀銀行發生風險，則國內開狀銀行之債權，將有不易收回之虞。

(九)擔保信用狀 (Staud-by L/C)：擔保信用狀又稱備付信用狀，係爲融通資金或以保證爲目的所開之信用狀。例如，以分期付款方式進口貨品，其發貨人通常要求受貨人向銀行開發擔保信用狀，作爲融資之擔保，如受貨人未能履行償付貨款契約，則發貨人可憑擔保信用狀，簽發以開狀銀行爲付款人之卽期滙票，檢具特定文件，向開狀銀行提示，聲明受貨人未履行契約，開狀銀行應負履行兌付之責。

擔保信用狀因不須提示貨運單據，故不必規定提示期限，且其運用方式與一般之保證書(Letter of Guarantee)相仿，惟仍有下述差異：

1.擔保信用狀之開狀銀行，僅就信用狀之文義負責，不負"契約"以外之責任，但保證書則銀行可能因身外之契約，而涉有責任。
2.擔保信用狀開狀銀行，係處於主動地位，其風險易於估計，但保證書則銀行處於被動地位，風險不易估計。
3.擔保信用狀開狀銀行所負爲主要或直接 (Primary or direct liability)之責任，而保證書銀行所負爲從屬或間接(Secondary or Indirect liability) 之責任。

(十)延期付款信用狀 (Deferred Payment L/C)：此種信用狀可規定貨物裝船後，先向銀行提示貨運單據，經半年或一年後，出口商再提示卽期滙票向銀行申請付款。

延期付款信用狀與遠期信用狀不同，因遠期信用狀期限最長爲 180天，且須開出滙票。延期付款信用狀，買方可將一部或全部之貨款，延至貨品裝運 270 天以後付款，且信用狀不規定使用滙票，而於接到單據後，在一定時期之內付款。

又延期付款信用狀與應收帳款轉售 (Factoring) 亦不相同，應收帳款轉售保證付款之金融機構 (Factors)，對於有貿易糾紛之案件，不負責付款；延期付款信用狀，則憑單據到期付款，如單據符合信用狀條件，則開狀銀行不得以貨品有瑕疵爲理由拒付。

(十一)紅條款信用狀 (Red Clause Credit)：此種信用狀係允許受益人，在貨物出口前，得向開狀銀行預支一定金額之特別條款。早期均以紅筆書寫其條款，故稱"紅條款"。此種信用狀又稱「打包信用狀」或「包裝信用狀 (Packing Credit)」，受益人可憑此狀，向出口地之通知銀行，請求打包或包裝放款，於押滙時再扣還本息。

(十二)支付授權書 (Authority tc Pay)：支付授權書係進口地銀行應買方（進口商）之請求，開致該行出口地聯行或代理行之授權承擔其滙票付款之文件，必要時授權書可以撤銷。

信用狀雖爲國際貿易融通資金之有效工具，但因各國間或各地區間之處理方法不一，對習慣與俗語之解釋亦異，因而使信用狀有關關係人之責任範圍，不能有統一之標準，致常發生糾紛。國際商會 (International Chamber of Commerce-I. C. C.) 有鑒及此，於 1933 年舉行第七次會議時，創定「商業押滙信用狀統一慣例與實務」 (Uniform Customs and Practice for Commercial Documentary Credits)，

期望各國對信用狀之規定解釋與處理，有一共同之標準。是項慣列與實務，於國際商會第十三次會議時，再加修正，使能適合大多數國家與地區之習慣，惟英國與其不列顛國協各地區，仍不願採行此一「統一慣例」，認爲與倫敦信用狀實務 (London Practice for Commercial Credit) 有別，於 1961 年，英國之金融機構，亦認爲確有統一標準之必要，乃對十三次會議之修正案，再提修正意見，於 1962 年國際商會於墨西哥所舉行第十九次會議中通過，並更名爲：Uniform Customs and Practice for Documentary Credits，迨至 1983 年復再修正爲「信用狀統一慣例」，目前通行的「信用狀統一慣例」係1993年修訂版本。

第四節　信用狀與委託購買證 (Authority to Purchase) 之區異

委託購買證係爲銀行應進口商之申請，向出口商所在地之聯行或往來銀行所開出之證書，其內容爲委託在一定條件之下，代爲購買其指定出口商之滙票。此種委託購買證，多爲落後地區國家所使用，因其經濟開發落後，銀行信譽在國際金融市場上未能建立；亦有係因國內政局不穩，而影響國際上之信用。委託購買證在1983年以前，並無信用狀之功能，但 1983 年修正信用狀統一慣例後，於其總則中規定，視爲信用狀之一種。惟與信用狀仍有下列之差異：

(一)開發信用狀之開狀銀行，係爲「信用」之貸與，並不實際墊付現款，而實際墊付款項者爲出口商所在地之承購銀行或貼現市場。但如開發者爲委託購買證，則開發銀行係委託出口商所在地之銀行代爲購買滙票，故必須於被委託承購滙票之銀行，有相當數額之存款，或事先訂有「透支額度」(Line of Credit)

之預約。

(二)出口商根據信用狀所開立之滙票，係以「付款銀行」為付款
　　人，而「委託購買證」之滙票，係以進口商為付款人。

(三)開證銀行開立委託購買證時，旣須在國外承購滙票之銀行有相
　　當數額之付款或動用其透支額度，故常需申請開發之進口商繳
　　付高額之保證金或負擔較高之費用。信用狀之申請開發，則不
　　須具備如是之條件。

第三章 國際貿易之貨價

第一節 貨價之類別

國際貿易貨物買賣價格之計算，除根據貨物品質及包裝之情形外，尚有交貨之方法與地點、風險負擔之輕重，以及運費、保險之分擔等因素。貿易條件（價格條件）之國際解釋規則，雖各國在細節方面略有出入，但大致相同，為避免買賣雙方引起糾紛，國際貿易人士及商業團體均致力於價格術語解釋之統一，目前較重要之準則有三:

(一)國際商業條件: 國際商會 (International Chamber of Commerce) 1953 年修正頒訂之「國際商業條件」(International Commercial Terms) 簡稱 Incoterms 即 (International Code of Rade of Terms 之縮寫。其正式名稱為 International Rules for the Interpretation of Trade Terms。目前通行的版本為 Incoterms 1990。

(二)華沙牛津規則 (Warsaw-Oxford Rules 1932) 係根據 1928 年國際法學會在華沙會議通過之「C.I.F 買賣契約統一規則」修改而成，其規則專供解釋 C.I.F 之用,對於F.O.B, F.A.S, ……

等條件並無規定。

(三)1941年修正美國對外貿易準則(Revised American Foreign Trade Definition, 1941 年) 係根據 1919 年美國九大商業團體所議訂之「出口價格條例(Definitions of Export Quotations)」修改而成。

　　為避免對貿易條件解釋發生糾紛，買賣雙方在簽訂買賣契約時，應明確記載採用何種解釋規則。一般而言，現代國際貿易對於貿易條件之解釋，通常是以 1953 年之國際商業條件 (Incoterms 1953) 為依據，惟國際商業條件自 1953 年實施以來，歷經 1967 與 1976 兩年之補篇 (Supplement) 及 1980、1990 年之修訂 (Revision)。新訂之國際貿易條件，對於貨價之種類共分為十三種，其各種貨價情形如下：

(1) 工廠交貨條件 (EXW)，係指賣方將貨物於其工廠交付買方。

(2) 貨交運送人條件 (F.C.A.)，係指賣方辦理出口手續，於約定的地點將貨物交付買方所指定的運送人。本條件適用於陸、海、空及複合運送等任何運送方式。

(3) 輸出港船邊交貨條件(F.A.S.)，係指賣方將貨物置於約定裝船港的船邊或駁船內，而買方則負擔自此起的全部風險及費用。

(4) 輸出港船上交貨條件 (F.O.B.)，詳見第二節。

(5) 運費在內條件 (C.F.R.)，係指賣方須負擔貨物的成本及運費至目的港（輸入港）止，但貨物的風險及其他附加費用則自貨物通過船舶欄杆後，由買方負擔。

(6) 運費、保險費在內條件 (C.I.F.)，係指賣方須負擔 C.F.R. 的義務外，另加貨物之保險費。詳見第三節。

(7) 運費付訖條件 (C.P.T.)，係指賣方支付至目的地之運費，但貨物的風險及附加費用，則於賣方將貨物交付運送人之處，即

由買方承擔。

(8) 運保費付訖條件（C.I.P.），係指賣方須支付至目的地之運費及保險費，但貨物的風險及附加費用，則於賣方將貨物交付運送人之處，卽由買方承擔。簡言之，本條件卽 C.P.T. 條件加保險費。

(9) 邊境交貨條件（D.A.F.），係指賣方於約定國境內的特定地點將貨物通關後交付買方，此一交貨特定地點爲國境的海關。

(10) 目的港船上交貨條件（D.E.S.），係指賣方於指定的目的港，在船舶上將貨物交付買方，而進口通關手續則由買方負責辦理。

(11) 目的港碼頭（稅訖）交貨條件（D.E.Q.），係指賣方於指定目的地港的碼頭，辦理貨物出口手續後，將貨物交付買方。

(12) 輸入國稅前交貨條件（D.D.U.），係指賣方於進口國指定目的地交付貨物於買方，賣方須負擔貨物運抵該地爲止的貨物風險及費用，包括進口報關費用，但不負擔貨物的進口關稅、稅捐及因進口該貨物由政府徵收的規費。

(13) 輸入國稅訖交貨條件（D.D.P.），係指賣方於進口國指定地點將貨物交付買方，賣方須負擔進口報關手續，支付關稅，並負擔將貨物交付買方爲止的全部風險及費用。

第二節　船上交貨之貨價

船上交貨 (F. O. B, Free on Board) 貨價之解釋，係指賣主將貨物運至裝船港口裝上輪船之後，其應負之責任，卽告終止。貨物之交運，由買方與輪船公司直接締結運送契約，在慣例上，多係承擔運送之輪船公司，代替買方於裝船港口接受賣方之交貨，但如有特別約定，賣方亦可替買方代辦貨物之交運手續。

賣主交貨，須依契約規定交貨期間，將約定之物品，運至指定船舶甲板並負擔因此而產生之一切費用與危險，交貨清楚後，賣方之責任始告解除。賣方經依照契約規定之地點實行交貨後，則貨物之所有權以及運輸上之危險與費用，均轉移於買方。

以船上交貨為條件之貨價貿易，在貨物賣方所應負之責任為：(一)依契約規定交貨，(二)負擔有關裝船及裝船以前之費用，(三)取得輪船收貨之有關單據，(四)負擔裝船前之任何損害。至裝運貨物之船舶，向例由買方洽定。

至其買方所應負之責任為：(一)洽定裝貨船舶之名稱及通知賣方時間，(二)負擔裝船後之有關費用以及船舶不能如期運貨之損失，(三)負擔裝船後之各種危險及貨物之出口稅捐，(四) 支付貨價。惟如裝運船舶，在約定裝船期間，未抵達裝船港口，以致賣方無法履行交貨義務，因而發生之保管費及其他費用，賣方可向買主索償。

第三節　包括保險、運費之貨價

貨價中包括貨物保險費、運費 (C.I.F)，係除貨物裝船為止所需之一切費用外，尚包括貨物運至目的地所需之運費及保險費之貨價。有保險費與運費因素之貨價，其賣方所應負之責任為：（一）締結運送契約並支付運費，（二）將貨物裝船，並支付有關出口稅捐，（三）締結保險契約，並支付保險費用，（四）提交裝船及有關之單據，（五）負擔交貨前之有關費用。

至其買方應盡之責任為：（一）支付貨價，（二）負擔契約中未規定由賣方負擔之損失與危險，（三）負擔貨物抵達後之有關費用與稅捐，（四）檢查貨物與核對單據。買方支付貨價係以取得裝船單據為條件，賣方將裝船單據提交買方後，則不論約定之貨物是否有所損失，買方不能拒絕支付貨價，如強行拒絕，則應負破壞契約之責任。買方亦不得以檢查約定貨物之品質、數量為藉口，延遲支付貨價。

第四節　付款條件

出口廠商之銷貨目的，在於價款之收回，故付款條件，為其交易成立之重要先決條件，買賣當事人之間，事先應有明確之協定。於賣方之立場而言，其付款條件，應使款項之收入期間，能配合其資金之運用。於買方立場而言，應於商得賣方同意之情形下，使本身資金能靈活週轉為原則。

國際貿易交易付款之方式，通常有如下述數種：

（一）**預付貨款**：當買方發出定單時或雙方訂定契約後，即須付款之

條件，謂之預付貨款 (Payment in Advance)。此種情形，通常爲買方信用欠佳，或賣方資金短缺，或賣方對買方之信用情形隔膜，故治定此種付款條件。

(二)預付部份貨款：係於訂定契約之時，先付一部份貨款，俗稱定金 (Margin or Deposit)，其餘則於貨物運抵後，再行交付。於此種條件之下，賣方雖可預收部份貨款，同時對其餘額之收取，常亦認爲安全可靠，實則買方雖已先付部份貨款，但仍可拒絕提貨，此時賣方固可沒收定金，但其損失，則非定金之數額所可彌補。

(三)延期付款 (Deferred Payment)：係賣方於貨物裝運出口後，將貨運之有關單據寄交買方，買方於收到貨運單據時或其後之若干時日中，交付貨款之謂。此種條件，對買方至利，但對賣方，不但有資金延擱之問題，且易於發生不能收回貨款之風險。

(四)憑光票 (Clean Bill) 收取貨款：係賣方將貨運之有關單據寄交買方，同時向買方開發光票（卽不附信用證書或有關貨運單據之滙票），委託銀行代爲收款，故亦稱爲「延期付款」之一種，其對賣方之不利，一如前項「延期付款」之情形，故非買方之信用特別可靠，殊不宜採用。

(五)憑單據滙票 (Documentary Bill) 收取貨款：此種方式爲近代國際貿易所習用，亦稱「押滙」收款。所謂「押滙」，係賣方依照信用證之規定，於貨物裝運後，卽將代表貨物之有關貨運單據，作爲擔保，向買方或其代理人或規定之付款銀行開發滙票，出售於有關係之銀行或國際滙兌銀行，以收回其貨款，銀行則據以向買方或滙票之支付人收取之。此種付款方式，在

賣方而言，雖有微薄之貼現利息負擔，但與現金交易無異，不負擔風險。在買方而言，一俟對滙票簽字承兌或付現後，卽可向銀行取得貨運提單提貨，故對買賣雙方，均屬比較其他方式安全有利。而在銀行本身而言，因經營是項業務，亦獲得其手續費用及貼現之利息。

第四章　國際貿易貨物之品質、
數量、包裝與裝運

第一節　貨物之品質

　　國際貿易之交往，須先有交易契約之成立，至交易契約之條件，除雙方另有特殊約定外，其主要之內容爲：（一）品質條件，（二）數量條件，（三）價格條件，（四）包裝條件，（五）交貨條件，（六）付款條件等六項。所謂品質，係指商品之外表、內容以及生產場地而言。其商品價格之高低，全以商品品質之良窳爲轉移。在國際貿易上，約定商品品質之方法，常爲下述方法：（一）使用現物或樣本表示品質，(Sale by Sample)，（二）使用公認或特約標準品表示品質 (Sale by Type or Standard)，（三）使用特定之商標或牌記表示品質(Sale by Brand or Trademark)，（四）使用說明書圖片表示品質(Sale by Specification or Description)。

　　貨物之品質，是否與契約之規定相符，以及應根據何時何處之品質予以認定之問題，則因貨物之性質、買賣之習慣、買賣當時情況之不同，而有所區別。有以發貨及裝船之時日及地點之現況爲根據者，有以送達及起岸之時日及地點之現況爲根據者，前者乃所謂「發貨品質」條

件，後者乃「到達品質」條件，如買賣兩方關於認定品質之時期與場所無特別約定，又無其他相反之特殊習慣，其品質之認定，常以上述條件中擇一認定爲準。

(一)憑樣本之交易: 樣本 (Sample)乃賣方送與買方之約定物品之一部份，以之代表全部約定貨物，使買方能藉此推知約定貨物之性質與形狀。根據樣本協定價格，成立買賣契約，謂之樣本買賣 (Sale by Sample)。樣本必須能正確代表約定貨物之品質，賣方送交買方之貨物，必與樣本之性質及種類相同，如無特別約定或習慣，則貨物之品質亦須與樣品之品質相等。買方如係根據有瑕疵之樣本認定品質，賣方送交之貨物，卽令有相同之瑕疵，買方亦不得拒絕收貨。樣本通常多由賣主送與買主，但亦可由買主送與賣主，前者稱「賣方樣本」，後者稱「買方樣本」。

(二)憑標準品之交易: 產品於生產及製造之前，已爲國際交易對象之貨物，則無法利用樣本進行交易。例如尙未收獲之農產品及預定製造之工業品，習慣上常爲大量之交易，不能精確以樣本表示其品質，而只能用同種類之物品，表示品質之概況。用以表示品質概況之物品，稱爲標準品 (Standard)，以標準品表示品質所成立之買賣契約，稱爲標準品買賣 (Sale by Standard)。

根據一般習慣，凡國際交易對象之重要產品，例由集散中心地之交易所或檢查機關規定標準。使用標準品進行交易，送達貨物之品質，只須與標準品之品質大體符合卽可。其在一定程度以內之差異，買方不得提出索賠之請求。如送達貨物之品質較標準品之品質爲優，慣例可以酌增價格，反之則可折減價格。

標準品又有買賣雙方之特約標準品及公共機關選定公認標準品之分。前者適用於製造品品質差別甚少之交易，（大量製造之工業品之交

易)，後者則用於各種特產品之交易，如小麥、大豆、棉花、砂糖、咖啡、米、茶等，均係由公認機關規定其等級與標準。貨物之品質倘與標準品之品質不同，可按既定之等級，定其相差之程度，作爲增減價格之依據。

以標準品表示農產品質,有下列兩種方式: (一)依據G.M.Q (Good Merchantable Quality) 條件表示品質，卽表示品質條件優良，譬如木材之類交易，不易覓取正確樣本，則僅能以此種條件表示其品質; (二)依據 F.A.Q (Fair Average Quality) 條件品質，卽爲平均中等之品質。國際間穀物之交易，常慣用此種條件表示品質，如送達貨物之品質與標準品之品質不符，則須依照預先所附加之「寬容條件」，以增減貨物之價格。

穀物之交易，由於海上運輸，常易發生品質之變化，是項品質變化之損失負擔，依照倫敦市場穀物交易之規定，分下述三種情形: (一) T.Q(Tale Quality)條件，卽「現狀條件」。(二)S.D(Sea Damaged) 條件，卽「海水浸漬條件」。(三) R.T. (Rye Terms) 條件，卽「裸麥條件」。T.Q 係賣方將符合契約規定之貨物裝船，品質係以貨物裝船之時及在裝船地點之狀態爲準，運送途中之潮水浸濕及其他之損害，賣方概不負責。因此賣方須證明貨物確係依照契約之規定，於良好狀態之下裝船。S.D 係品質之表示，原則上係依據裝船品質，但在海上運送中發生由海潮浸濕或雨濕所發生之變質，買方可保留索賠之權。R.T. 係以貨物送達時之品質爲準，賣方須保證送達時貨物之品質應與契約之規定相符。因此買方關於貨物在運輸中所受之損害，有向賣方索償之權，但買方不能以航海中品質發生變化爲理由，而拒絕收貨。此項 R.T. 之「裸麥條件」，於倫敦市場，不僅用於裸麥之交易，且適用一切穀物之交易，昔時我國東北之小麥輸英，卽依據此項條件。

(三)憑商標或牌名之交易: 國際交易中, 甚多貨品係以商標、 牌名、說明書、或公認品質證明書等以表示其品質者, 此類之交易, 稱爲「說明買賣」(Sale by Description), 其中以憑商標 (Trade Mark) 或牌名 (Brand) 之交易, 較爲普遍。 根據一般習慣, 如貨物之商標或牌名爲衆所週知而且有相當之信譽, 則不必用樣本或標準品以表示品質。例如「派克」鋼筆、「勞力士」手錶等, 均係以特定之商標表示其品質, 以商標牌名表示交易商品之品質時, 其賣方有送交附有特定商標貨物之義務, 同時契約中必須指明貨物之商標或牌名。但亦可由賣方或買方於數個商標中, 選定一種, 以表示貨物之品質, 例如同一生產者所製造之同種商品中, 有數個商標, 或買賣之貨物中, 同時有數家廠商製造之情形屬之。

(四)憑說明書圖片之交易: 買賣之貨物, 如爲機器及交通工具等工業製品, 則須以說明書、 圖樣、照片等表示其品質, 賣方於說明書中, 詳細說明其材料, 構造以及效用等, 於交貨時, 賣方應依照說明書之記載交貨。使用說明書表示品質時, 常特別注意貨物形態之大小、 體積之重量、顏色之類別、以及出品之產地等。

第二節　貨物之數量

(一)貨物數量之單位: 貨物交易之數量, 爲買賣契約之主要條件之一, 在國際貿易中, 買賣雙方對貨物數量應予注意者: (一)數量單位之決定, (二)交付數量之決定, (三)交付數量過與不足之解決。貨物數量之單位, 乃表示價格之尺度, 亦爲計算總價之基礎, 在貿易契約中, 必須有明確之表示。國際貿易上通用之數量單位爲(一) 重量 (Weight)(二)個數(Numbers) (三)面積或長度 (Area or Length) (四)容積

(Capacity) (五)體積 (Volume) (六)百分率 (Percentage)。國際間貨物之數量單位以及計量方法，有時係依國際市場習慣，有時係依貨物種類或買賣兩方之特約，內容複雜，常易引起糾紛。決定數量單位之習慣，卽令係同一物品，各國之間亦有不同，例如同一名稱之「噸」(Ton)，在英國爲 2,240 磅，美國爲 2,000 磅，法國 2,204.62 磅，故在交易契約或協定中，應有明確規定，以免事後發生糾紛。

(二)輸出數量與輸入數量：決定貨物重量之條件有二，一爲依據運出當時之重量，一爲依據輸入地交貨時之重量，前者稱爲輸出裝船數量條件，後者稱爲輸入交貨數量條件，兩者之中採用何種數量條件，於貿易契約中，必須明定。輸出裝船數量條件，係以裝船地及裝船時之重量爲根據，賣方在發票上作成重量記載，並計算貨物之貨價，故對賣方較爲有利。認明重量之方式，常有下述三種：(一) 以發票記載之重量 (Invoice Weight) 爲準，(二) 以貨物提單所記重量 (B/L Weight Final) 爲準，(三)海陸聯運時以工廠裝出重量 (Work's Weight) 爲準。至於數量容易減少之貨物，則須有公認檢核機構所發給之數量證明書，持有此項證明，貨物在途中之數量減少，賣方可不負責任。

交貨數量條件，如爲於貨物輸入地依據實際之數量交貨，則貨價之計算，亦依據交貨時之實際數量，貨物在輸送途中之減重與漏損，概歸賣方負責，貨物輸入目的地後，必須由公認檢核機構查定數量，賣方發貨時，裝出可達到約定數量之概數卽可，惟買賣雙方應事先協定貨物數量檢查之機關及方法以及裝出數量與查定數量發生過多或不足時之解決方式，以避免事後發生爭議。

至貨物重量計算之標準，有時係連同包裝計算，有時係由總重量中減除包裝計算，前者稱爲總重量條件，後者稱爲淨重量條件。至採用何種重量條件，則應依據商品之性質形狀以及交易之特殊習慣或買賣當事

人之特別約定爲決定。

(三)**數量過與不足之容忍**: 貿易貨物之運出數量與輸入數量，常難完全符合，而不發生差額，故於進行交易之時，用比較有彈性之數量條件，較爲適宜。諸如穀類、礦物等運送時，慣常散裝，裝出數量與送達數量，極易發生過多或不足之情形，則其交貨數量之條件，亦應依據過與不足條件，予以認定。根據一般貿易習慣，對於運送中自然發生之數量過多或不足，係依據「數量過多或不足容忍條款」("More or Less" Clause) 予以容忍，卽對一定限度以內之數量增減，予以容忍。例如「容忍百分之二以內之增減」(a difference of 2% more or less be allowed)，卽爲某種貨物因長途之運輸，其損耗在所難免，如其損耗未超過其容忍之百分比率以上，則賣方不負補償之責任，在契約中稱爲免賠限類 (Franchise)。但如貨物數量有增加之情形，買方例常不另加貨款。惟通常此項容忍之數量，不適用於貨品之以包裝容器爲單位以及個別件數計算者。

貿易之買賣雙方，如於契約中規定貨物之數量過多或不足時，買賣雙方有補償其過多或不足之責任，則送達數量超過契約規定數量，買方應增付貨價，如送達數量少於契約規定數量，買方應減付貨價，至於增付或減付之金額計算，有依據貨物之買賣價格，亦有依據運出或送達當日同種貨物之市價者，爲避免事後糾紛，應事先有所協定。

第三節　貨物之包裝

國際貿易爲遠隔異地之貿易，貨物須經長距離之輾轉運輸，且所需時間甚長，故貨物之包裝，須力求堅固完善，以避免有所損失。包裝之主要目的，在不浪費費用之情形下，求貨物之安全運達，無損、毀、

漏、耗之情形發生。包裝費通常不包括於貨價之內，其包裝費之由買方負擔抑由賣方負擔，由契約予以規定。

　　一、包裝之種類：外銷貨物，依其貨物性質之可否包裝分類，通常有下列三類：

　　(一)散裝貨 (Bulk Cargo)：爲不加包裝，散裝於船舶上或船艙中。此類貨物，如煤、木材等不易包裝或無包裝價值者。

　　(二)裸裝貨 (Nude Cargo)：亦爲不加包裝之貨，而在形態上，則自成件數，此類貨物，大都爲金屬原料，如銑鐵、錫塊等。

　　(三)包裝貨 (Packed Cargo)：須包裝之貨物，因貨物性質之不同，其包裝之方式與目的亦異，常又可分三類：（甲）避碎或避漏 (Breakage or Leakage-Proof)。（乙）不透水 (Water Proof)。（丙）不透空氣 (Air Proof)。前者爲最普通之包裝，賣者必須辦到，除非爲特別易碎之商品，均無於合約規定之必要；後兩者乃對特種不能着水或接觸空氣之商品，合約中須加以特別規定。

　　何種貨物應採何種包裝，除有合約特別規定外，普通有所謂：「習慣包裝」(Conventional Packing)，爲行業中根據其歷來之經驗所爲之包裝，故合約中常有「按習慣方法包裝之」之語句。

　　二、包裝之材料與方法：包裝之材料，如爲用桶、箱、格子箱包裝者，多爲木板，亦間有用紙板者。如爲打包，普通多用麻布。如爲罐廳，通常多用馬口鐵。惟近年以來，由於塑膠工業之發達，各類包裝，多爲利賴，且極美觀適用。

　　包裝之方法，以箱、桶包裝之貨品，多爲不可緊壓之物品，或爲不可遭受水漬或接觸空氣之物品，包裝時宜妥愼放置加封。打包之包裝，常爲可以緊壓之物品，常用人力或機器予以緊壓，以減少其體積。普通

箱、桶之包裝，爲避免物品磨損撞擊，常內用襯托物，如以屑片、刨花、木屑或棉絮等之物。當前各類大批貨物之包裝，不論爲箱、桶包裝抑爲打包包裝，均有其特製之包裝機器，少以人工行之。

三、包裝之重量與尺寸：所謂包裝重量，卽貨物搬運單位之毛重量，除散裝貨外，不論裸裝、包裝、普通每件貨物之毛重，不得超過或低於若干磅、斤，或必須在若干磅、斤左右，均予以規定，一可便利搬運，次可經濟運費。所謂包裝尺寸，爲每件貨物之長、濶、高度，如每件貨物之長、濶、高度，不得超過若干尺寸，或體積不得超過若干立方呎。其目的亦爲求搬運經濟便利，並減少運費之支出。

四、貨品之個別包裝：前述各點，係爲貨物向外輸出之整體包裝，以保護其運輸途中之損毀，而際玆國際貿易競爭輸出，各國之出口貨品個別包裝，亦均在日求改進之中。對包裝材料之選擇，包裝圖案形態之設計，以及貨品品質之保護等，不但須堅固完善，且極雅緻美觀，旣可保護貨品之品質，又可迎合消費者之心理，有時購買者購一貨品，其包裝品又可作一用品，例如消費者購果醬一瓶，則同時又等於購買茶杯一隻。於銷售者之立場而言，亦達成貨品推廣銷售以及市場擴張之目的。

五、嘜頭：嘜頭（Mark）係於貨物包裝後，於包裝上所作之記號，並加有其簡寫之含義文字，通常文字所代表之含義爲：（一）收貨人之姓名，（二）貨物運抵目的地之名稱，（三）貨物裝運地之名稱，（四）貨物之名稱。嘜頭之簡寫樣式慣例均由進口商指定，如進口商未加指定，出口商則可依據所述之原則，代爲製定。包裝上除嘜頭外，常須根據包裝貨物之性質，加註提示搬運應注意之文字，諸如此面向上（This Side Up），小心放置（Handle with Care），謹防潮濕（Keep it Dry），以及不可用鈎（No Hooks）等，均爲防止搬運之損壞。

第四節　貨物之裝運

現代進出口貨物之運輸，雖有陸、空之聯運方式，但仍以海運為主，故貨物裝船，為出口商在交易上對貨物處理之最後手續，應依照契約之規定，如期裝運。凡大宗交易貨物之船裝，自裝船開始至裝船完成，須有相當之期間，而買方對裝船時間之認定，有以裝船開始為憑，亦有以裝船完成為憑者。根據一般國際慣例，係以貨物裝船之提單，證明貨物裝船之時日。提單之日期，如非約定裝船期間之日期，買方可提出違反裝船期間之賠索要求。

買賣兩方協定裝船期間，主要係為進貨及出貨之便利，賣方必須估計貨物運輸所需之期間，買方亦須估計貨物進口所需之期間，然後兩方再行協定裝船期間。裝船期限一旦協定，務必遵守，不可提前亦不可退後，如有疏誤，賣方應負責任。普通發生延遲裝船 (Delay Shipment) 之情形，多為賣方之疏誤以及裝船港口發生特殊情況，但有時亦係由於買方未能按期送達信用證書或未按期獲得輸入許可，此種情形之延遲，則應由買方負責。如係由於裝船港口發生不可抗力之事故，則賣方可免除賠償責任。通常信用證所規定之裝船時間，如為「迅卽」、「立卽」、「儘速」等字句時，例被解釋為自接獲信用證之日起，三十日以內裝船。

裝運貨物輪船之洽定，係由賣方負責抑應由買方負責，亦應根據契約之規定。一般之慣例，如為船上交貨為條件之契約，其運輸貨物輪船之洽定，係由買方負責，如為包括運輸費及保險費為條件之契約，則由賣方負責洽定。不論輸送之輪船由何方決定，其對運輸輪船之選擇，應注意下述各點之條件：

(一)輪船係為定期航程抑為不定期航程，不定期航程之輪船，其抵

達目的地之時間，則不似定期航程之可靠。

(二)航程係直線航程抑爲轉運航程，直運航程可提早將貨物運抵目
的地，同時因爲無轉船之搬動震盪，貨物亦可減免損毀。

(三)運費與航行速率與其他同時開駛之輪船比較，是否運費較爲低
廉，航行較爲迅速，以及其他因素等，均應予考慮，然後選擇
洽定之。

(四)輪船之船齡以及艙位之容量如何？如爲新船，則其艙位設計，
較爲進步，貨物之裝載，亦較穩當便利，因而可減低其保險費
用。

對運輸輪船之條件，一經考慮決定，則應向輪船公司申請艙位，其
申請書中，必須載明：(1)裝運貨物船名。(2)貨物名稱。(3)貨物數
量。(4)貨物性質。(5)包裝方法。(6)所需艙位等。

賣方將貨物裝船後，習慣上須將裝船之事實通知買方，使買主能及
時將貨物保險。如爲包括運輸保險費用之交易，賣方雖有將貨物投保，
但投保者僅爲貨物之普通險，此外之危險，則例不付保，故在貨物裝船
之後，亦須將裝船之事實通知買方，使買方考慮其他危險之投保。

第五章　國際貿易之單據憑證

　　當今之國際貿易，由於有銀行信用介入，故於交易成立後，賣主交與買主者，初非買賣貨物之本身，而係代表貨物之單據（Documents），故有象徵性交貨之稱。國際交易之成立，先有電訊往返，洽定條件，再據以訂定契約，買方根據契約或其他洽定交易條件之文件，申請銀行開發信用證，賣方於接獲開發信用證銀行之國外聯行或代理行之通知後，即依據信用證所列條件，於貨物裝運後，檢附運送單據、保險單、商業發票等單據憑證，以獲取貨款。其各項單據之性質與內容，有如本章各節之分別釋述。

第一節　貿易契約（Contract）

　　國際貿易，由於時空因素，買賣之雙方當事人遠隔兩地，此方提出之交易發價（Offer）條件，對方是否予以接受（Accept）之決定，常不能親為談判，全賴函電往返決定成交後，再訂定貿易契約履行，故貿易契約之成立，係為買賣雙方所洽定買賣條件及議定買賣價格之結果。交易為賣方發動者，則所定之契約為售貨契約（Sales Contract）或售貨確認書（Sales Confirmation），其為買方發動者，則所訂契約為購

貨契約 (Purchase Contract) 或訂單 (Order Sheet), 由於國際間之一切交易洽定, 均為利用電訊成交, 所謂簽訂契約, 通常係為手續之補辦, 但此項契約手續, 可補正電訊交往之錯誤, 並為嗣後發生糾紛或爭執時之法律文件。交易契約之應具備內容與條款, 以下述數點最為重要: (一)品質。(二)數量。(三)價格 (包括運費及保險)。(四) 包裝。(五)交貨。(六)付款。

除所述六點主要內容條款外, 其有附帶條件者, 均應於契約中詳為載明。於當前之國際貿易發達國家, 各業之同業公會, 多訂有各業經營國際商品交易之標準契約, 以供經營同業採用, 是項標準契約對各該業別之一切術語, 均有詳載, 常能減少或避免事後發生之糾紛與爭執。

貿易契約中之有關規定, 多係沿用以往各種交易之習慣所構成, 故據其契約所具之條件分類, 常可分為: (一)以特定地點交貨為條件之契約, (二)以售貨價格所包括之各種特殊費用為條件之契約。前者指一般通行之船上交貨價格 (F.O.B.) 之契約; 後者則指當前盛行之售貨價格包括運輸保險費用之 (C.I.F.) 契約。於買賣契約之中, 雙方均有一般性之應行注意條款:

買方契約所應注意之一般條款

(一)交貨時間問題, 如賣方未能如期交貨, 是應賠償損失抑或解除契約, 應有明定。

(二)數量問題, 除非另有規定, 應於數量前加「約」字, 使有10%伸縮性, 買方可以決定伸縮性之百分比。

(三)幣值變動發生之損失問題, 買方應有明確條款之規定, 以保護其本身之利益。

(四)裝船時間問題, 規定賣方應通知裝船時間, 以便買方辦理投保

海險手續。

(五)貨品品質問題，如賣方交貨之品質未達標準，是應退貨抑或賠償損失，宜有明定。

(六)所購買之商品，如有涉及專利權與商標權之問題買方不負任何責任。

(七)因不可抗力之發生，而影響交易無法繼續完成時，買方可提出解約之要求。

(八)交易發生糾紛問題，是以仲裁方法或其他方式以解決賠償之問題，應予規定。

(九)因交易所增加之任何費用，非經買方之事先同意，買方無分擔之責任。

(十)其他未能規定於契約之事項，如發生問題時，應適用有關法律之規定。

賣方契約所應注意之一般條款

(一)外滙滙率變動後，所發生之損失問題，應如何解決，宜有所規定。

(二)數量問題，應有適當之彈性規定，通常之數量伸縮性，均爲10%左右。

(三)裝船問題，裝船之港口，能否分運及轉運，以及裝船之期限，均應明定。

(四)付款問題，開發信用狀銀行之指定，信用狀之類別，以及發生賠償時之支付方法。

(五)貨物品質數量以及規格之檢查問題，是以出口檢查爲準抑以進口檢查爲準。

(六)包裝及嘜頭問題，通常應由買方事前指定，如未能指定，是否由賣方依習慣處理。

(七)買方所指定之貨物標誌，如發生專利權及商標權問題，應由買方負責。

(八)因不可抗力發生後，有關交易問題之如何處理與解決，宜有原則性之規定。

(九)交易發生糾紛時，其糾紛之仲裁方式與賠償之方法，宜有明白之規定。

(十)貨物之保險內容與投保類別以及有關保險事項之規定。

　　交易契約，如有更正之必要時，用書信抑或電報以徵求對方同意，常視時間之緩急以爲定。惟以電報之更正，必須再以書面補充說明並確認之。其更改之項目，如爲契約之主要項目，則應發出更正後之契約書。通常契約之更正內容，多爲裝船時間更動，貨物數量增減，卸貨港口變動，商品質料變異，包裝嘜頭問題，以及彩色圖案等問題。

　　貿易之買賣雙方，對契約所規定之內容與條件，務須有充分之瞭解，因爲由契約所規定之內容與條件，則發生買賣雙方之應盡義務與應負責任，如瞭解不夠充分，未能盡其應盡之義務與應負之責任，則影響其未來交易之前途。以國際貿易之交易對象覓致困難，國外市場之信譽建立不易，偶因一時之失愼，常可使前功盡棄，實不可等閒視之。（附銷售確認書格式——附件五）

附件五

(正面)　　　**XYZ INDUSTRIES CO., LTD.**

Allied Trading Company　　　　September 5, 19—
P. O. Box 234
Lagos, Nigeria

SALES CONFIRMATION

Dear Sirs:

We confirm having sold to you the following merchandise on terms and conditions set forth below:

Article: Printed Cotton Sheeting

Specification: #2006

　　　　30's×30's 68×60,35/36″ in width

　　　　abt. 40 yds. per piece

Quality: As per our sample submitted on August 25, 19—

Quantity: 50,000 yds.

Price: US$0.76 per yd. CIF Apapa

Amount: US$ 38,000.00

Packing: In export standard bales packing

Shipment: During November/December, 19—

　　　　Partial shipments to be allowed

Destination: Apapa, Nigeria

Payment: Draft at sight under an irrevocable letter of credit to be opened by the end of October, 19—

Insurance: Against W. P. A. only

Remarks: (1) Your Commission 3% on FOB value has been included in the above price.

(2) Please open L/C advising thru Bank of Taiwan Taipei Head Office.

　　　　　　　Yours faithfully,
　　　　　　XYZ INDUSTRIES CO., LTD.
　　　　　　Manager

第二節　海運保險單 (Marine Policy)

　　貨物運輸，投保海險，其海運保險之關係人，分爲三方面；一爲投保人 (Insured)，次爲承保人 (Insurer)，三爲受益人 (Beneficiary) ——即獲得賠償之人。當投保人將運輸之貨物投保海險後，則承保者應給予有受益人姓名擡頭之保險單。

　　國際通用之海上貨物運輸保險單及保險條款，通常均依英國勞依玆 S.G. 貨物保險單 (Lloyd's, S.G. Policy) 與倫敦保險業者協會制度之「協會貨物保險條款」(Institute Cargo Clause) 爲準。而一般海運保險包括之基本範圍，依據英國 1906 年 Lloyds 保險法之規定，普通計包括：

　　(一)海洋險害(Perils of the Sea)：由於海浪所導致貨物之損害，由於風浪或船舶漏水對貨物之損害，因風浪移動貨物所生之損害，船舶觸礁擱淺對貨物之損害，船舶沉沒及互撞對貨物所生之損害等。

　　(二)火災 (Fire Damage)：雖不屬於海洋險害性質，但於保險單仍列爲保險之範圍。

　　(三)因緊急措施所導致之損害 (Jettison)：於船隻遇險時，爲避免更大損害，減輕貨運重量，而拋投船上之貨物或船隻上之設備之損害。

　　(四)惡意損害 (Barratry)：因船主或船員之有意詐欺或惡意不法之行爲之損害。如走私、棄船、放火等。

　　海運保險，通常不包括於基本範圍之內，計有：

　　(一) 原有之缺點 (Inherent Vice)：由於貨物本身固有之缺點所

引起之損害,如貨品之變值或本身發生化學變化而喪失價值等。

(二)正常性之損耗 (Ordinary Wear and Tear)。

(三)正常性之漏量及破損(Ordinary Leakage and Breakage)。

(四)扒竊 (Pilferage)：扒竊與盜賊之分別，扒竊係爲竊取包裝貨品之一部份，而盜賊 (Theft) 係爲盜取完整之包裝貨品或數量完整之貨品，故保險單之盜賊險，常係指海盜之搶竊損失，不包括扒竊小偷在內。

　海運保險之基本範圍，概如上述，但於發生損害時，保險公司應依何種標準賠償，則視投保人所投保之類別與內容而定。一般言之，海運必須投保「共同海損」(General Average) 與全損 (Total Loss Only)。至於「單獨海損」(Particular Average)，則視保單中所承允保險之內容而定。Average 一字，爲法文之 Avarie 之義，與英文之 Damage 同，指損失而言，非「平均」之意。

(一)**共同海損**：係指因挽救航行危機或共同之利益，以致損害船上之貨物與設備之謂。以當時之危機，涉及船隻之所有者及貨物託運人之共同利害，因採取緊急措施所受之損失，應共同分攤，由保險公司按分攤比例賠償。此項共同分攤之原則，殆已成爲國際間之公約。至分攤計算之方式，依保險契約之規定。

(二)**全損**：係指所投保之貨物有若干單位或若干整體完全損害方受賠償而言，我國海商法規定達到貨物價值四分之三之損害時，卽視同全損，此種損害之發生，並非由於「共同海損」之原因，故賠償亦不能照前述之分攤方法計算，應依保險契約之規定。

(三)**單獨海損**：係指貨物發生損害時，由貨主單獨負擔而言，有別於「共同海損」之由若干關係人分攤損失。但「單獨海損」，又係指所投保貨物發生之損害，僅爲局部，而非全損，是爲與

「全損」區異之處。惟「單獨海損」常又分「單獨海損賠償」
(With Particular Average) 與「單獨海損不賠償」(Free
From Particular Average)，前者俗稱水漬險，後者俗稱平
安險。水漬險 (W.A.)，則不論係發生何種海損，保險公司均
須賠償，而平安險 (F.P.A.)，則於發生單獨海損時，保險公
司不爲賠償。但共同海損之分攤，以及船舶觸礁、沉沒、燒
燬、爆炸、碰撞之損失，仍須賠償。亦有「水漬險」因損害之
程度極爲輕微，在 3% 或 5% 以下者，不爲賠償，此種百分比
之限制，英文稱爲 (Franchise)，意卽「免賠限度」，有此免
賠限度之限制，其賠償標準，亦有兩種不同之方式，一爲超出
百分比之限制，而僅賠償其超出部份者，謂之扣除免賠限度（
Deductable Franchise），一爲超出百分比之限制，而賠償
亦包括百分比數額在內之全部損失者，謂之不扣除免賠限度（
Nonductable Franchise）。

(四)投保全險(All Risks-A.R.)：除航船遲延抵港，貨物固有瑕疵
　　外，承保者均應賠償。至於一般附加條款方面則有：

(一)兵險(War Risks)：通常不包括於海險之內，但可由同一保險
　　公司承保，分別開立保單或附之於海險保單，加蓋戳記說明。

(二)罷工、動亂、內亂 (Strikes, Riots and Civil Commotions)：
　　此數種險害，不包括一般海運保險範圍之內，如欲投保，應於
　　保險單上加具特別背書。

(三)竊盜及短交 (不能運達) 險：全名爲 (Institute Theft, Pil-
　　ferage and Non-Delivery Clause)，亦稱短交 (Short-
　　Delivery)，係貨物遭受扒竊、盜賊以及無法運達時之損失風
　　險。

（四）其他零星附加之條款：如破損(Breakage)，漬水損害(Fresh Water Damage)，鼠咬 (Denting) 等等。

近代國際貿易貨品之保險，由於從海上運輸延伸至陸路或空中運輸，所以多包括自裝貨人倉庫至收貨人倉庫(Warehouse to Warehouse)之一切運輸風險，而所有一切保險，均不外運輸風險 (Transportation Risk)，僅有兵險一項，在習慣上指為運輸險以外之風險。

英倫保險市場在 1982 年 1 月推出新式保險單及條款，以取代舊式保險單及自 1963 年 1 月開始所使用之保險條款。但其變動甚微，僅在承保內容劃分上略作調整以及條款名稱部份更改。目前新舊條款仍然並行使用，國內在進口方面，已自 1983 年 4 月開始全部採用新格式保險單及條款，在出口方面，國內保險業為配合國外信用狀之要求，仍可簽發舊式保險單。惟舊式條款僅能配合舊式保險單使用，新式保險條款亦必須配合新式保險單使用。茲將各基本保險類別之新舊條款之賠償情形列如下表：

表一　新舊條款之賠償比較表

險類 / 賠償情形 / 損害情形	全損險 (T.L.O.) (舊條款)	平安險 (F.P.A.) (舊條款) Institute Cargo Clause C (新條款)	水漬險 (W.A.) (舊條款) Institute Cargo Clause B (新條款)	全險 (All Risks) (舊條款) Institute Cargo Clause A (新條款)
全損 (Total Loss)	照　　賠	照　　賠	照　　賠	照　　賠
共同海損 (General Average)	不　　賠	照　　賠	照　　賠	照　　賠
單獨海損 (Particular Average)	不　　賠	不　　賠	照　　賠	照　　賠

上表係新舊條款賠償之概略比較情形，事實上，由於有甚多附加條款之規定，常使不賠者亦在某些情況下獲得賠償，或使可賠償者亦有若干情況不賠，所以是否賠償，應依據每一保險單之條款規定處理。

貨物保險金額之計算，常以貨物之售價為基礎，如貨物之售價為F.O.B.，則為於輸出地裝船為止之價格，如為C.I.F.，則為貨物運至輸入地，並包括運費及保險費之價格，現行航運運費，支付卽不退還，故應列入保險。此外，尚有加計希望利潤之金額者，通常將希望利潤投保時，其利潤投保金額之計算，一般為依照發票金額增加1％，為其希望之利潤。至於保險費用之計算，則為根據投保之類別，屬於賠償可能性高者，其保險費用亦高，如水漬險屬之，反之則保險費用亦低。

一般慣例之規定，保險單之保險開始日期，不能遲於貨運提單所載之裝貨日期。意卽保險之生效日期，應自貨物裝船開始，卽發生效力。（附保險單格式——附件六）

第三節　運送單據 (Transportation Document)

運送單據為運輸人簽發貨物託運人之貨運憑證，對其所託運之貨品，有其詳盡之記載，其主要之作用，則為:

(一)為運輸人簽發託運人之收到託運貨物之收據。

(二)為託運人與運輸人之間對於託運貨物自甲地至乙地之契約。

(三)為持有者對提單上所載記之貨物，具有所有權之證據，可為質押借款之用。

由其作用觀之，其一提單涉及之關係人為三方面，一為貨物之託運人 (Shipper)，次為運輸人 (Carrier)，再次為收貨人(Consignee)。

附件六

臺灣產物保險股份有限公司
TAIWAN FIRE & MARINE INSURANCE CO., LTD.

HEAD OFFICE
49, Kuan Chien Road, Taipei

貨物海上運輸險要保書
MARINE CARGO APPLICATION

Telex No. 21694 TIFAM
Tel: 331726l-8 (8 Lines)
FAX: 3610859

保單/暫保單
Policy/Cover Note in:

副 本
Duplicate (Triplicate)

抄 本
With　　Copy(ies)

茲經約定要保貨物均裝載艙內，如裝艙面，必須特別聲明。
Warranted Shipped under deck unless otherwise specified

要保日期
Date ....

接收時間
Received on ....

保　單　號　碼 Policy No.		業務來源
被保險人 Assured		代
受益人 In favor of		號
船　名 Vessel	(G/T　　Built　　Flag　　)	運輸方式
航　程 Voyage	自 From　　代號　到/轉船於 To/Transhipped at　代號	進出口別
航　期 Sailing on/about	直到 thence to	代 號
包括內陸運輸 Inland Transit	裝船前 Before shipment 自 From .... 到 To .... 由 By	卸船後 After Loading 自 From .... 到 To .... 由 By ....
貨物名稱、數量 包裝。嘜頭 Interest, Quantity Packing, marks		
代　　號		
標的物		
包　裝		

發票金額 Invoice value		保險金額 Insured Amount		
發票號碼 Invoice No.			費　率 Rate	保　費 premium
I/L No. (E/L No.)	L/C No.	水　險 Marine		
賠款支付地 Claims payable at	理賠代理人 代號	兵　險 War		
保險條件 Conditions　M W S		其他附加 Surcharge		
CIF出口，請請依照L/C開列條件抄錄以符銀行要求。		合　計 Total		
		要保人 Applicant		
		地　址 Address		
		電　話 Telephone No.		簽吕正章 Signature

核　定	覆　核	初　核	代理人登記人	摘理人

70205-06-98 76. 8. 200本

其中關於運輸人於接受委託運輸之貨品後,其應負之責任與應有之權利,有如下之規定:

一、應負之責任

(一)於保管期中,應負貨品損失之責。

(二)依約定期間交貨,不得延誤時間。

二、應有之權利

(一)依約收取運費,但貨物於運送中途,因不可抗力之喪失,運輸人業已領取之運費,託運人不得請求退還。

(二)運輸人因運輸而墊付之各項費用,諸如稅捐、倉庫費用等,應向約定之應付此項費用者請求歸還。

(三)託運人事先未告知所託運之物品為危險物品,運輸人因而蒙受損害者,應請求賠償。

(四)運輸人為保障其運費之取得,對任何貨運提單持有人於運費尚未清償前,運輸人得依運費之數額,以留置(Lien)其貨品。

運送單據有各種不同之類別,依1993年新信用狀統一慣例之規定,運送單據分為八類,一為海運/海洋提單 (marine/ocean B/L),二為不可轉讓之海運貨單 (non-negotiable sea waybill),三為傭船提單(charter party B/L),四為複合運送單據(multimodal transport document),五為航空運送單據(air transport document),六為公路、鐵路或內陸水路運送單據 (road, rail or inland waterway transport document),七為快遞及郵政收據 (courier and post receipts),八為承攬運送人簽發之運送單據 (transport document issued by freight forwarders)。在國際貿易方面,則以海運提單為

主，海運提單又因其性質不同，可分爲:

(一)轉讓提單 (Negotiable Bill of Lading): 此種提單，爲不填受貨人之姓名，提單之持有人，即爲提單之收貨人，此種情形之下，託運人可繼續控制貨物，直至受貨人辦淸償付貨款手續後，方能取得託運人之簽具背書之提單，通常此種提單，爲購入匯票或貼現匯票銀行之優良擔保品，常先由託運人背書後，交與銀行，銀行成爲提單之持有人，因而可爲購入或貼現之滙票之擔保，在必要時可據以提取貨品。

(二)記名提單 (或不可轉讓提單) (Straight and Order Bill of Lading): 此種提單，爲指定受貨人之姓名，僅有指定之受貨人，可持以提貨。如託運人爲保持對貨物之控制，可指定受貨人即爲本身 (Unto Shipper) 或其國外之分支店號。託運人可能將此提單指讓 (Assign to) 給銀行，但由於係爲不能轉讓之提單，銀行仍不能據以提取貨物，故此種提單，不似具有轉讓性提單之能爲銀行信用之優良擔保品。此種提單，如託運人經指定受貨人爲購買人或其他有關人時 (Unto Buyer or ……)，則託運人失去貨物之控制，因此，此種提單之使用，多爲購貨人已經付淸貨款，不再需以提單爲向銀行洽款之擔保品，否則此種提單，少有使用。

(三)聯運提單 (Through Bill of Lading) 或聯合運送提單 (Combined Transport Bill of Lading): 運輸人所承運之貨物，需經陸海聯運或需分交部份給他人轉運，方能輾轉運達目的地者用之。爲管理便利起見，由第一個運輸人負責簽發提單，其他之運輸人均比照提單履行義務，不分別簽發提單。

(四)裝船提單 (On Board Bill of Lading): 此種提單之發生，

為託運貨物，業已裝船，此項業已裝船之貨物，除非在緊急之戰爭狀態下，政府命令改運戰爭品時，不得改裝其他貨物。

(五)備運提單 (Received-for-Shipment Bill of Lading)：此種提單，為於貨物未裝船前，運輸者所簽發給託運人之提單，註明已收到託運貨物，預備交某輪船運送。因貨物實際尚未裝船，如用以向銀行辦理押滙，則不易為銀行所接受。

(六)有已裝船背書之提單 (On the Board Endorment Bill of Lading)：此種提單，通常係運輸人已簽發上述之備運提單後，於一、二日內，貨物卽裝船竣事，託運人請於原發之備運提單上，加簽「已裝船」(On Board) 之背書，有此加簽背書之提單，其效力與裝船提單相同。

(七)保管提單 (The Custody Bill of Lading) 與在港提單 (The Port Bill of Lading)：前者為貨物已交運輸人，於載運之輪船尚未抵港時，運輸人所簽發之提單。後者為貨物已由運輸人保管，其載運之輪船，已抵港口，運輸人於尚未裝船之前所簽發之提單。此種提單用以向銀行申請押滙時，當為銀行拒絕受理。

(八)轉運行之提單 (Forwarder's Bill of Lading and Receipts)：此種提單，為國外購貨人之訂貨零星，係分別向數公司行號進貨，而將貨物彙總交轉運行代辦運輸謂之。茲如向五個公司行號進貨，依照購貨人之指示，將貨物集中交某轉運行轉運，轉運行於接受五個公司行號交來之貨物後，卽分別簽發五張「轉運行之提單」與五公司行號之售貨人，並以購貨人為指定之收貨人，每一售貨人將此轉運行之提單，寄給購貨人洽收貨款，如此，則購貨人雖為零星購貨，但因彙總交運之關

係，而能節省國外運費。惟實際情形，「海運」係以海運提單為基礎，而海運提單，係以輪船公司為運輸人，轉運行並非運輸人，而成為中間之託運人，故轉運行之提單，由於本身並非實際上之運輸人，故不能用為銀行信用之洽款。

(九)陳舊提單 (Stale Bill of Lading)：此種提單，並非在格式上另有規定，而係指簽發後未能在規定期間向銀行提示的提單，信用狀受益人提示提單如果過遲，不能在貨物到達前交給受貨人，容易導致貨物變質或保險過期或增加倉租費用，所以信用狀統一慣例規定受益人應於信用狀規定的期限內提示單據，若信用狀未規定期限，則受益人應於裝運日後21天內（且不得逾信用狀有效期限）向銀行提示單據，若受益人超過上述期限才辦理提示，則該提單即稱為陳舊提單，這種提單將遭銀行拒絕。

(十)有瑕疵之提單 (The Foul Bill of Lading)：託運人交運之貨物，運輸人認為有所損壞瑕疵，於簽發提單時，予以註明，是為有瑕疵之提單。是項情形，通常不易發生，因託運人遇有是類情形時，常事先加以彌補。因為如提單上有「損壞瑕疵」之文字記載，將對託運之售貨人至為不利，不能用以向銀行辦理信用洽款。

承購之貨物運到，提單尚未收到時，購貨人可於運貨之輪船公司，索取一份空白之聯合保證書 (Letter of Guarantee)，向簽發信用證之銀行簽署保證後，即可先行提貨，俟貨運提單寄到，由購貨人將貨運提單送往輪船公司，換回前向銀行簽發之保證書。（附貨運提單格式——附件七）

第四節　貨品公證

附件七

AMERICAN PRESIDENT LINES, LTD.

BILL OF LADING

SHIPPER (Principal or Seller licensee and full address)	BOOKING NUMBER / B/L NUMBER
	EXPORT REFERENCES
CONSIGNEE (Name and Full Address/Non-negotiable Unless Consigned to Order) (Unless provided otherwise, a consignment "To Order" means To Order of Shipper.)	FORWARDING AGENT (References, F.M.C. No.)
	POINT AND COUNTRY OF ORIGIN OF GOODS
NOTIFY PARTY/INTERMEDIATE CONSIGNEE (Name and Full Address)	ALSO NOTIFY (Name and Full Address)/DOMESTIC ROUTING/ EXPORT INSTRUCTIONS/PIER—TERMINAL/ONWARD ROUTING FROM POINT OF DESTINATION

INITIAL CARRIAGE (MODE)*	PLACE OF RECEIPT*
EXPORT CARRIER (Vessel, voyage, & flag)	PORT OF LOADING
PORT OF DISCHARGE	PLACE OF DELIVERY*

PARTICULARS FURNISHED BY SHIPPER

MARKS AND NUMBERS/ CONTAINER NUMBERS	NO. OF PKGS	H M	DESCRIPTION OF PACKAGES AND GOODS	GROSS WEIGHT	MEASUREMENT

TEL:0...

COPY
NON-NEGOTIABLE

B/L TO BE RELEASED AT	OCEAN FREIGHT PAYABLE AT		
FREIGHT RATES CHARGES, WEIGHTS AND/OR MEASUREMENTS (SUBJECT TO CORRECTION)	PREPAID U.S. $	COLLECT U.S. $	Local Currency

Received by the Carrier...to acknowledge receipt of the...number of packages or other shipping units said to contain...the undescribed above in apparent external good order and condition unless otherwise stated. The Shipper agrees, and the Consignee and every person purchasing this instrument for value, if negotiable, or otherwise having an interest in the Goods is advised that the receipt, custody, carriage and delivery of the Goods are subject to all the terms and conditions set forth and incorporated by reference on this side and the reverse hereof, whether written, stamped or printed.

A set of _____ originals of this bill of lading is hereby issued by the Carrier. Upon surrender to the Carrier of any one negotiable bill of lading, properly endorsed, all others shall stand void.

AMERICAN PRESIDENT LINES, Ltd.

BY: _____
Authorized Rep. of Carrier or Master

Date and Place Issued:

			TOTAL PREPAID			
Vessel	Voyage	Office	TOTAL COLLECT			

FCC	FORWARDER	SHIPPER	CONSIGNEE	LD PORT	DIS. PORT	DEST.	NOTIFY	CSC	B/L NUMBER

*APPLICABLE ONLY WHEN USED AS MULTI MODAL BILL OF LADING.

TAIWAN D-13 Revised 5/84

　　出口貿易，經辦妥訂約保險等手續後，嗣後即爲如何避免貨物到達目的地後，不發生問題之紛爭，如品質是否與樣品或合約上所訂規格相符，數量是否與箱單或原始發票上所列數量相合，途中是否發生意外事故，致使貨物遭受損害；或因氣候變化霑濕，以及盜竊短少等情事，常需第三者予以勘查清點，鑑別證明，此第三者，即謂之公證（Independent Inspection）。

　　公證業務之實際項目，計分水險、火險及國際貿易三部份，火險公證業務，與國際貿易業務無關，此處僅就水險及國際貿易方面之有關事項，予以敘述：

一、公證業務，如以時間區分，可分事前公證與事後公證二種：

(1)**事前公證**：爲在賣方貨物出口裝船之前，爲避免發生糾紛遭受損失起見，採取品質數量公證，是謂事前公證。如係原料或簡單製品出口，祇須核對樣品或化驗分析即可，如遇機器及複雜製品，公證方法可分爲下列三種方法：

　　A 從核對原始原料（Raw Material）起，而追踪至製造過程（Manufacture）以至裝船（Loading）爲止之完全公證。

　　B 從製造過程起至裝船止之公證。

　　C 如契約訂明供應廠商負責至裝配完成爲止，則可採取最簡單之裝船外表數量公證。

(2)**事後公證**：爲貨物裝船後發生一切損失之公證，亦即包括各種保險負責之一切公證。

二、公證業務，如以貨物質量區分，可分爲品質公證與數量公證二種：

(1)**品質公證**：即爲將貨物本身及其包裝，與原有樣品或規格之核對，在必要時，可作物理化學之檢驗與分析，並提出檢驗報告證明。

(2)**數量公證**: 即為購買貨物之運到數量是否與訂貨數量相符,例如
售貨人裝運時是否短裝?運輸途中是否發生漏損?是否遭受海淡
水浸濕損毀?或被偷竊?是否搬運震動損壞或盜竊短少等問題,
極需解決,故在卸船開箱前,(卸船時如有破損,必向船方取得
簽章之證明文件)即委託公證業者,為公平處理之證明,作為嗣
後索賠之依據。

三、公證業務,如以業務之對象而分,又有下述三種:

(1)依照信用證條件或根據契約之指定,代表國外買方,檢驗出口貨
品之品質數量,以確保買方利益。

(2)代表國內賣方,詳細檢驗出口品質數量,以確保賣方信譽,藉以
提高本國在國際貿易方面之地位。

(3)接受國內買方委託,在國外檢驗所購之機器或貨物等一切規格數
量。

進口公證,屬於事後公證,為當貨物到達後,委由公證公司實地檢
查,以獲得詳細事實報告,如有貨物數量損失短少或品質破損,則根據
公證報告向輪船公司或保險公司提出申請賠償,申請賠償時,被保險人
備具請求賠償公函一件先送保險公司,並檢附原發票、原包裝單、提單
副本、公證報告、船方短損證明單及損失詳細計算表單等。如保險公司
之答覆,囑其先向輪船公司申請索賠,則向輪船公司申請,如輪船公司
接受,則保險公司即無須賠償,如輪船公司不接受,則應再向保險公司
索賠。

出口公證,係為事前公證,其公證之費用,係由買主負擔抑由出口
廠商負擔,須在報價時規定。出口公證之項目,計分㈠檢驗 (Inspec-
tion) ㈡試驗(Testing) ㈢抽樣(Sampling) ㈣分析化驗(Analysis)
㈤過磅 (Weighting) ㈥包裝檢驗 (Packing Inspection) ㈦裝載監

督 (Loading Supervision) ㈧測量 (Measurement) ㈨損害調查 (Damage Survey) ㈩數量測定 (Quantity Determination) ㈩製造過程監督 (In-process Supervision) ㈩水險公證 (Marine) ㈩嘜頭 (Mark) 等。

在出口國家公證者，一般均檢驗品質、規格、數量、以及裝船等項。凡信用證上說明必須附有指定公證報告者，則未經公證公司同意，出口貨品不能裝船，否則無合格之公證報告，將無法向外滙銀行辦理押滙。

第五節　商業發票 (Commercial Invoice)

商業發票爲記載貨品規格之重要單據，由售貨人寄交購貨人，除記載售貨人與購貨人之詳細姓名與住址外，有關提單之日期、船名、啓運港口、付款辦法、貨品之包裝標記、包裝數量、樣式、毛重、純重、體積、單價、總價、以及保險費用等，均應詳爲記載，以便買賣雙方之核對。同時商業發票所載之貨價總額，原則上應與信用狀所規定之總額相符，其所開列之擡頭，應以信用狀之申請人爲擡頭人，其所列之貨物規格，應與信用狀所規定之規格相同。（附發票格式──附件八）

第六節　領事簽證書 (Consular Invoice)

領事簽證書，並非購貨人所需之單證，而係進口國家之政府，爲瞭解進口商品之質料、等級及價值，用以製定記錄，以決定其一國之關稅政策及編制統計報表。由於是項簽證之是否需要，係爲購貨人國家所規定，國外售貨人事先不明，故購貨人應事先通知售貨人或於信用證中註明。

附件八

<h1 style="text-align:center">INVOICE</h1>

Date: _____

INVOICE _____

Shipped Per S. S _____ Sailing on or about

from _____ to _____

Shipper; _____

Messrs; _____

Import License No. _____

Marks &. Nos.	Quantity &. Description	Unit Price	Amount

第七節　產地證明書 (The Certificate of Origin)

產地證明書之需要，係由於有些國家之間之國際貿易，有優惠關稅協定或其他原因，故對於某些國家或某種貨物進口，指定需要產地證明書，以證明其貨物確係由售貨人之國家生產或製造。亦有係由軍事上或政治上之原因，對某些之國家須實行禁運措施或斷絕貿易來往，用以證明其貨物之產地來源國家者。此項證明，可由商業團體或公會簽發，亦可由政府機構或領事館簽發。

第八節　滙票 (Bill of Exchange)

滙票係一種委託支付之文書，以「被發票人」(Drawee) 為付款人，其應用不限於一時一地，其付款之拘束，須於「被發票人」承兌 (accept) 之後方屬有效。在國際貿易上，滙票乃出口商對進口商成立債權之工具，常受兩國以上之票據法支配。就形式言，滙票須具備下列各點：①製發地點、年月日、號碼；②金額、幣別；③期限；④受款人之姓名或商號；⑤付款人或即「被發票人」之姓名或商號及其地址；⑥如加算利息，應予說明；⑦如付款地點與被發票人地點不同，應註明付款地點；⑧出票人正式簽署。

滙票按是否附有貨運單據而分，有光票 (Clean Bill) 與跟單滙票 (Documentary Bill)；按滙票之期限而分，有卽期滙票 (Sight Bill) 與遠期滙票 (Time Bill)；按付款人不同而分，有商業滙票 (Trade Bill) 及銀行滙票 (Banker's Bill)。

國際貿易所用之滙票，有簽發正副本二張者，如此，則須在正本上

附件九

Bill of Exchange

Draft No.

Exchange for _____ Taipei, Taiwan _____

At _____ sight of this SECOND of Exchange (First of the same tenor and date

being unpaid) Pay to the order of

FIRST COMMERCIAL BANK

The sum of _____ Value received

Drawn under Letter of Credit No. _____ dated _____

Issued by _____

To

74. 9. 5,000本 (2×50) 共5 (2-2) (21×12公分)

聲明: 如副本已付, 正本作廢; 在副本上聲明: 如正本已付, 副本作廢。此外, 滙票如屬「無追索權」 (Without Recourse) 或「免除抗議」 (Without Protest) 者, 應於票面註明之。

又國際貿易所用之滙票, 如為印有 (SOLA) 之拉丁文字者, 係為英文之「單一」意思, 其印於滙票所表示之作用, 卽為表示係單張滙票, 以示與有正副兩張之滙票有所區別。 (附滙票格式——附件九)

第九節　出口押滙質權書

(Letter of Hypothecation)

出口押滙質權書, 係當出口商意欲以國外購貨人為付款人之滙票獲得提前付款, 向銀行所商定簽立之質權書, 使銀行可以獲得債權之保障, 亦為銀行對其所貼現之滙票附隨設定之商品合法權利文件, 亦卽銀行對出口商所運送之商品及運送單據, 有完全之控制權。此項押滙質權書, 具有延續效力, 辦理一次後, 下次出口向銀行申請押滙, 卽不須再辦。

通常出口商於此質權書中, 應同意下列各點:

㈠同意將一切貨運單據送交銀行。

㈡以銀行名義投保海險, 並由銀行決定其保險之數額。

㈢提供有關單據之詳細說明。

㈣於商品被拒絕接收或滙票被拒付時, 應償還銀行原付滙票之金額並同意補償銀行之利息損失。

㈤授權銀行於付款人拒絕接受商品時, 可出售此項商品。

㈥銀行認為有必要時, 得要求增加擔保品。

第十節　信託提貨證 (Trust Receipt)

信託提貨證，亦稱留置權證 (Letter of Lien)，爲貨物於抵達購貨人之國家，其匯票如爲承兌交單 (D/A) 遠期匯票，貨運提單，又係匯票之附件，購貨人非向銀行取得提單，不能向海關報關，此種情形，於美國有「信託提貨單」之辦法，且制有法律規定，卽進口商可於償付貨款前，先出具信託提貨證，交與銀行，以換取貨運提單提貨，然後於貨物銷售後，償付其銀行之貨款，於貨款未能償付清楚以前，其貨物之所有權屬於銀行，銀行並得隨時取消信託，而佔有貨物，此項信託提貨證，具有契約性質，進口商爲被信託人 (Trustee)，銀行爲信託人 (Entruster)。銀行將貨運提單交與進口商後，事實已對貨物失去控制之權，此一紙信託提貨證，等於一紙收據，故如非信用卓著之進口商，銀行通常不願採此通融方式。

第十一節　倉單 (Warehouse Receipt)

倉單爲進口貨物報關卸貨以後，如此批貨物未能於提貨之港口卽轉售脫手，須存入倉庫時所接受倉主所發給之寄託憑證，故倉單係屬有價證券之性質。進口貨物存倉，常又因其入倉之目的不同，而可存入不同性質之倉庫，惟通常多爲保稅倉庫 (Bond Warehouse) 與一般倉庫 (Warehouse) 兩種，不論存入何種倉庫，於貨物存倉後，均須取得倉單。至保稅倉庫與一般倉庫之區異，則爲:

一、保稅倉庫

　　保稅倉庫之目的，在以儲藏進出口之商品原料，不論其商品原料為進口或出口，於此存儲期間，可不繳納關稅。貨主於存入保稅倉庫後，須取得收據，一般規定之儲藏期間，最長不得超過三年。其倉庫之設置與管理，通常均由海關直接負責，商人依規定付租租用，租用期間，如儲藏之商品原料，有所損失盜竊，應由政府負責賠償。

　　保稅倉庫之作用為：㈠進口貨品原料，須再轉運其他港口者，儲停保稅倉庫，不須繳納進口關稅。㈡進口之商品原料，預備再行外銷者，儲存於保稅倉庫，可申請免納進口關稅。㈢預備待機出口之商品原料，可先儲藏於保稅倉庫，隨時外銷。㈣避免進口商人先行繳稅之利息損失並便利其財務上之週轉。㈤節省政府課稅後之退稅手續與費用損失。㈥有時貨物抵港，進口商尚未收到貨運單據，暫不能提貨時，亦惟有暫存保稅倉庫。貨物進入保稅倉庫，雖暫可不繳關稅，但通常須向海關提出擔保付稅之保證，於貨物出倉時，如確為外銷，經海關證實，則可撤回保證提貨。

二、一般倉庫

　　一般倉庫，有由私人企業公司經營，有由政府經營者，貨物存入後，須繳付倉租。而接受貨物存入之倉主，則須掣發倉單（Warehouse Receipt）給貨物之存主。因此，倉單為倉庫營業人於接受貨物寄倉後，發給貨物寄託者之憑證，且屬有價證券之性質，其製發格式，通常有下列三類：

　　㈠指定倉單：係寫明寄存者之擡頭，須經寄存人背書及倉庫營業人之簽章後，方得提取貨物。

　　㈡無記名倉單：其性質與無記名證券相同，可自由買賣。

　　㈢正面倉單：此種倉單，記載特定人之姓名，除此特定人外，任何

人不得請求寄存物品之交付，同時此項倉單，亦不得背書轉讓。

依據我國民法之規定，倉庫營業人之權利與義務如下：

(一)權利：倉庫寄存之費用，有契約規定者依契約規定，無契約規定者從其習慣。因寄存物品所支出之費用，得請求寄存人償還。如託存之貨物因託存而發生之債權，於未獲託存人清償前，有留置其等值貨物之權利。倉庫契約終止後，寄存人或倉單持有人拒絕或不能移出寄託物者，倉庫營業人得指定相當期限搬移，逾期有拍賣寄存貨物之權利，由拍賣價款中扣除其拍賣費及保管費，餘額交付其應得之人或予以提存。

(二)義務：對於寄存之物品，應盡良善保管之責任，遇有變更或損壞情形，應立卽通知寄存人，託存物定有保藏期限者，未滿期前，不得請求提前搬移。未約定期限者，自保藏日起，六個月以後，得隨時通知寄存人搬移，惟應於一個月前通知。於存託期間，得應寄託人或倉單持有人之請求，檢點其寄存物品或抽取樣本，但如因而使倉庫營業人發生損害，得要求賠償。

第六章　出口貿易之經營實務

　　爲配合貿易自由國際化的趨勢,我國在出口貿易方面,目前係採「原則自由, 例外管制」的管理方式, 由於仍有部份管制, 故出口貿易的經營者, 除必需具備國際貿易實務經驗之外, 尚須瞭解政府法令規定, 方能應付裕如。我國出口貿易的經營, 須注意下列兩點:

　　一　貨物出口手續,須合於政府法令規定,各種法令辦法常有變更、修正, 因而手續程序亦時有變化。

　　二　須瞭解對方進口國家之法令規定、貿易制度以及市場習慣。

　　政府爲鼓勵出口貿易, 對於經營出口貿易的廠商資格, 原則上並無嚴格限制, 凡公司、行號其營利事業登記證上載明經營出進口或買賣業務, 且其資本額 (股份有限公司爲實收資本額) 在新臺幣五百萬元以上者, 均得依法申請登記爲出進口廠商。

第一節　出口申請手續

　　我國自民國82年公布貿易法之後, 對於出口貨物的管理採行「原則自由, 例外管制」的方式, 出口申請手續已大爲簡化,在目前的制度下,

大部份貨物的出口均可免申請輸出許可證，直接辦理報關出口，僅少數貨物應事先申請輸出許可證。

依「貨品輸出管理辦法」的規定:

凡依規定限制輸出的貨品，國貿局應就其貨品名稱及其輸出規定彙編「限制輸出貨品表」，辦理公告。

輸出「限制輸出貨品表」表列貨品，應依該表所列規定申請辦理簽證。

廠商輸出未列入「限制輸出貨品表」的貨品，免證。

廠商以外之出口人，輸出未列入「限制輸出貨品表」的貨品，應向貿易局申請簽證，但金額在離岸價格 (FOB) 美金五千元以下或其等值者，免證。

未列入限制輸出貨品表之貨品中，其他法令另有管理規定者，貿易局得就海關能予配合辦理部份之相關貨品名稱及其輸出規定，彙編委託查核輸出貨品表，辦理公告。

輸出前項委託查核輸出貨品表內之貨品，於報關時，應依該表所列規定辦理。

第二節　出口簽證與結匯

一、出口簽證的意義

所謂出口簽證(Export Licensing)，乃指簽發輸出許可證(Export Permit, Export Licence) 而言。

實施貿易管制的國家，大多規定貨物出口之前應先辦理出口簽證手續，就我國而言，出口簽證制度原為我國貿易管理制度中最重要的措施

之一，但目前簽證制度已爲「負面表列」方式，亦卽除少數表列貨物的出口須先申辦簽證外，其餘貨物的出口均可免證，此乃我國貿易管理制度的一大變革。

二、出口簽證機關

目前辦理簽發輸出許可證的機關有經濟部國際貿易局以及經授權辦理簽證的銀行。此外，加工出口區的外銷事業應向經濟部加工出口區管理處辦理，科學工業園區的園區事業應向科學工業園區管理局申請。

三、輸出許可證申請書的種類

輸出許可證申請書目前有二種，卽一般用途的「輸出許可證申請書」，與配額專用的「輸出許可證申請書」。以下卽就附件十的一般用途輸出許可證申請書，說明其各聯用途：

第一聯：由簽證機構存查。

第二聯：簽證機構送貿易局統計用。

第三聯：出口人報關用。

四、輸出許可證之申請

(一)出口人申請輸出許可證時，應向簽證單位填送輸出許可證申請書，經簽證單位核與規定相符後予以簽證。

(二)輸出許可證申請書各聯應一次套打（寫），不得塗改，其經塗改者，無效。但商品分類號列經簽證單位更正蓋有核對章者，不在此限。

五、輸出許可證之修改、註銷與掛失補發

附件十

輸 出 許 可 證 申 請 書
APPLICATION FOR EXPORT PERMIT

第一聯：簽證機構存查聯

共	頁	第	頁

①申請人：Applicant	③目的地國別 Country of Destination	④轉口港 Transhipment Port
②申請人印鑑：Signature of Applicant	⑤買主 Buyer	
	⑥收貨人 Consignee	
（請蓋國際貿易局登記之印鑑）	⑦檢附文件字號：	

⑧ 項次 Item	⑨貨品名稱、規格等 Description of Commodities, etc.	⑩商品分類號列 及檢查號碼 C.C.C. Code	⑪數量及單位 Q'ty & Unit	⑫條件及金額 Terms & Value

簽證機構加註有關規定 Special Conditions	輸出許可證號碼 Export Permit No:
	簽證機構簽章及日期 Approving Agency Signature and date

一、本輸出許可證自發證日起三十天內有效，但簽證機構另有規定者，從其規定。
二、本輸出許可證應一次套打，一經塗改即屬失效，商品分類號列蓋有簽證機構校對章者除外。
三、本輸出許可證記有貿易資料，關係商業機密，請予保密，不得外漏或買賣。

收件號碼
收件日期

附件十一

輸　出　許　可　證　修　改　申　請　書
APPLICATION FOR AMENDMENT OF EXPORT PERMIT

第　一　聯

	共　　頁　第　　頁

申請人：Applicant	申請人印鑑：Signature of Applicant
	（請蓋國際貿易局登記之原留印鑑）

申請修改申請人持有之輸出許可證第＿＿＿＿＿＿＿號修改下列項目：
We hereby apply for amendment of the following terms on our origional permit.

欄次 Column	項次 Items	原 輸 出 許 可 證 列 載 情 形 Original Condition in the Export Permit	修　改　情　形 Amendment to be made

原通關關別：	原出口報單號碼：	修改證明書號碼：

海關簽署欄：	簽證機構簽章及日期：

注意：本修改部分請勿填寫	收件號碼及日期

（一）輸出許可證之修改

1.輸出許可證之修改，出口人應填具申請書（附件十一）向原簽證單位申請辦理。

2.未報關前發現錯誤者，應註銷重簽，不得申請修改。

3.已報關未放行前或報關放行後須修改者，應檢附輸出許可證有關聯及修改申請書向原簽證單位辦理。但修改內容涉及商標、貨物名稱、品質、品類、單位或數量者，應先經海關簽署證明始可申請修改；如因屬免驗或抽中免驗，海關無資料可資查證者，應由海關在修改申請書有關聯簽署證明。

4.輸出許可證申請人名稱,不得修改,但經貿易局專案核准修改者,不在此限。

（二）輸出許可證之註銷與掛失補發

1.輸出許可證自簽證日起30日內有效，但貿易局另有規定者從其規定。

2.輸出許可證不得申請延期，未能於有效期間內出口者，申請重簽時，應將原輸出許可證申請註銷。

3.輸出許可證，於報關出口前遺失者，應申請註銷重簽，於報關出口後遺失而有申請補發需要者，得向原簽證單位申請辦理。

六、出口結匯方式

出口商將出口貨物所得的外匯結售予外匯銀行，稱為「出口結匯」，出口結匯的方式，因付款方式的不同而有差別，分別說明如下:

（一）信用狀(Letter of Credit) 國內之指定銀行收到國外銀行開發之不可撤銷信用狀，即由銀行轉知信用狀受益人(通常為出口廠商)。出口廠商依照信用狀條款，申請輸出許可證，報關出口。出口廠商俟貨

品出口後，備妥各項出口單證，如出口押匯申請書、匯票、商業發票、提貨單、檢驗單、分析單、保險單等有關單證，連同信用狀正本，送由指定的銀行承辦出口押匯。押匯銀行接獲出口廠商之各項押匯單證後（若係首次出口，則須填具一份總質押書，以資確定，出口廠商以後如在押匯銀行繼續辦理出口押匯時，毋須再填製），則依據信用狀正本上規定條款，逐一詳細審核，若有修改書，應一併附入。經核相符後，填製出口押匯套寫格式及繕具買匯記錄，憑製其他傳票轉帳付款，以備出口廠商洽領貨款及證實結匯之用。

（二）滙款　係由國外買方將貨款交其當地銀行以電報（T/T）或郵信（M/T），通知此地銀行向此地賣方付款；或由買方向其銀行購買以此地銀行為付款人之即期匯票，寄交賣方清付貨款（D/D）；或由買方掣給以賣方為受款人之票據，由賣方將該項票據售予銀行；或由賣方向買方發匯票，將該項匯票售予銀行（以上兩項為買匯）。該項貨款如屬預先結售銀行，以備抵付日後出口之外匯者，由經辦銀行發給「外匯水單」，以資證明。

（三）付款交單託收（Document Against Payment 簡稱 D/P）出口商將貨品出口後，將提單及其他各項出口單證，填具一份託收申請書，委託銀行代收貨款。指定銀行承受託收申請後，即審核所有單證與申請書所填各節相符並查明適合託收條件後，即套打託收格式，經主管簽字後，寄國外同業銀行託收，俟款項收妥後，再通知託收人領款。

（四）承兌交單託收（Document Against Acceptance 簡稱 D/A）採用此種方式較為冒險，萬一買主信用不良，不履行付款時，則其出口之外匯勢必擱置。此種付款方式，出口商將貨物裝運後，將提貨單及其他各項單證等，送交指定銀行，指定之承辦銀行，即套打託收格式後，寄交國外同業銀行，請求將該遠期匯票予以承兌，俟匯票到期收取外匯

後，由承辦銀行通知出口商領款。

（五）寄售（Consignment） 卽貨品出口後，委託國外代理商或經
銷商銷售，俟貨物銷售後再向買主收取貨款。

（六）記帳（Open Account） 記帳方式出口，係出口商於貨物裝
運出口後，將貨運單據直接寄交進口商提貨，至於貨款則暫時記帳，於
約定付款之期限到期，再行結算。

第三節　出口檢驗

商品出口檢驗之目的，在於提高商品品質，爭取國際市場信譽。各
種商品出口，現由經濟部商品檢驗局執行檢驗。其應施檢驗之品目，由
經濟部視實際需要陸續公告。

一、出口檢驗處理程序

（一）報驗　應施出口檢驗之商品，業者或其代理人應於輸出前向檢
　　　驗機構洽取「報驗申請書」連同「輸出檢驗合格證書」，依式
　　　逐欄繕填，持向商品存置所在地之檢驗機構申請檢驗，繳交檢
　　　驗費。如爲配合船期，必須延長作業時間趕辦者，應一併申請
　　　辦公時間外延長作業，並繳納延長作業費。同時向受理報驗單
　　　位領回檢驗標識，逐件領先予以掛貼，並取得領證憑單，憑以
　　　換取合格證書。

　　　　報驗商品，依規定須爲合格外銷工廠產品者，必須向該商
　　　品之產地檢驗機構報驗。同時爲簡化申請手續，便利業者起見，
　　　可依商品檢驗局之通訊報驗辦法，以函件或電話通訊報驗。

（二）檢驗　由檢驗機構派員至貨物所在地執行檢驗，如規定須取樣

攜回試驗室檢驗者，則按規定的數量取樣，並將該貨物加封，不得移動。檢驗合格者，由該局簽發經濟部「輸出檢驗合格證書」；檢驗不合格者，發給「不合格通知書」。

(三)複驗　如業者對檢驗結果有所異議時，得於接獲不合格通知書後七天內申請複驗，但以一次爲限。複驗不再收費，檢驗局如認爲理由不充分時得予核駁。

(四)港口驗對　凡經檢驗合格之商品，業者運抵港口後，應持原領之「輸出檢驗合格證書」，向當地商品檢驗局港口分局報請驗對，港口分局於受理後，即派員至商品堆置之倉庫或碼頭，執行驗對。驗對一般着重外觀檢查，如必須取樣作品質驗對者，則按規定數量取樣，掣給收據後，攜回驗對其品質，待驗對相符後始得移動裝運出口。

(五)驗對符合者　於「輸出檢驗合格證書」上加蓋「驗訖」之戳記，業者憑此向海關辦理出口手續。

(六)驗對不符者　將「輸出檢驗合格證書」註銷。

二、出口廠商應注意事項

(一)貨品報驗時，貨品的名稱、數量、單位等，應與信用狀所開條件符合。如一物或一物的單位有兩種名稱，或兼有中英文名稱者，均宜詳爲查明，否則海關可能不予放行。

(二)如信用狀要求給予官方的檢驗報告，由於檢驗局規定僅發給「輸出檢驗合格證書」一種，不附發任何檢驗報告文件，故不宜承諾。倘進口商堅持要求，可試以出具委託試驗報告書與之磋商，惟應注意者，檢驗局對委託試驗的物品，僅對已試驗的樣品負責，如須代表全部貨品者，可申請由檢驗局取樣試驗。

(三)屬於「應施出口檢驗品目」的商品，如應客戶要求，其規格低
　　於國家標準者，須先經貿易主管機關之許可。

(四)各品目所需檢驗時間，檢驗局均有規定，可先查明，預為安排，
　　列入作業計劃之內，俾配合船期，以免交貨誤期影響商譽。

第四節　輸出保險

　　輸出保險 (Export Insurance) 制度始於英國，繼行於歐洲國家，
我國於1960年實施，日本亦於同年開始，美國則自1962年方開始實施，
輸出保險之目的，在減少出口廠商之損失，鼓勵本國商品的輸出，目前
中國輸出入銀行已開辦輸出保險之種類共有下列七種，惟其中「中長期
輸出匯率變動保險」目前暫停辦理：

一、輸出融資保險

(一)保險對象
　　本保險以銀行憑不可撤銷跟單信用狀或託收方式 (D/P、D/A) 輸
出保險證明書辦理之輸出融資為承保對象。

(二)保險範圍
　　銀行依保險契約之規定辦理輸出融資後，因下列危險發生，致融資
不能收回之損失，輸出入銀行負賠償責任。
　　1.出口廠商信用危險。
　　2.國外信用危險。
　　3.國外政治危險。

(三)除外責任
　　因下列任一情事所致之損失，輸出入銀行不負賠償責任：

1.銀行之輸出融資未依第十八條規定辦理者。

2.銀行之故意或重大過失所致者。

3.銀行違反保險契約之規定者。

4.憑信用狀辦理融資者，自融資之日起一個月內，出口廠商發生歇業、清算或宣告破產等情事者。

5.銀行融資之對象、條件與保險契約規定不符者。

6.銀行違反財政部及中央銀行外匯及授信等有關規定者。

7.融資雖未到期，但出口廠商有下列情形之一時，被保險人於知悉或得知悉該等情形之日起未於兩個月內，通知本行者。

(1) 受票據交換所退票紀錄通知時。

(2) 受行政處分而停業時。

(3) 受拍賣之申請或清理債務之情形時。

(4) 發生影響償付能力之訴訟或破產宣告、強制執行、假扣押、假處分或其他司法程序之聲請或執行時。

(5) 其他情形有不能償還借款之虞時。

8.融資到期或視爲已到期後，經輸出入銀行函請訴追而被保險人未於文到十日內，採取必要之措施致影響融資金額之收回者。

(四)保險價額與保險金額

本保險之保險價額依下列規定訂定之:

1.憑信用狀融資者，以每件輸出融資金額爲保險價額。

2.憑託收方式 (D/P、D/A) 輸出保險證明書融資者，以保險證明書所記載保險金額爲保險價額。但其輸出融資金額低於輸出保險證明書所記載保險金額者，以輸出融資金額爲保險價額。

本保險以前項保險價額之百分之九十爲保險金額，但授權案件以前項保險價額之百分之八十五爲保險金額。

二、託收方式（D/P、D/A）輸出保險

(一)保險對象

本保險以一年期以下付款交單（D/P）方式或承兌交單（D/A）方式輸出貨物，並有輸出許可證明文件者為承保對象。

(二)保險範圍

本保險以出口廠商為要保人及被保險人。被保險人依買賣契約輸出貨物，簽發輸出匯票，並檢附海關貨運單據委託其往來銀行（即託收銀行）託收，在保險證明書上所記載保險責任期間內，因政治危險或下列信用危險所致之損失，輸出入銀行負賠償責任：

1. 進口商於本保險成立後宣告破產。
2. 國外受託銀行憑輸出匯票向進口商為付款之通知（付款交單）或為承兌之提示或承兌後之付款通知（承兌交單），進口商行踪不明，經當地政府機關證明屬實者。
3. 以付款交單方式（D/P）輸出，進口商不付款。
4. 以承兌交單方式（D/A）輸出，進口商不承兌輸出匯票或承兌輸出匯票後到期不付款。

(三)除外責任

因下列任一情事所致之損失，輸出入銀行不負賠償責任：

1. 被保險人故意或過失所致損失。
2. 因輸出貨物發生毀損滅失，以致進口商不付款（D/P），或不承兌輸出匯票，或承兌輸出匯票後不付款所致損失。
3. 依買賣契約或代理契約等有關契約規定，被保險人應承擔之責任所致損失。
4. 進口商付款後，當地受託銀行不將貨款匯付被保險人所致損失。

5.被保險人與進口商之間，具有總分支機構關係，或為母子公司，
　或其任何一方（包括出資人、股東及其負責人）之投資比率合計
　達百分之五十以上者，或具有效控制者，因信用危險所致損失。

6.因進口商未能取得輸入許可或必須之外匯所致損失。但其未能取
　得係因政治危險所致損失，不在此限。

7.以付款交單（D/P）方式輸出者，在付款前，以承兌交單（D/A）
　方式輸出者，在承兌輸出匯票前，將貨運單證或輸出貨物交付進
　口商受貨人所致損失。

8.輸出匯票簽發後，變更匯票內容，被保險人未立即通知輸出入銀
　行所致損失。

(四)保險價額與保險金額

本保險以輸出匯票金額為保險價額，但輸出匯票金額大於輸出貨物
總價，以輸出貨物總價為保險金額。保險金額以保險價額百分之九十為
限。

三、中長期延付輸出保險

(一)保險對象

本保險以一年期以上分期償付價款方式輸出整廠設備、機器產品或
其他資本財或提供技術及勞務，而於貨物裝船前、裝船時或技術勞務提
供前、提供時，預收或收取部份價金之交易為承保對象。

(二)保險範圍

本保險以出口廠商為要保人及被保險人。被保險人依輸出契約或技
術及勞務提供契約，輸出貨物或提供技術及勞務後，因政治危險或下列
信用危險致不能收回貨款或提供技術及勞務之價款，而遭受之損失，輸
出入銀行負賠償責任。

1. 簽訂契約之對方於本保險成立後宣告破產者。

2. 簽訂契約之對方遲延履行其債務六個月以上者。但以不可歸責於
   被保險人之情事者爲限。

(三)除外責任

因下列情事之一所致之損失，輸出入銀行不負賠償責任:

1. 要保人、被保險人或受讓人，或其代理人或使用人之故意或過失
   所致者。

2. 輸出貨物發生毀損滅失所致者。

3. 要保人或被保險人違反保險契約之規定者。

(四)保險價額與保險金額

本保險以輸出貨物總價或提供技術及勞務價款總額爲準，於扣除預
付款或裝船時可收取貨款後，以其分期償付部份之金額及其分期償付利
息爲保險價額。

保險金額以保險價額百分之九十爲限。

四、海外工程保險

(一)保險對象

本保險所承保之海外工程或技術提供案件，原則上應具備下列條件:

1. 海外工程之承包者，係經我國主管機關核准依法設立登記之本國
   公司。

2. 工程發包國或地區，其政治及經濟情勢無顯著問題存在，在交易
   上無明顯重大危險之虞者。

3. 海外工程契約或技術提供契約訂明下列事項者:

(1) 仲裁條款或同類條款。用以約定工程施工有關問題或契約之解
    釋等發生紛爭時，由第三者仲裁，並以其裁定爲最終之解決。

(2) 戰爭條款或同類條款。用以約定技術及勞務提供者，因戰爭、革命、內亂、暴動、騷擾或天災等不可抗力之事故所致之損害或損失，應由簽訂技術及勞務提供契約之對方負擔之。

(3) 除工程發包人為政府機構外，工程價款之清償附有下列任一種清償保證者：

①輸出入銀行認可之銀行所開發或保兌之不可撤銷信用狀。

②有政府機構或有輸出入銀行認可之銀行提供之保證。

(二)保險範圍

被保險人依保險單所載海外工程契約或技術提供契約，開始進行營建工程，或提供技術或其附隨之勞務後，在保險單所載保險期間內，因發生下列事由之一，致被保險人不能取得價款或支出成本不能收回所致損失，輸出入銀行依保險契約之規定，負賠償責任：

1.外國政府實施限制或禁止外匯交易。

2.輸出目的地國家發生戰爭、革命或內亂。

3.其他發生於國外不可歸責於契約雙方當事人者。

4.海外工程契約或技術提供契約之對方破產。

5.海外工程契約或技術提供契約之對方依工程或技術提供契約規定有付款義務時起算，逾六個月不付款。但以不可歸責於被保險人所致者為限。

前項第一款事由發生時，輸出入銀行僅對價款或盈餘中擬匯回本國部份經載明於保險單者，負賠償責任。

本保險單所載設備，因下列事由之一發生，致被保險人遭受損失，輸出入銀行依本保險契約之規定負賠償責任：

1.設備上之權利為外國政府或其類似組織之沒收、徵用、國有化等行為所奪取。

2.由於戰爭、革命、內亂、暴動或民眾騷擾使設備上之權利受侵害，致不能使用者。

前項設備限於置存於海外工程契約或技術提供契約履行地者。

(三)除外責任

由於要保人、被保險人或保險權益受讓人或該等人之代理人、受僱人、使用人之故意或重大過失所致損失，輸出入銀行不負賠償責任。由於該等人之過失所致損失輸出入銀行視其情節之輕重，得全部或一部不負賠償責任。機具等設備或工程標的毀損滅失，本行不負賠償責任。

(四)保險價額與保險金額

本保險之保險價額依下列方式訂定之:

1.價款及支出成本之保險價額為被保險人所估計之最大損失額。最大損失額以各期預定取得之價額及可能支出之成本合計金額之最高者為準。

2.設備之保險價額以取得該設備上之權利所支出之對價，扣除折舊所得金額為準。

本保險之保險金額在保險價額之九〇％範圍內，由被保險人自行訂定，經輸出入銀行同意載明於保險契約。

五、海外投資保險

(一)保險對象

以本國公司報請經濟部投資審議委員會核備或審核通過，並取得被投資國許可之海外新投資案件為承保對象。

(二)保險範圍

1.沒收危險

2.戰爭危險

　3.匯款危險

（三）除外責任

因下列任一情事所致之損失，輸出入銀行不負賠償責任：

　1.由於要保人、被保險人或保險權益受讓人或該等人之代理人、受
　　僱人或被保險人之投資企業或其代理人、受僱人之故意或重大過
　　失所致之損失。

　2.要保人或被保險人於保險契約簽訂後，因故意或過失，對損失有
　　關事項之陳述不實或遺漏者，對該項損失。

　3.要保人或被保險人違反保險契約之規定所致之損失。

（四）保險價額與保險金額

本保險之保險價額依下列方式訂定之：

　1.股份或持分之保險價額，以被保險人匯付被保險之投資企業作爲
　　投資股份或持分之金額爲準。

　2.股息及紅利之保險價額，以前款保險價額之百分之十爲準。保險
　　金額以保險價額百分之八十五爲限。

六、中長期輸出滙率變動保險

（一）保險對象

以分期付款在一年以上之中長期輸出交易或技術、勞務提供交易者
爲承保對象。

（二）保險範圍

本保險以簽訂「設備及其零組件、附屬品」之輸出契約或簽訂「技
術及勞務」提供契約之出口廠商爲要保人及被保險人。被保險人之輸出
價款符合左列條件，因滙率下跌所致損失輸出入銀行負賠償責任：

　1.輸出價款以美元、英鎊、德國馬克、法國法郎、瑞士法郎或日圓

表示者。

2.輸出價款清償期在申請訂立保險契約日起算一年以上，十二年以下者。

3.匯率下跌幅度超過百分之三，而在百分之二十以下（含百分之二十）者。

(三)除外責任

因下列任一情事所致之損失輸出入銀行不負賠償責任:

1.因要保人、被保險人或保險權益受讓人或該等人之代理人或受僱人之故意或過失以致發生損失者。

2.因要保人或被保險人之故意或過失，對於所提出之文件有應記載事項而未予記載或記載不實者。

3.因要保人或被保險人之故意或過失，未告知事實或告知不實者。

4.除前三款規定外，要保人或被保險人違反保險契約之規定者。

(四)保險對象金額

本保險以輸出價款之清償期在保險期第二年度開始之日至第十二年度終止之日者之總額爲保險對象金額。

七、普通輸出保險

(一)保險對象

本保險以國內出口商從事信用狀輸出交易，而於裝船前發生國外政治危險或信用危險，致貨物無法輸出，或於裝船後發生國外政治危險以致貨款無法匯回本國者爲承保對象。

(二)保險範圍

本保險以出口廠商爲要保人及被保險人。被保險人因政治危險或信用危險發生，致貨物不能依本保險單記載之輸出契約輸出所致損失，或

因政治危險發生致其貨款無法匯回本國所致損失，輸出入銀行負賠償責任。

(三)除外責任

1. 由於要保人、被保險人、保險權益受讓人或該等人之代理人或受僱人之故意所致之損失。

2. 因輸出貨物發生毀損滅失所致之損失。

3. 被保險人與進口商之間，具有總分支機構關係或為母子公司，或其任何一方（包括出資人、股東及其負責人）之投資比率合計達百分之五〇以上或具有效控制，因信用危險所致者。

4. 被保險人在簽訂保險契約時，應取得輸入許可或外匯許可而未能取得；或簽訂保險契約時雖曾取得輸入許可，因其所附條件或期限致其效力喪失所致之損失。

(四)保險價額與保險金額

本保險以輸出契約簽訂之貨價為保險價額。保險金額由被保險人自由訂定，但政治危險之保險金額以保險價額之百分之九十為限；信用危險之保險金額以保險價額之百分之六十為限。附加信用危險之保險金額以保險價額之百分之五十為限。

第五節　出口裝運與報關

一、出口裝運

(1) 包裝單　出口廠商於貨品包裝就緒後，將包裝單（Packing List）交輪船公司預定艙位，並簽訂艙位定單（Shipping Order）四份，其中兩份交由報關行報關。出口廠商應查明輪船所停泊港口碼頭以

及結關時間，務須將出口貨物於結關之前送達碼頭，如送達過早，則須進入碼頭倉庫，而需繳納進倉各項費用，在倉時間如逾五日，則需納付倉庫費用。

(2) 運費 (Freight) 運費依重量或體積計算，出口廠商雖已在包裝單上註明重量或體積，但輪船公司常委託商船丈量公司再予丈量，作爲收費標準。依照輪船公司的規定，以重量計算之運費噸較體積大時，則以重量計算，否則以體積計算。

各輪船公司的運費並不一律，惟加入輪船業公會者，則有統一運費表，不能自由增減。運費除定價之外，常有折扣 (Discount) 或附加費 (Surcharge)，事前均需洽定清楚。貨物中途轉船，屬於同一輪船公司者，常不另收費用，否則常加收轉船費及倉庫費等。運費亦依貨物類別而異，如無規定類別者，均歸納於雜貨 (General Cargo) 項品內收費，其費率較高。至於易燃、易爆及含有腐蝕性的危險性物品，則有特殊的規定。

(3) 貨運提單 貨運提單 (Bill of Lading) 係輪船公司所出具的裝船憑證，憑以在國外提取貨品，提單正本 (Original B/L) 通常爲二至三份，副本份數則以足敷需要爲原則，提單正本由出口廠商交於銀行押匯後，銀行寄交開發信用狀銀行收款。

貨物裝船之後，由報關行向輪船大副取得收據 (亦稱收貨單) 交與出口廠商，出口廠商則持收據連同運費，向輪船公司領取貨運提單的正副本，並在簽回單上蓋章。有時出口廠商急於將提單寄出國外，而輪船公司又尚未接獲輪船啓行通知，予以先發貨運提單的情形，稱爲「借提單」。

二、出口報關

出口報關爲報關行（Customs Broker）之專門職業，專門代理出口廠商報關納稅，收取佣金。出口報關時，應填具「國貨出口報單」，俗稱報單。報單的主要內容及格式如附件十二。

海關接受報關單後，除審查各種證件外，並由驗關員照報關單、包裝單等抽取若干件，開箱檢查，然後在輪船艙位定單（Shipping Order）上蓋印放行。

第六節　出口押滙

一、押滙之意義

押滙係指銀行買入出口商(賣方)向進口商(買方)所開之跟單滙票，或出口商得向進口商請求貨款之貨運單據（Shipping Documents）。銀行買入跟單滙票，因有價值之物（提單等）作爲擔保（質押），因此稱之爲押滙（Documentary Draft）。

押滙在形式上，雖爲滙兌方式之一種，但究其性質重心，係在押收貨款，故甚注重貿易對象之信用。爲解決信用的保證問題，而有金融機構介入其間，信用狀（L/C）乃應運而生。當前銀行辦理押滙，多以信用狀爲憑，故有稱信用狀爲「押滙憑信」者，銀行辦理押滙的主要憑藉有三：

(1) 押滙申請人之信用。

(2) 運貨單據之信用。

(3) 對信用狀簽發銀行之信用。

二、押滙之手續

附件十二

關 01002

出口報單

類別代號及名稱(6)		聯別		共 頁 收單
報單（收單關別 出口關別 民國年度 船或關代號 裝貨單或收序號）號碼(7) / / / / /			收單編號或託運序碼(10)	第 1 頁

報關人名稱、簽章	專責人員姓名、簽章	統一編號(8) 貨物出口人（中、英文）名稱、地址	海關監管編號(9)	繳(10)	理單編號	
					報關日期（民國）(14) 年 月 日	輸出口岸(15)
					離岸價格 (16) FOB Value	TWD 幣別 金額
(1)	(2)	案號(11) 買方統一編號 (12)（及海關監管編號）名稱、地址			運 費(17)	
檢附文件字號(3)					保 險 費(18)	
貨物存放處所(4)	運輸方式(5)				加 的 用 應 費 (20) 減	

申請冲退原料稅(21)	買方國家及代碼(22)		目的地國家及代碼(23)		出口船（機）名及呼號（班次）(24)		外幣匯率

項次(27)	貨物名稱、品質、規格、製造商等(28)	商標	輸出許可證號碼一項次(29) 商品標準分類號列(30) 稅則號別 統計號別 （主管機關指定代號）	海關簽證	淨重（公斤）(31) 數量（單位）(32) （統計用）(33)	查驗 機關 專 用 欄	離岸價格(34) FOB Value （新台幣）	統計方式(35)
			( )		( )		( )	
			( )		( )		( )	
			( )		( )		( )	
			( )		( )		( )	

總件數(25)	單位	總毛重（公斤）(26)	海關簽註事項			商港建設費	
標記及貨櫃號碼				建檔	估檔	外滙貿易服務費	
						合 計	
				分估計費	放行	繳 納 紀 錄	
其他申報事項				核發准單	電腦審核	證明文件核發	類別 份數 核發紀錄
				通關方式	（申請）查驗方式		

附件十三

出 口 押 匯 申 請 書
APPLICATION FOR NEGOTIATION OF DRAFTS UNDER L/C

TO：英商標準渣打銀行台北分行／高雄分行
Standard Chartered Bank, Taipei/Kaohsiung Branch

CBN No.＿＿＿＿＿＿＿＿＿＿

日　期
Date：＿＿＿＿＿＿＿＿＿＿

敬啟者：
Dear Sirs：

茲隨函附奉本公司所開匯票第
We send you herewith for negotiating our draft No. ＿＿＿＿＿＿＿＿

就計
for ＿＿＿＿＿＿＿＿＿＿
（金額）

根據信用狀第
drawn under L/C No. ＿＿＿＿＿＿＿＿＿＿　號　issued by ＿＿＿＿＿＿＿＿＿＿
（信用狀開狀銀行）

（以下稱"該匯票"）
(hereinafter referred to as the "Draft")

及下列各項證件即請查照並希准予辦理押匯為荷：
accompanied by the following documents：

發　票 Invoice	領事簽證單 Consular Invoice	保　險單 Insurance Policy	產地證明書 Certificate of Origin	重　量單 Weight Note	包　裝單 Packing List.	檢　驗單 Certificate of Inspection	提　單 Bill of Lading	其　它 Others.

付 款 指 示
Payment Instruction

上項貨款請扣除代理商佣金 ＿＿＿＿＿＿＿＿＿　及匯出匯款 ＿＿＿＿＿＿＿＿＿。
　　　　　（金額）　　　　　　　　　　　　　　（金額）

複按下列方式處理為荷：
Please deduct agent commission of ＿＿＿＿＿＿＿ and outward remittance of ＿＿＿＿＿＿＿ from the
　　　　　　　　　　　　　　　(amount)　　　　　　　　　　　　　(amount)
proceeds and apply the net proceeds as follows：

☐本票已向　貴行發售遠期外匯文件號碼 ＿＿＿＿＿＿＿，請按契約上之匯率＠＿＿＿＿＿＿＿結售予　貴行。
The amount of foreign currency under this transaction was already sold to your Bank under a forward contract No.
＿＿＿＿＿＿＿. Please convert the net proceeds into New Taiwan Dollars at the exchange rate of ＿＿＿＿＿＿
pursuant to the contract.

☐請將結售予　貴行之票據值新台幣
Please credit the net
proceeds in New Taiwan
Dollars

　☐存入　貴行支票／活期存款 ＿＿＿＿＿＿＿ 號帳戶。
　　to our current account/savings account No. ＿＿＿＿＿＿ with your Bank.
　☐償還本公司在貴行貸款號碼：＿＿＿＿＿＿＿
　　to repay our loan No.：＿＿＿＿＿＿＿
　☐請開具本公司抬頭之銀行支票。
　　by issuing to us a bank's check with our Company as the payee.
　☐請開具以本公司抬頭之支票／以電匯方式匯入於本公司在＿＿＿＿＿銀行＿＿＿分行
　　　　　　　　　　　　存款 ＿＿＿＿＿＿＿ 號帳戶。
　　By issuing us a check/TT to our current account/savings account No. ＿＿＿＿＿
　　with ＿＿＿＿＿ Bank ＿＿＿＿＿ Branch.

☐請將本票原幣貸款
Please credit the net
proceeds in foreign currency

　☐轉入本公司在　貴行外匯存款 ＿＿＿＿＿＿＿ 號帳戶。
　　to our foreign exchange account No. ＿＿＿＿＿ with your Bank.
　☐償還本公司在　貴行原幣貸款號碼：＿＿＿＿＿＿＿。
　　to repay our loan No.：＿＿＿＿＿＿＿
　☐銀行費用自支票／活期存款 ＿＿＿＿＿＿＿ 號帳戶扣除。
　　bank charges deducted from our current account /savings account No. ＿＿＿＿＿.
　☐銀行費用自原幣扣除。
　　bank charges deducted from the net proceeds.

本公司茲同意遵守本申請書背面所載之一般約定條款
We agree the general cleauses stated as per reverse side of this application form

申　請　人：(公司名稱)
Applicant：(Name of Company)

地　址：
Address：

營利事業統一編號：
Business Registered Certificate No.：

公司及負責人印鑑：
Chops of Company & Responsible Person：

聯絡人／聯絡電話：
Contact Person/Telephone No.：

Signature Verified By
＿＿＿＿＿＿＿＿＿

　　凡欲向銀行辦理押匯之出口廠商，例須向銀行填送「一般押匯質權書」(General Letter of Hypothecation)，此項質權書填送後，嗣後押匯均可適用，其質權書的內容，大致包括下列六點：

（一）出口商同意將每批全套貨運單據交付銀行。

（二）出口商同意用銀行名義投保各種必須保險，如所保各險及金額未能令銀行滿意，銀行得代為加保，一切因保險未能保足而引起之損失與費用，均屬出口商負擔。

（三）規定銀行在何種條件之下，得將單據交付進口商，並准進口商分期付款提貨。

（四）如進口商對匯票不承兌或不付款，或貨物發生問題時，出口商應賠償一切損失，付還匯票票面金額連同自押匯日起之利息及有關費用。

（五）如進口商不能履行其義務，出口商又不能按前項規定辦理時，應由銀行自由處置押匯貨物，並仍由出口商負其全責。

（六）規定當損失或風險加大而向未屆結算時。銀行有權向出口商加索擔保金。

　　出口廠商向銀行申請押匯，例應填送「押匯申請書」，連同信用狀規定的各項單證，並須將信用狀正本及其修改書等一併提出，以備核驗。茲將我國現行辦理出口押匯程序敍述如下：

　　凡出口貨物業已報關裝船，出口商即可依照信用狀條件填具「出口押匯申請書」(Application for Negotiation of Drafts under L/C)，出口押匯申請書的格式如附件十三。

　　申請出口押匯時，所應附的單據憑證可能有：

　①信用狀（如有修改，應附信用狀修改書）。

　②匯票。

③貨運提單正本 (Bill of Lading) (需事先以船長收據向船公司換取正本提單)。

④商業發票 (Commercial Invoice)。

⑤領事簽證 (Consular Invoice)。

⑥產地證明書 (Certificate of Origin)。

⑦檢驗報告 (Survey Report)。

⑧公證報告 (Inspection Certification)。

⑨重量表 (Weight List Certificate)。

⑩包裝單 (Packing List)。

⑪轉讓書 (Letter of Transfer)(信用狀經轉讓時方須檢附)。

⑫保證賠償書 (Letter of Indemnity) (保結押匯時使用)。

⑬保險單 (Insurance Certificate) 等 (CIF或CIP 條件下)。

　　出口商提出上述各項單據憑證後,先由押匯銀行接受讓購墊付外匯,然後由外匯銀行憑此匯票及各種單據文件,向開發信用狀銀行收取外匯。

　　由於押匯所得金額之中, 常包含運費、保險費、佣金等在內, 故在押匯時, 應具函承辦銀行申請墊付外匯, 並請開發卽期匯票以爲支付,聲明在出口結匯款內扣抵。

　　在裝船之前, 出口廠商應以書信或電話將船名、船期、件數及開船日期等通知進口商或買主, 以便先行準備保險。裝船之後, 需將貨運提單副本 (Nonnegotiable Copy)、商業發票、包裝單、產地證明書、領事簽證、公證報告、保險單等副本或影本, 儘快航空寄與進口商或買主, 以供先行向銀行辦理保證提貨之用。

第七章 進口貿易之經營實務

第一節 進口貨品之申請

進口貿易第一步程序，即爲開列商品名稱、規格、數量以及交貨條件等，向對方出口商詢價，其詢價方式通常計有：

1.登報招標或附採購規範發出詢價單

　　(1) 國內已有國外代理商者，向代理商詢價；無代理商者，直接函寄國外供應廠商詢價。

　　(2) 如以託收方式或分期付款方式進口，應於詢價時告知代理商。

　　(3) 如直接向國外供應廠商詢價，應附帶告知對方。

2.開標或比價　開標或比價決定，應與供應商或代理商簽訂購貨契約。

我國自民國82年公布貿易法之後，對於進口貨物的管理採行「原則自由，例外管制」的方式，進口申請手續已大爲簡化，在目前的制度下，大部份貨物的進口均可免申請輸入許可證，直接辦理報關進口，僅少數貨物應事先申請輸入許可證。

依「貨品輸入管理辦法」的規定:

凡依規定限制輸入的貨品,國貿局應就其貨品名稱及其輸入規定彙編「限制輸入貨品表」,公告辦理。

輸入「限制輸入貨品表」表列貨品,除其他法令另有規定外,應依該表所列規定申請辦理簽證,表列規定屬管制進口者,非經貿易局專案核准,不得輸入。

廠商輸入「限制輸入貨品表」外的貨品,免證輸入。

政府機關及公營事業輸入「限制輸入貨品表」外的貨品,其價值在貿易局規定限額以內者,免證輸入。

免證輸入之貨品,其他法令另有管理規定者,貿易局得就海關能予配合辦理部份之相關貨品名稱及輸入規定,彙編委託查核輸入貨品表,公告辦理之。

輸入前項委託查核輸入貨品表內之貨品,報關時應依該表所列規定辦理。

第二節　輸入許可證之申請

一、輸入許可證之簽發機構

目前辦理簽發輸入許可證之機構有經濟部國際貿易局以及經授權辦理簽證的銀行,此外,加工出口區的外銷事業應向經濟部加工出口區管理處辦理,科學工業園區的園區事業應向科學工業園區管理局申請。

二、輸入許可證之填載及注意事項

(一)輸入許可證之填載

附件十四

輸 入 許 可 證 申 請 書
APPLICATION FOR IMPORT PERMIT

第一聯：簽證機構存查聯

共　　　頁 第　　　頁

①申請人 Applicant	③生産國別 Country of origin	④起運口岸 Shipping Port
②申請人印鑑 Signature of Applicant	⑤賣方名址 Seller	
	⑥發貨人名址 Shipper	
	⑦檢附文件字號	

（請蓋國際貿易局登記之印鑑）

⑧ 項次 Item	⑨貨品名稱、規格、廠牌或廠名等 Description of Commodities Spec. and Brand or Maker, etc.	⑩商品分類號列 及檢查號碼 C. C. C. Code	⑪數量及單位 Q'ty & Unit	⑫單價 Unit Price	⑬條件及金額 Terms & Value

簽證機構加註有關規定 Special Conditions	輸入許可證號碼 Import Permit No.
	許可證簽證日期 Issue Date 許可證有效日期 Expiration Date
	簽證機構簽章 Approving Agency Signature

一、本輸入許可證一經改改即屬失效，商品分類號列蓋有簽證機構校對章者除外。
二、本輸入許可證記有貿易資料，關係商業機密，請予保密，不得外漏或買賣。
三、進口貨品，申請人應自行瞭解及依照有關輸入規定、檢驗、檢疫、衛生及其他
　　相關國內管理法令辦理。

收件號碼

收件日期

以下卽就附件十四的輸入許可證申請書說明其內容及塡載方法:

欄位	欄 位 名 稱	塡　　寫　　說　　明
①	申請人(進口人)	1.申請人(進口人)應依下列格式刻製章戳加蓋(或繕打)
②	申請人(進口人)印鑑	1.申請人(進口人)印鑑請蓋於貿易局登記之印鑑。 2.如係公營貿易機構代政府機關及公營事業外購貨品進口者，應蓋受託人印鑑以代替申請人印鑑，並請加註「代辦採購人印鑑」
③	生產國別	1.應塡貨物之生產國名或地名（進口大陸物品，應繕明 CHINESE MAINLAND, 代碼 CN）。 2.右上方格請塡國家代碼（請依「通關作業及統計代碼」手册規定代碼塡註）。
④	起運口岸	係塡貨物最初起運口岸之名稱。
⑤	賣方名址	賣方係指報價之國外廠商，右上方格係塡寫國家代碼之用(請依「通關作業及統計代碼」手册規定代碼塡註)。
⑥	發貨人名址	1.發貨人係指賣方或其指定之國外廠商。右上方格係塡寫國家代碼之用（請依「通關作業及統計代碼」手册規定代碼塡註）。 2.同一份輸入許可證申請書申請之貨品，以同一發貨人爲限，發貨人不同，應分別塡具輸入許可證申請書。
⑦	檢附文件字號	1.進口貨品依規定應檢附主管機關或有關單位文件或(及)特許執照始可申請者，應塡明主管機關同意文件或（及）登記證照字號。 2.進口貨品超過一項以上時，主管機關或登記證照字號不同者，請塡註證號所屬項次。
⑧	項次	進口貨品超過一項以上時，不論C.C.C.號列是否相同，均應於項次欄下冠以1,2,3,…，並分別對齊貨品名稱及C.C.C.號列。

欄位①的填寫說明表格：

9公分

公司（中文名稱）	
公司（英文名稱）	營利事業統一編號
地　　　址	電　話:

（左側標示「2公分」，上方標示「9公分」）

2.輸入許可證申請人（進口人）名稱不得申請修改，但經貿易局核准變更登記者不在此限。

⑨	貨品名稱、規格、廠牌或廠名等	1.貨品名稱應繕打英文為原則，但申請進口中藥材，應加繕中文本草名。貨品名稱不能表明其性質者，應註明其學名。 2.貨品規格係指長短、大小、等級等。 3.貨品名稱欄如不敷填寫，請以輸入許可證續頁繼續填寫，續頁上端請註明共幾頁及第幾頁（除最後一頁，可不繕打共幾頁數），並分別加附於各聯之後。 4.除農林漁牧礦、大宗物料等及其他習慣上無廠名或廠牌者可不必繕打外，其他均應繕打Maker或Brand。
⑩	商品分類號列及檢查號碼	指進出口貨品分類表內中華民國商品標準分類號列C.C.C. CODE 十位碼及檢查號碼。
⑪	數量及單位	為進口統計需要，申請商品 C.C.C. 號列第1至21章，25至27章之農林漁畜等產製品之進口案件，應以我國推行之公制為單位，凡以磅、件、箱、條等為單位者，應折算為公制單位。其他貨品，則依實際使用之單位填列（請依「通關作業及統計代碼」手冊規定代碼填註）。
⑫	單價	1.條件依報價單所載填列如 FOB、CFR、CIF 等。 2.進口貨品超過一項以上者，應填列總金額。
⑬	條件金額	3.進口貨品得以新臺幣計價，輸入許可證亦可以新臺幣填報，惟應註明「結匯時以外幣支付」字樣。 4.幣別代碼請依「通關作業及統計代碼」手冊規定填註。 5.不需填列大寫金額。

(二)注意事項

1.進口人申請簽證輸入貨品時，應具備下列書件:

(1) 輸入許可證申請書全份。

(2) 依其他相關規定應附繳的文件。

2.輸入許可證申請書應依式逐項填載一次套打,且應符合下列事項:

(1) 貨品名稱應繕打英文，但有其他規定者，從其規定。

(2) 申請的貨品，非同一發貨人者，應分別填具輸入許可證申請書。

(3) 其他經主管機關指定事項。

三、輸入許可證之延期、更改及補發

附件十五

輸 入 許 可 證 更 改 申 請 書
APPLICATION FOR AMENDMENT OF IMPORT PERMIT

第 一 聯

共	頁	第	頁

申請人 Applicant	申請人印鑑 Signature of Applicant
	（請蓋國際貿易局登記之印鑑）

申請更改申請人持有之輸入許可證第＿＿＿＿＿號更改如下：
We hereby apply for amendment of the following terms on our origional permit.

欄次 Column	項次 Items	原輸入許可證列載情形 Original Condition in the Import Permit	更 改 情 形 Amendment to be made

原有效日期
Original Expiration Date ＿＿＿＿＿＿＿＿＿＿

延期爲
extended to ＿＿＿＿＿＿＿＿＿＿

簽證機構處理意見	更改後簽證號碼
	簽證機構簽章及日期

注意：未更改部分請勿填寫。

	收件號碼 收件日期

(一)輸入許可證之延期

1.輸入許可證有效期限為自簽證之日起六個月。

2.輸入貨品應於輸入許可證有效期限屆滿前，自原起運口岸裝運，其裝運日期以提單所載日期為準，提單所載日期有疑問時，得由海關另行查證核定之。

3.輸入許可證逾期而未經核准延期者，不得憑以輸入貨品。

4.輸入貨品不能於輸入許可證有效期限內自國外起運者，除經貿易局公告指定的貨品應於期限內輸入不得延期外，申請人得於期限屆滿前一個月內向原簽證單位申請延期，其每次延期不得超過六個月，延期次數不得超過二次。

(二)輸入許可證之更改

1.輸入許可證所載各項內容的更改，除貨品業經貿易局收回簽證者，應改向貿易局申辦外，申請人得於有效期限屆滿前繕打輸入許可證更改申請書(附件十五)，連同原輸入許可證正本聯及有關證件，向原簽證單位申請更改。

2.申請人於有效期限屆滿後始申請更改內容者，應向貿易局申請專案核准。

3.輸入許可證申請人名稱不得更改，但經貿易局核准變更登記者，不在此限。

(三)輸入許可證之補發

1.輸入許可證遺失時，得申請補發，但以原證遺失時貨品尚未報運進口者為限。

2.申請補發輸入許可證，應繕具補發申請書及輸入許可證申請書向原簽證單位申請，但原申請輸入之貨品於申請補發時，其輸入規定已變更者，應向貿易局申請核准。

第三節　進口結匯

一、信用狀方式進口

一般進口結匯之方式皆以信用狀（贖單）行之，惟其應注意之事項有如下幾點：

(一)指定銀行開發進口信用狀，係屬授信行為，除非開狀申請人已繳交全額保證金 (Full Margin)，否則必須注意申請人之資信狀況、授信額度、進口貨品內容、市場性等，作為應否接受開狀申請之依據。

(二)多張輸入許可證申請合併開發一張信用狀時，如價格條件不同，應請分別開狀。

(三)開狀申請書之指示，有違反有關外匯及貿易法規者，或與國際慣例不一致者，應向申請人說明並請更改。

(四)國外押匯銀行寄達之匯票與貨運單據，應與伴書 (Cover Letter) 及信用狀逐一核對，並核點單據數量有無短缺，另注意伴書上之瑕疵項目 (Discrepancies)，以便通知開狀申請人注意。

(五)自國外寄達押匯單據至通知廠商贖單結匯，其處理期間之控管，應設簿逐件登記，建立追蹤制度，以免發生積壓情形，影響開狀申請人權益。

(六)進口單據到達通知廠商贖單後，如廠商久未贖單，應積極催促廠商償還墊款，以免因貨物已運抵輸入口岸海關達四十五天而遭海關變賣，影響債權收回。

(七)廠商申請辦理擔保提貨或副提單背書，所徵取之擔保本票，應

交由專人保管，經辦人員與保管人員之間應有授受記錄，保證
責任解除之後，發還擔保本票時亦應由申請廠商簽收。

(八)擔保提貨案件，應於收到正本提單之後，立卽向船公司換回保
證函，以解除擔保責任。發出之保證函應逐筆登記，解除時亦
逐筆銷案。

(九)進口交易條件不含保險者，如 F.O.B., C&F, F.A.S. 等,爲確
保債權，應向申請人索取保險單，其受益人應爲開狀銀行。保
險金額比信用狀金額加一成爲原則。保險日期應在國外裝船日
期之前或同一日。

二、分期付款方式進口

分期付款方式 (Installment) 係進口商欲向國外購買船舶、機器
等大宗設備，倘因價款過大須以分期付款支付時，得於與國外供應商洽
訂分期付款契約後，請求銀行向供應商提出保證，允諾依契約規定按時
匯還價款；如進口商無法償付時，銀行應負賠償責任。其保證業務手續
及條件，依銀行一般授信程序辦理。

三、寄售方式進口

國內廠商受國外出口商委託以寄售方式銷售貨物，貨物進口後，國
內廠商（卽受託人）應自行洽存於保稅倉庫，取得保管單，並於國內洽
銷寄售貨物，寄售貨物的買受人，於訂購後卽向外匯銀行結購外匯，以
匯款方式支付國外出口商，另憑保管單向海關辦理報關提貨。

四、託收方式進口

(一)託收種類：因付款方式不同，可分爲付款交單 (D/P) 與承兌

交單 (D/A)。

1. D/P 係 Documents Against Payment 之簡稱。卽匯票之付款人進口商於付款時，代收銀行卽將單據移交付款人。對國外出口商言，所有單據係由銀行代爲控管，毋庸擔心貨款之損失；對國內進口商言，則無需先籌保證金及開狀手續費，且付款後卽可取得單據辦理提貨，省卻一筆開支。

2. D/A 係 Documents Against Acceptance 之簡稱，卽匯票之付款人進口商對該匯票承兌時不必付款，代收銀行卽將單據交與進口商(承兌人)。承兌匯票仍由代收銀行收執，俟到期再向承兌人提示付款。此方式因進口商只要在匯票上承兌卽可取得單據，自屬較 D/P 有利，惟到期進口商倘不付款，則出口商無法收回貨款，故以此方式交易前，出口商必須調查進口商之信用，以期減少可能發生之風險。

(二)託收注意事項

1. 提示　我國票據法第六十九條規定匯票或本票之執票人應於到期或其後之二日內（共三日）爲付款之提示，如逾期不爲付款之提示，則對於前手喪失追索權。

2. 承兌　匯票付款人在匯票正面記載「承兌」字樣，並簽字表示承諾於匯票到期日負擔支付其票面金額之義務。匯票一經承兌後，卽成爲該匯票之主債務人，到期負責付款。

3. 匯票到期日之計算方法　匯票之到期日，因起算日不同,同樣的日數，到期日相差很大,時常發生糾紛,業者應在買賣契約上記載。

4. 拒絕證書　拒絕證書可分爲拒絕承兌證書及拒絕付款證書二種，旨在證明執票人已行使或保全票據上之權利之必要行爲而其目的未獲實現，該項證明書之作用在使執票人保全追索之權利。作成

該項書面之行為，卽作成「拒絕證書」，英文為 Protest。且拒絕證書應於法定期限內作成並向當地地方法院辦理公證。

5.D/P 案件代收銀行如經通知進口廠商後，遲遲不贖單而逾一星期時，應卽通知國外託收銀行，依其指示處理。

6.如 D/P 之匯票屬遠期者，於單據到達時，代收銀行應請進口商先於匯票上承兌，但單據不得交進口廠商，並將匯票到期日通知國外銀行。進口廠商在到期日以前辦理付款贖單手續，後交付單據，如到期日過後未見付款時，應卽通知國外託收銀行依指示辦理。

(三)進口託收貨款之滙還

1.按期匯付　進口商應於付款交單日（D/P案）或承兌匯票到期日（D/A 案），向指定外匯銀行或國內外匯市場購置外匯，經由代收銀行審檢輸入許可證（D/P時）或承兌匯票（D/A時）屬實後准予匯出償還。

2.延付　以 D/A 方式進口案，其到期未能償還而經國外供應商同意展延還款期限者，進口商得檢附申請書及供應商同意展期函電，逐向代收銀行申請認可後，得於展延後之到期日，按上述規定辦理結匯償還。反之，如因故需提前償付時，進口商得檢附申請書敍明提前還款理由，逐向代收銀行申請核辦。

3.利息　申請案件如附有利息條款者，代收銀行應將未到期部份之利息，予以比例扣除後匯還。

五、記帳方式進口

(一)記帳方式進口（Open Account）係賣方於貨物裝運出口後，將貨運單據直接寄交買方提貨，至於貨款則暫時記帳，記入買方帳戶借方，於約定付款之期限到期時再行結算。

(二)進口商以記帳方式進口貨物，應於貨物運抵進口地後，持提單
　　等單據（應簽證進口者，須附輸入許可證）辦理報關提貨，到
　　期匯付時，檢附海關進口證明書，向銀行辦理進口結匯。

第四節　進口檢驗與公證

一、進口商品檢驗

　　政府為保障消費者利益，並防止動植物疫病、蟲害之傳佈，除對
於進口動植物及其產品必須施行檢疫外，其他商品則由經濟部視實際需
要，對特定商品施行檢驗，應施檢驗的商品須於進口前檢驗合格領得證
書後，才能辦理報關提貨。目前執行檢驗的機構為商品檢驗局。

　(一)檢驗項目　除動植物及其產品均應施檢疫外，其他商品則由經
　　濟部視實際需要，隨時公告增減，商品檢驗局及其所屬各分局
　　均備有「應施檢驗商品品目表」，進口廠商可洽索參閱。

　(二)檢驗程序

　1.報驗　由進口人填具商品輸入報驗申請書及有關進口證件向進口
　　港所在地檢驗機構報請檢驗。

　2.取樣及檢驗　報驗後由檢驗機構派員執行檢驗，如規定須取樣攜
　　回檢驗者，則按國家標準取樣，並給取樣憑單後，攜回檢驗。

　3.發證　經檢驗合格者，發給合格證書，不合格者，發給不合格通
　　知書，經檢驗不合格者，報驗人於接得通知後十五日內得請求免
　　費複驗一次。

　(三)檢驗標準　輸入商品之檢驗，依國家標準執行之，未定國家標
　　準者，由主管機關定之。如因特殊原因，買賣雙方約定的規範
　　低於國家標準者，應先經主管機關核准。

二、進口商品公證

進口商品公證，目的在於進口商欲查證所進口商品是否與所訂購者相符，故注重其品質有無瑕疵，數量有無不足，以便向國外供應商要求補償的憑證。辦理公證時，對下述事項應有所瞭解與規定:

(1) 公證應由進口商以外的第三者爲之，並係經雙方同意的公證公司。

(2) 公證之範圍，依商品之精粗、貴賤之不同，可分爲「質」之公證與「量」之公證。

(3) 公證費用如無特別規定，在進口港口之公證費，由進口商負擔；在出口港口之公證費，由出口商負擔，其費用依商品而異，有以噸數計費、件數計費、價值計費，或公證人員公證日數計費之分別。

通常進口商係向素享國際信譽之公證公司，辦理委託公證。委託公證時，須附進口貨品的名稱、數量、規格、單價，並申明辦理公證的類別等。

第五節　進口報關與卸貨

一、進口報關

進口報關的手續，在各國均爲大同小異，除應塡報進口報單 (Import Declaration) 外，尙須提出原始商業發票、貨運提單。如有特殊規定，則尙有產地證明書、領事簽證、輸入許可證、檢驗證明書等亦須同時提出。

貨物進口報關，依貨物性質及進口情況的不同，可分爲下列三種:

(一)預備進口 (Preliminary Entry)　此種報關方式，應用於時

間不能持久之貨品，諸如果品、蔬菜、海鮮等，一經報關後即可准予驗提，不須等待規定驗關日期。其報關程序，係由進口商於運貨輪船尚未抵達港口前，即將進口報單、貨運提單、驗貨單等先呈報海關核簽，並預付相當數額進口關稅；海關則於貨運提單等單據上加蓋「驗後放行」之章，一俟輪船抵埠，即可先行交驗提貨，次日再行結算實際應納進口關稅，以爭取時間，免貨品腐壞。

(二)關棧進口 (Bond Entry) 係爲須付進口關稅的進口貨物，爲暫不繳納進口關稅之目的，於向海關報關後，暫先存入海關的保稅倉庫 (Bond Warehouse)，俗稱關棧。

(三)正式進口 (Formal Entry) 此種一般之正常報關手續，於貨物抵港後，進口商依規定程序報關、查驗、繳稅等手續後，提取貨物。

原始商業發票，爲海關按照貨價課徵關稅的憑證，進口商應提供海關核驗。貨運提單通常須由進口所在地的輪船公司代理人「副簽」後，方可報關，此一手續的作用，乃爲輪船公司藉以明悉在海關的規定限期內，何項貨物尚未經收貨人辦理報關，以便代替收貨人代爲申報關棧進口。

進口貨物經海關檢驗查訖，並經收貨人繳清進口關稅以後，即完成海關方面的手續，俗稱通關。至通關的證明，常係由海關於進口貨物貨運提單上加蓋海關關防。

進口報關之手續，在任何國家而言，均較出口報關繁瑣，規定苛嚴，如不審慎，輕易發生錯誤，遭致處罰。報關行爲該業之專營，熟諳海關一切章則，如費用不過份高昂，以委託辦理爲宜。惟委託報關行代爲辦理時，對於代墊費用項目中之進口關稅一項應予特別注意，務須由報關行提出海關收稅收據，並核對稅則有否引用錯誤，因爲如遇不正當的報

關行，在此容易產生流弊。

二、進口卸貨

當運貨輪船抵港後，其貨物在未完成上述報關之手續（通關）以前，例常須先卸入碼頭倉庫，惟輪船公司仍保留有船邊交貨之權利。碼頭倉庫常為輪船公司所有之產業，而其管理權則操之於海關，因貨物於未完成進口報關手續前，應由海關暫行扣留，其扣留貨物之場所，即為碼頭倉庫，海關派員驗關地點即在此。當進口商辦妥進口報關手續及貨運提單副簽手續後，例常於碼頭倉庫持單待驗。

關於倉庫貨物之保險方面，例常貨物所保之海運水險，均包括貨物抵港後十日或兩星期之倉庫火險，但如逾期，則應由進口商再為自行保險，否則貨物的賣方與輪船公司均不負責。

貨物驗關納稅竣事，進口商即可提運貨物，但如此批貨物的貨價清結，係以押匯方式為之，則於貨物通關後，通常須以銀行名義存入公共倉庫，換取棧單 (Landing account)。當押匯的匯票由進口商付款或承兌以後，則由銀行再簽發公共倉庫之提單，交進口商提貨，同時在貨物存倉期間的保險，亦由進貨人以銀行名義投保。

第八章
國際貿易之商務仲裁與友好協議

第一節　商務仲裁 (Commercial Arbitration)

　　國際貿易之買賣契約，代理契約或寄售契約，經雙方當事人簽訂以後，對契約內容之權利義務履行，發生爭執時，固可訴之法院，惟以涉及兩國之法律問題，由法院審理，常為費錢費時，無法於短時內獲得解決，因而有商務仲裁之產生，以裁決其糾紛爭執之事項。

　　依我國商務仲裁條例第四條規定：「仲裁契約如未約定仲裁人，亦未訂定如何選定，應由當事人兩造各選一仲裁人，再由兩造選出之仲裁人，共推另一仲裁人，如不能共推時，當事人得申請法院為之選定。當事人之一造有二人以上者，如對仲裁人之選定協議不諧，依多數決定之；人數相等時，以抽籤定之。」仲裁作成的判斷，買賣雙方當事人，均受其決定之約束，且仲裁決定，即為最後之決定，買賣雙方均不得申請復議。(Determination made on arbitration shall be final and binding to both parties)。

　　除商品之品質及數量上之問題，係為常提仲裁之問題外，對於有關契約內容之適用、履行及解釋問題，所發生之糾紛爭執，亦可申請仲

裁。申請仲裁時，須提交證物及證明文件，敍明案由，以及要求賠償之程度，以此種仲裁方式，解決賠索問題，通常多爲事前約定，載明於協定或契約之中。

以仲裁方式，以解決國際交易上之賠索糾紛，具有下列各項之優點:

(一)以仲裁方式解決爭執，爲買賣雙方事先所協定，出於自願，故仍能保持友善立場，消除糾紛於無形。

(二)仲裁能於最短時間中，解決一切簡繁之問題，不似訴訟之曠日費時。

(三)仲裁係私人間之行爲，可保持買賣雙方之對外名譽，同時尚不因仲裁之關係，而影響物品之市價。

(四)仲裁人多爲具有經驗之專家，其處理之問題，常較法庭之判決，合乎實際情形。

(五)仲裁費用，事先有所約定，不似訴訟費用，因時間之曠日持久，而漫無限制。

第二節　友好協議 (Amicable Settlement)

當買主於檢驗貨品，發現其品質與原規定不符時，則向賣主提示貨品不符規定之內容與證明，要求賠償，並提出其所希賠償之金額或百分比。賣主於接獲通知後，如考慮原則同意，僅對索賠之金額或百分比有所異議時，則可函電往返，協商折中，以決定其最後之賠償數額，此項賠償數額，係爲買賣雙方所同意，故稱之爲友好協議，亦有稱之爲友好讓價 (Amicable Allowance) 者。

以友好協議之方式解決賠償之問題，旣無額外費用之負擔，亦不傷害雙方之感情，故爲解決國際貿易上之索賠問題之最佳方式，常爲國際

貿易之買賣雙方所樂意爲之。

　　友好協議方式進行之中，買賣雙方，應心平氣和，保持鎮靜，不可持有成見，致雙方發生誤會，以影響友好協議之進行。就買主而言，不可認爲：

（一）一切對本身不利之情事，均係賣方之故意行爲，因疏忽與錯誤，
　　　有時不能避免，應有體諒心情，不可具有成見。

（二）對索賠函件措辭，應力求謹愼，以免激起對方之反感，否則，
　　　不但協議難期達成，且易旁生枝節。

再就賣方而言，對於協議事項之進行，應有下述之態度：

（一）對一、二次交易之利益，可以犧牲，但顧主必須保留，以圖來
　　　日方長之交往。

（二）買主旣提出索賠，其期待答復之心急切，應先電訊扼要答復，
　　　再行詳爲函釋。

（三）對方卽使爲無理要求，亦應婉爲解釋，不可言詞刺激，使其惱
　　　羞成怒。

本篇參考書目

1. A.D. Gibb, *Sale of Goods on C.I.F. and F.O.B. Terms*, 1922.

2. A.R. Kennedy, *Contracts of Sale C.I.F.*, 1928.

3. C. Maughan, *Trade Terms Definition*, 1924.

4. C. Maughan, *Commodity Market Terms*, 1925.

5. C.P. Kindlebeager, *Foreign Trade and National Economy,* Chapter 2.

6. J.A. Dunnage, *Shipping Terms and Phrases,* 1925.

7. P.V. Horn, *Foreign Trade Principles and Practices,* Chapters 8, 10, 23, 24, 26, 27, 32, 33.

8. R. Richter, W. Gcodearl, and Others, *International Trade Handbook*, Part 1: Chapters 4, 5, 7, 8, Part 2: Chapters 1, 2, Part 3: P. 531-537.

9. 信用狀統一慣例（1983年修訂）。

10. 高鴻興，《外滙業務—管理及法規之運用》。

11. 商務印書館，《國際貿易實務》。

12. 張玆闓，胡溦《國際貿易與外滙》。

13. 張錦源，《國際貿易實務詳論》。

14. 楊培塔，《進出口貿易與銀行押滙》。

15. 蔡星平，《1985年國際貿易實務》。

三民大專用書書目——經濟·財政

書名	作者	服務單位
經濟學新辭典	高 叔 康 編	
經濟學通典	林 華 德 著	臺 灣 大 學
經濟思想史	史 考 特 著	
西洋經濟思想史	林 鐘 雄 著	臺 灣 大 學
歐洲經濟發展史	林 鐘 雄 著	臺 灣 大 學
近代經濟學說	安 格 爾 著	
比較經濟制度	孫 殿 柏 著	政 治 大 學
經濟學原理	密 爾 著	
經濟學原理（增訂版）	歐 陽 勛 著	政 治 大 學
經濟學導論	徐 育 珠 著	南康乃狄克州立大學
經濟學概要	趙 鳳 培 著	政 治 大 學
經濟學（增訂版）	歐陽勛、黃仁德 著	政 治 大 學
通俗經濟講話	邢 慕 寰 著	香 港 大 學
經濟學（新修訂版）（上）（下）	陸 民 仁 著	政 治 大 學
經濟學概論	陸 民 仁 著	政 治 大 學
國際經濟學	白 俊 男 著	東 吳 大 學
國際經濟學	黃 智 輝 著	東 吳 大 學
個體經濟學	劉 盛 男 著	臺 北 商 專
個體經濟分析	趙 鳳 培 著	政 治 大 學
總體經濟分析	趙 鳳 培 著	政 治 大 學
總體經濟學	鐘 甦 生 著	西 雅 圖 銀 行
總體經濟學	張 慶 輝 著	政 治 大 學
總體經濟理論	孫 震 著	國 防 部
數理經濟分析	林 大 侯 著	臺 灣 大 學
計量經濟學導論	林 華 德 著	臺 灣 大 學
計量經濟學	陳 正 澄 著	臺 灣 大 學
經濟政策	湯 俊 湘 著	中 興 大 學
平均地權	王 全 祿 著	內 政 部
運銷合作	湯 俊 湘 著	中 興 大 學
合作經濟概論	尹 樹 生 著	中 興 大 學
農業經濟學	尹 樹 生 著	中 興 大 學
凱因斯經濟學	趙 鳳 培 譯	政 治 大 學
工程經濟	陳 寬 仁 著	中正理工學院
銀行法	金 桐 林 著	中 興 銀 行
銀行法釋義	楊 承 厚 編著	銘傳管理學院

銀行學概要	林葭蕃 著	
商業銀行之經營及實務	文大熙 著	
商業銀行實務	解宏賓 編著	中 興 大 學
貨幣銀行學	何偉成 著	中正理工學院
貨幣銀行學	白俊男 著	東 吳 大 學
貨幣銀行學	楊樹森 著	文 化 大 學
貨幣銀行學	李穎吾 著	臺 灣 大 學
貨幣銀行學	趙鳳培 著	政 治 大 學
貨幣銀行學	謝德宗 著	臺 灣 大 學
貨幣銀行——理論與實際	謝德宗 著	臺 灣 大 學
現代貨幣銀行學（上）（下）（合）	柳復起著	澳洲新南威爾斯大學
貨幣學概要	楊承厚 著	銘傳管理學院
貨幣銀行學概要	劉盛男 著	臺 北 商 專
金融市場概要	何顯重 著	
現代國際金融	柳復起著	澳洲新南威爾斯大學
國際金融理論與實際	康信鴻 著	成 功 大 學
國際金融理論與制度（修訂版）	歐陽勛、黃仁德 編著	政 治 大 學
金融交換實務	李麗 著	中 央 銀 行
財政學	李厚高 著	行 政 院
財政學	顧書桂 著	
財政學（修訂版）	林華德 著	臺 灣 大 學
財政學	吳家聲 著	財 政 部
財政學原理	魏萼 著	臺 灣 大 學
財政學概要	張則堯 著	政 治 大 學
財政學表解	顧書桂 著	
財務行政（含財務會審法規）	莊義雄 著	成 功 大 學
商用英文	張錦源 著	政 治 大 學
商用英文	程振粤 著	臺 灣 大 學
貿易英文實務習題	張錦源 著	政 治 大 學
金融市場	謝劍平 著	政 治 大 學
貿易契約理論與實務	張錦源 著	政 治 大 學
貿易英文實務	張錦源 著	政 治 大 學
貿易英文實務習題	張錦源 著	政 治 大 學
貿易英文實務題解	張錦源 著	政 治 大 學
信用狀理論與實務	蕭啓賢 著	輔 仁 大 學
信用狀理論與實務	張錦源 著	政 治 大 學
國際貿易	李穎吾 著	臺 灣 大 學
國際貿易	陳正順 著	臺 灣 大 學

三民大專用書書目——會計・統計・審計